Armonía
DE LOS
Evangelios

Armonía

DE LOS

Evangelios

NUEVA VERSIÓN INTERNACIONAL

J. Dwinght Pentecost

Vida ®

La misión de Editorial Vida es ser la compañía líder en comunicación cristiana que satisfaga las necesidades de las personas, con recursos cuyo contenido glorifique a Jesucristo y promueva principios bíblicos.

ARMONIA DE LOS EVANGELIOS
Edición en español publicada por
Editorial Vida – 2009
Miami, Florida

©2009 por The Zondervan Corporation

Originally published in the USA under the title:
A Harmony of The Words and Works of Jesus Christ
Copyright © 1981 by The Zondervan Corporation
Published by permission of Zondervan, Grand Rapids, Michigan

Traducción, edición, diseño interior: *Grupo Nivel Uno, Inc.*
Diseño de cubierta: *Pablo Snyder*

ISBN: 978-0-8297-5076-8

CATEGORÍA: *Estudios bíblicos / Jesús y los Evangelios*

Contenido

Prefacio

Este libro, como lo dice su nombre, es una *Armonía de los Evangelios,* lo cual significa que el texto de uno, dos, tres o cuatro de los Evangelios aparecerán en la misma página, según cuántos sean los que describen un mismo episodio.

Cuando se cita más de un Evangelio los pasajes aparecen en columnas paralelas para que el lector pueda comparar y contrastar los relatos de los Evangelios con mayor facilidad. Como los evangelistas no siempre narraban los sucesos en orden cronológico el editor ha reacomodado el material en un orden cronológico probable. Con esto, es más fácil estudiar la vida, ministerio y enseñanzas de Jesucristo en la *Armonía,* porque todo el material relevante tomado de los Evangelios aparece de lado a lado en la página y en secuencia cronológica.

Esta herramienta de estudio no reemplaza al estudio de los Evangelios porque sigue siendo de importancia esencial estudiar y entender la perspectiva particular de cada uno de los Evangelios respecto a Jesús. Aun así, es indispensable para estudiar en orden cronológico la vida y el ministerio de Jesús y para comparar todos los relatos de una misma enseñanza, discurso o hecho,

Deseamos destacar la Tabla de referencias bíblicas (Pág. 199), que permite que uno encuentre el número de página de cualquier pasaje de los Evangelios en *Armonía.* Resulta útil en especial cuando uno quiere ubicar textos que no aparecen en su secuencia original.

La editorial
Noviembre de 1981

Lista de sucesos en la vida de Cristo, sin abreviaciones

Introducción §§ *1-2*

A. La fuente del conocimiento

§ *1*

Lucas 1:1-4

[1] Muchos han intentado hacer un relato de las cosas que se han cumplido[a] entre nosotros, [2] tal y como nos las transmitieron los que desde el principio fueron testigos presenciales y servidores de la palabra. [3] Por lo tanto, yo también, excelentísimo Teófilo, habiendo investigado todo esto con esmero desde su origen, he decidido escribírtelo ordenadamente, [4] para que llegues a tener plena seguridad de lo que te enseñaron.

Lc   [a] **1:1** *se han cumplido.* Alt. se han recibido con convicción.

B. La preexistencia de Cristo

§ *2*

Juan 1:1-18

[1] En el principio ya existía el *Verbo,
    y el Verbo estaba con Dios,
    y el Verbo era Dios.
[2] Él estaba con Dios en el principio.
[3] Por medio de él todas las cosas fueron creadas;
    sin él, nada de lo creado llegó a existir.
[4] En él estaba la vida,
    y la vida era la luz de la *humanidad.
[5] Esta luz resplandece en las tinieblas,
    y las tinieblas no han podido extinguirla.[a]

[6] Vino un hombre llamado Juan. Dios lo envió [7] como testigo para dar testimonio de la luz, a fin de que por medio de él todos creyeran. [8] Juan no era la luz, sino que vino para dar testimonio de la luz. [9] Esa luz verdadera, la que alumbra a todo *ser humano, venía a este mundo.[b]

Juan (Cont.)

¹⁰ El que era la luz ya estaba en el mundo, y el mundo fue creado por medio de él, pero el mundo no lo reconoció. ¹¹ Vino a lo que era suyo, pero los suyos no lo recibieron. ¹² Mas a cuantos lo recibieron, a los que creen en su nombre, les dio el derecho de ser hijos de Dios. ¹³ Éstos no nacen de la sangre, ni por deseos *naturales, ni por voluntad humana, sino que nacen de Dios.

¹⁴ Y el Verbo se hizo hombre y habitó^c entre nosotros. Y hemos contemplado su gloria, la gloria que corresponde al Hijo *unigénito del Padre, lleno de gracia y de verdad.

¹⁵ Juan dio testimonio de él, y a voz en cuello proclamó: «Éste es aquel de quien yo decía: "El que viene después de mí es superior a mí, porque existía antes que yo." » ¹⁶ De su plenitud todos hemos recibido gracia sobre gracia, ¹⁷ pues la ley fue dada por medio de Moisés, mientras que la gracia y la verdad nos han llegado por medio de *Jesucristo. ¹⁸ A Dios nadie lo ha visto nunca; el Hijo unigénito, que es Dios^d y que vive en unión íntima con el Padre, nos lo ha dado a conocer.

Jn ^a **1:5** *extinguirla.* Alt. *comprenderla.* ^b **1:9** *Esa ... mundo.* Alt. Esa era la luz verdadera que alumbra a todo **ser humano que viene al mundo. ^c **1:14** *habitó.* Lit. puso su carpa. ^d **1:18** *el Hijo unigénito, que es Dios.* Lit. Dios unigénito. Var. el Hijo unigénito.

I. La presentación del Rey §§ 3-27

A. La llegada del Rey
§§ 3-19

1. Sus ancestros
§§ 3

Mateo 1:1-17; Lucas 3:23-38

Mateo

¹ Tabla genealógica de *Jesucristo, hijo de David, hijo de Abraham:

² Abraham fue el padre deᵃ Isaac;
Isaac, padre de Jacob;
Jacob, padre de Judá y de sus hermanos;
³ Judá, padre de Fares y de Zera, cuya madre fue Tamar;
Fares, padre de Jezrón;
Jezrón, padre de Aram;
⁴ Aram, padre de Aminadab;
Aminadab, padre de Naasón;
Naasón, padre de Salmón;
⁵ Salmón, padre de Booz, cuya madre fue Rajab;
Booz, padre de Obed, cuya madre fue Rut;
Obed, padre de Isaí;
⁶ e Isaí, padre del rey David.

David fue el padre de Salomón, cuya madre había sido la esposa de Urías;
⁷ Salomón, padre de Roboán;
Roboán, padre de Abías;
Abías, padre de Asá;

Lucas

²³ Jesús tenía unos treinta años cuando comenzó su ministerio. Era hijo, según se creía, de José, hijo de Elí, ²⁴ hijo de Matat,
hijo de Leví, hijo de Melquí,
hijo de Janay, hijo de José,
²⁵ hijo de Matatías, hijo de Amós,
hijo de Nahúm, hijo de Eslí,
hijo de Nagay, ²⁶ hijo de Máat,
hijo de Matatías, hijo de Semeí,
hijo de Josec, hijo de Judá,
²⁷ hijo de Yojanán, hijo de Resa,
hijo de Zorobabel, hijo de Salatiel,
hijo de Neri, ²⁸ hijo de Melquí,
hijo de Adí, hijo de Cosán,
hijo de Elmadán, hijo de Er,
²⁹ hijo de Josué, hijo de Eliezer,
hijo de Jorín, hijo de Matat,
hijo de Leví, ³⁰ hijo de Simeón,
hijo de Judá, hijo de José,
hijo de Jonán, hijo de Eliaquín,
³¹ hijo de Melea, hijo de Mainán,
hijo de Matata, hijo de Natán,
hijo de David, ³² hijo de Isaí,
hijo de Obed, hijo de Booz,

Mateo (Cont.)	Lucas (Cont.)

Mateo (Cont.)

Asá, padre de Josafat;

Josafat, padre de Jorán;

Jorán, padre de Uzías;

9 Uzías, padre de Jotán;

Jotán, padre de Acaz;

Acaz, padre de Ezequías;

10 Ezequías, padre de Manasés;

Manasés, padre de Amón;

Amón, padre de Josías;

11 y Josías, padre de Jeconías[b] y de
sus hermanos en tiempos de la
deportación a Babilonia.

12 Después de la deportación a Babilonia,
Jeconías fue el padre de Salatiel;
Salatiel, padre de Zorobabel;

13 Zorobabel, padre de Abiud;

Abiud, padre de Eliaquín;

Eliaquín, padre de Azor;

14 Azor, padre de Sadoc;

Sadoc, padre de Aquín;

Aquín, padre de Eliud;

15 Eliud, padre de Eleazar;

Eleazar, padre de Matán;

Matán, padre de Jacob;

16 y Jacob fue padre de José, que fue el
esposo de María, de la cual nació
Jesús, llamado el *Cristo.

Lucas (Cont.)

hijo de Salmón,[x] hijo de Naasón,

33 hijo de Aminadab, hijo de Aram,[y]

hijo de Jezrón, hijo de Fares,

hijo de Judá, 34 hijo de Jacob,

hijo de Isaac, hijo de Abraham,

hijo de Téraj, hijo de Najor,

35 hijo de Serug, hijo de Ragau,

hijo de Péleg, hijo de Éber,

hijo de Selaj, 36 hijo de Cainán,

hijo de Arfaxad, hijo de Sem,

hijo de Noé, hijo de Lamec,

37 hijo de Matusalén, hijo de Enoc,

hijo de Jared, hijo de Malalel,

hijo de Cainán, 38 hijo de Enós,

hijo de Set, hijo de Adán,

hijo de Dios.

17 Así que hubo en total catorce generaciones desde Abraham hasta David, catorce desde David hasta la deportación a Babilonia, y catorce desde la deportación hasta el Cristo.

Mt [a] **1:2** *fue el padre de.* Lit. engendró a; y así sucesivamente en el resto de esta genealogía. [b] **1:11** *Jeconías.* Es decir, Joaquín; también en v. 12.
Lc [x] **3:32** *Salmón. Var. Sala.* [y] **3:33** *Aminadab, hijo de Aram.* Var. Aminadab, el hijo de Admín, el hijo de Arní; los mss. varían mucho en este versículo.

2. Su advenimiento

§§ *4-11*

a. Anunciación del nacimiento de Juan a Zacarías § 4

Lucas 1:5-25

5 En tiempos de Herodes, rey de Judea, hubo un sacerdote llamado Zacarías, miembro del grupo de Abías. Su esposa Elisabet también era descendiente de Aarón. 6 Ambos eran rectos e intachables

Lucas (Cont.)

delante de Dios; obedecían todos los mandamientos y preceptos del Señor. [7] Pero no tenían hijos, porque Elisabet era estéril; y los dos eran de edad avanzada.

[8] Un día en que Zacarías, por haber llegado el turno de su grupo, oficiaba como sacerdote delante de Dios, [9] le tocó en suerte, según la costumbre del sacerdocio, entrar en el *santuario del Señor para quemar incienso. [10] Cuando llegó la hora de ofrecer el incienso, la multitud reunida afuera estaba orando. [11] En esto un ángel del Señor se le apareció a Zacarías a la derecha del altar del incienso. [12] Al verlo, Zacarías se asustó, y el temor se apoderó de él. [13] El ángel le dijo:

—No tengas miedo, Zacarías, pues ha sido escuchada tu oración. Tu esposa Elisabet te dará un hijo, y le pondrás por nombre Juan. [14] Tendrás gozo y alegría, y muchos se regocijarán por su nacimiento, [15] porque él será un gran hombre delante del Señor. Jamás tomará vino ni licor, y será lleno del Espíritu Santo aun desde su nacimiento.[b] [16] Hará que muchos israelitas se vuelvan al Señor su Dios. [17] Él irá primero, delante del Señor, con el espíritu y el poder de Elías, para reconciliar a[c] los padres con los hijos y guiar a los desobedientes a la sabiduría de los justos. De este modo preparará un pueblo bien dispuesto para recibir al Señor.

[18] ¿Cómo podré estar seguro de esto? —preguntó Zacarías al ángel—. Ya soy anciano y mi esposa también es de edad avanzada.

[19] Yo soy Gabriel y estoy a las órdenes de Dios —le contestó el ángel—. He sido enviado para hablar contigo y darte estas buenas *noticias. [20] Pero como no creíste en mis palabras, las cuales se cumplirán a su debido tiempo, te vas a quedar mudo. No podrás hablar hasta el día en que todo esto suceda.

[21] Mientras tanto, el pueblo estaba esperando a Zacarías y les extrañaba que se demorara tanto en el santuario. [22] Cuando por fin salió, no podía hablarles, así que se dieron cuenta de que allí había tenido una visión. Se podía comunicar sólo por señas, pues seguía mudo.

[23] Cuando terminaron los días de su servicio, regresó a su casa. [24] Poco después, su esposa Elisabet quedó encinta y se mantuvo recluida por cinco meses. [25] «Esto —decía ella— es obra del Señor, que ahora ha mostrado su bondad al quitarme la vergüenza que yo tenía ante los demás.»

Lc [b] **1:15** *desde su nacimiento.* Alt. antes de nacer. Lit. desde el vientre de su madre.   [c] **1:17** *reconciliar a.* Lit. hacer volver los corazones de; véase Mal 4:6.

b. Anunciación del nacimiento de Jesús a María § 5

Lucas 1:26-38

[26] A los seis meses, Dios envió al ángel Gabriel a Nazaret, pueblo de Galilea, [27] a visitar a una joven virgen comprometida para casarse con un hombre que se llamaba José, descendiente de David. La virgen se llamaba María. [28] El ángel se acercó a ella y le dijo:

—¡Te saludo,[d] tú que has recibido el favor de Dios! El Señor está contigo.

[29] Ante estas palabras, María se perturbó, y se preguntaba qué podría significar este saludo.

[30] No tengas miedo, María; Dios te ha concedido su favor —le dijo el ángel—. [31] Quedarás encinta y darás a luz un hijo, y le pondrás por nombre Jesús. [32] Él será un gran hombre, y lo llamarán Hijo del Altísimo. Dios el Señor le dará el trono de su padre David, [33] y reinará sobre el pueblo de Jacob para siempre. Su reinado no tendrá fin.

[34] ¿Cómo podrá suceder esto —le preguntó María al ángel—, puesto que soy virgen?[e]

[35] El Espíritu Santo vendrá sobre ti, y el poder del Altísimo te cubrirá con su sombra. Así que al santo niño que va a nacer lo llamarán Hijo de Dios. [36] También tu parienta Elisabet va a tener un hijo en su vejez; de hecho, la que decían que era estéril ya está en el sexto mes de embarazo. [37] Porque para Dios no hay nada imposible.

Lucas (Cont.)

38 Aquí tienes a la sierva del Señor —contestó María—. Que él haga conmigo como me has dicho. Con esto, el ángel la dejó.

Lc   d **1:28** *¡Te saludo.* Alt. ¡Alégrate.   e **1:34** *soy virgen?* Lit. no conozco a hombre?

c. María llega a Judea   § 6

Lucas 1:39-45

39 A los pocos días María emprendió el viaje y se fue de prisa a un pueblo en la región montañosa de Judea. **40** Al llegar, entró en casa de Zacarías y saludó a Elisabet. **41** Tan pronto como Elisabet oyó el saludo de María, la criatura saltó en su vientre. Entonces Elisabet, llena del Espíritu Santo, **42** exclamó:

—¡Bendita tú entre las mujeres, y bendito el hijo que darás a luz!*f* **43** Pero, ¿cómo es esto, que la madre de mi Señor venga a verme? **44** Te digo que tan pronto como llegó a mis oídos la voz de tu saludo, saltó de alegría la criatura que llevo en el vientre. **45** ¡*Dichosa tú que has creído, porque lo que el Señor te ha dicho se cumplirá!

Lc   f **1:42** *el hijo que darás a luz!* Lit. el fruto de tu vientre!

d. El cántico de María   § 7

Lucas 1:46-56

46 Entonces dijo María:

—Mi alma glorifica al Señor,
47   y mi espíritu se regocija en Dios mi Salvador,
48 porque se ha dignado fijarse en su humilde sierva.
   Desde ahora me llamarán *dichosa todas las generaciones,
49   porque el Poderoso ha hecho grandes cosas por mí.
   ¡Santo es su nombre!
50 De generación en generación
   se extiende su misericordia a los que le temen.
51 Hizo proezas con su brazo;
   desbarató las intrigas de los soberbios.*g*
52 De sus tronos derrocó a los poderosos,
   mientras que ha exaltado a los humildes.
53 A los hambrientos los colmó de bienes,
   y a los ricos los despidió con las manos vacías.
54-55 Acudió en ayuda de su siervo Israel
   y, cumpliendo su promesa a nuestros padres,
mostró*h* su misericordia a Abraham
   y a su descendencia para siempre.

56 María se quedó con Elisabet unos tres meses y luego regresó a su casa.

Lc   g **1:51** *desbarató ... soberbios.* Lit. dispersó a los orgullosos en el pensamiento del corazón de ellos.   h **1:54-55** *mostró.* Lit. recordó.

e. El advenimiento de Juan § 8

Lucas 1:57-80

[57] Cuando se le cumplió el tiempo, Elisabet dio a luz un hijo. [58] Sus vecinos y parientes se enteraron de que el Señor le había mostrado gran misericordia, y compartieron su alegría.

[59] A los ocho días llevaron a circuncidar al niño. Como querían ponerle el nombre de su padre, Zacarías, [60] su madre se opuso.

—¡No! —dijo ella—. Tiene que llamarse Juan.

[61] Pero si nadie en tu familia tiene ese nombre —le dijeron.

[62] Entonces le hicieron señas a su padre, para saber qué nombre quería ponerle al niño. [63] Él pidió una tablilla, en la que escribió: «Su nombre es Juan.» Y todos quedaron asombrados. [64] Al instante se le desató la lengua, recuperó el habla y comenzó a alabar a Dios. [65] Todos los vecinos se llenaron de temor, y por toda la región montañosa de Judea se comentaba lo sucedido. [66] Quienes lo oían se preguntaban: «¿Qué llegará a ser este niño?» Porque la mano del Señor lo protegía.

[67] Entonces su padre Zacarías, lleno del Espíritu Santo, profetizó:

[68] «Bendito sea el Señor, Dios de Israel,
  porque ha venido a redimir[i] a su pueblo.
[69] Nos envió un poderoso salvador[j]
  en la casa de David su siervo
[70] (como lo prometió en el pasado por medio de sus *santos profetas),
[71] para librarnos de nuestros enemigos
  y del poder de todos los que nos aborrecen;
[72] para mostrar misericordia a nuestros padres
  al acordarse de su santo pacto.
[73] Así lo juró a Abraham nuestro padre:
[74] nos concedió que fuéramos libres del temor,
  al rescatarnos del poder de nuestros enemigos,
para que le sirviéramos [75] con *santidad y justicia,
  viviendo en su presencia todos nuestros días.

[76] Y tú, hijito mío, serás llamado profeta del Altísimo,
  porque irás delante del Señor para prepararle el camino.
[77] Darás a conocer a su pueblo la salvación
  mediante el perdón de sus pecados,
[78] gracias a la entrañable misericordia de nuestro Dios.
  Así nos visitará desde el cielo el sol naciente,
[79] para dar luz a los que viven en tinieblas,
  en la más terrible oscuridad,[k]
para guiar nuestros pasos por la senda de la paz.»

[80] El niño crecía y se fortalecía en espíritu; y vivió en el desierto hasta el día en que se presentó públicamente al pueblo de Israel.

Lc [i] 1:68 *ha venido a redimir.* Lit. ha visitado y ha redimido. [j] 1:69 *envió un poderoso salvador.* Lit. levantó un cuerno de salvación. [k] 1:79 *en la más terrible oscuridad.* Lit. y en sombra de muerte.

f. El anuncio del nacimiento de Jesús a José § 9

Mateo 1:18-25

[18] El nacimiento de Jesús, el *Cristo, fue así: Su madre, María, estaba comprometida para casarse con José, pero antes de unirse a él, resultó que estaba encinta por obra del Espíritu Santo. [19] Como José, su esposo, era un hombre justo y no quería exponerla a vergüenza pública, resolvió divorciarse de ella en secreto.

[20] Pero cuando él estaba considerando hacerlo, se le apareció en sueños un ángel del Señor y le dijo: «José, hijo de David, no temas recibir a María por esposa, porque ella ha concebido por obra del Espíritu Santo. [21] Dará a luz un hijo, y le pondrás por nombre Jesús,[c] porque él salvará a su pueblo de sus pecados.»

[22] Todo esto sucedió para que se cumpliera lo que el Señor había dicho por medio del profeta: [23] «La virgen concebirá y dará a luz un hijo, y lo llamarán Emanuel»[d] (que significa «Dios con nosotros»).

[24] Cuando José se despertó, hizo lo que el ángel del Señor le había mandado y recibió a María por esposa. [25] Pero no tuvo relaciones conyugales con ella hasta que dio a luz un hijo,[e] a quien le puso por nombre Jesús.

Mt [c]**1:21** *Jesús* es la forma griega del nombre hebreo Josué, que significa el SEÑOR salva.   [d] **1:23** Is 7:14   [e] **1:25** *un hijo*. Var. su hijo primogénito.

g. El advenimiento de Jesús § 10

Lucas 2:1-7

[1] Por aquellos días Augusto *César decretó que se levantara un censo en todo el imperio romano.[l] [2] (Este primer censo se efectuó cuando Cirenio gobernaba en Siria.) [3] Así que iban todos a inscribirse, cada cual a su propio pueblo.

[4] También José, que era descendiente del rey David, subió de Nazaret, ciudad de Galilea, a Judea. Fue a Belén, la ciudad de David, [5] para inscribirse junto con María su esposa.[m] Ella se encontraba encinta [6] y, mientras estaban allí, se le cumplió el tiempo. [7] Así que dio a luz a su hijo primogénito. Lo envolvió en pañales y lo acostó en un pesebre, porque no había lugar para ellos en la posada.

Lc [l] **2:1** *el imperio romano*. Lit. el mundo.   [m] **2:5** *María su esposa*. Lit. María, que estaba comprometida para casarse con él.

h. El anuncio a los pastores de ovejas § 11

Lucas 2:8-20

[8] En esa misma región había unos pastores que pasaban la noche en el campo, turnándose para cuidar sus rebaños. [9] Sucedió que un ángel del Señor se les apareció. La gloria del Señor los envolvió en su luz, y se llenaron de temor. [10] Pero el ángel les dijo: «No tengan miedo. Miren que les traigo buenas *noticias que serán motivo de mucha alegría para todo el pueblo. [11] Hoy les ha nacido en la ciudad de David un Salvador, que es *Cristo el Señor. [12] Esto les servirá de señal: Encontrarán a un niño envuelto en pañales y acostado en un pesebre.»

[13] De repente apareció una multitud de ángeles del cielo, que alababan a Dios y decían:

[14] «Gloria a Dios en las alturas,
    y en la tierra paz a los que gozan de su buena voluntad.»[n]

Lucas (Cont.)

[15] Cuando los ángeles se fueron al cielo, los pastores se dijeron unos a otros: «Vamos a Belén, a ver esto que ha pasado y que el Señor nos ha dado a conocer.»

[16] Así que fueron de prisa y encontraron a María y a José, y al niño que estaba acostado en el pesebre. [17] Cuando vieron al niño, contaron lo que les habían dicho acerca de él, [18] y cuantos lo oyeron se asombraron de lo que los pastores decían. [19] María, por su parte, guardaba todas estas cosas en su corazón y meditaba acerca de ellas. [20] Los pastores regresaron glorificando y alabando a Dios por lo que habían visto y oído, pues todo sucedió tal como se les había dicho.

Lc   [n] *2:14 paz ... voluntad.* Lit. paz a los hombres de buena voluntad. Var. paz, buena voluntad a los hombres.

3. Su infancia y niñez
§§ *12-19*

a. Su circuncisión § *12*

Lucas 2:21

[21] Cuando se cumplieron los ocho días y fueron a circuncidarlo, lo llamaron Jesús, nombre que el ángel le había puesto antes de que fuera concebido.

b. Su presentación § *13*

Lucas 2:22-38

[22] Así mismo, cuando se cumplió el tiempo en que, según la ley de Moisés, ellos debían *purificarse, José y María llevaron al niño a Jerusalén para presentarlo al Señor. [23] Así cumplieron con lo que en la ley del Señor está escrito: «Todo varón primogénito será consagrado[n] al Señor».[o] [24] También ofrecieron un sacrificio conforme a lo que la ley del Señor dice: «un par de tórtolas o dos pichones de paloma».[p]

[25] Ahora bien, en Jerusalén había un hombre llamado Simeón, que era justo y devoto, y aguardaba con esperanza la redención[q] de Israel. El Espíritu Santo estaba con él [26] y le había revelado que no moriría sin antes ver al *Cristo del Señor. [27] Movido por el Espíritu, fue al *templo. Cuando al niño Jesús lo llevaron sus padres para cumplir con la costumbre establecida por la ley, [28] Simeón lo tomó en sus brazos y bendijo a Dios:

[29] «Según tu palabra, Soberano Señor,
    ya puedes despedir a tu *siervo en paz.
[30] Porque han visto mis ojos tu salvación,
    [31] que has preparado a la vista de todos los pueblos:
[32] luz que ilumina a las *naciones
    y gloria de tu pueblo Israel.»

[33] El padre y la madre del niño se quedaron maravillados por lo que se decía de él. [34] Simeón les dio su bendición y le dijo a María, la madre de Jesús: «Este niño está destinado a causar la caída y el levantamiento de muchos en Israel, y a crear mucha oposición,[r] [35] a fin de que se manifiesten las intenciones de muchos corazones. En cuanto a ti, una espada te atravesará el alma.»

Lucas (Cont.)

[36] Había también una profetisa, Ana, hija de Penuel, de la tribu de Aser. Era muy anciana; casada de joven, había vivido con su esposo siete años, [37] y luego permaneció viuda hasta la edad de ochenta y cuatro.[s] Nunca salía del *templo, sino que día y noche adoraba a Dios con ayunos y oraciones. [38] Llegando en ese mismo momento, Ana dio gracias a Dios y comenzó a hablar del niño a todos los que esperaban la redención de Jerusalén.

Lc [ñ] **2:23** *Todo ... consagrado.* Lit. Todo varón que abre la matriz será llamado santo.   [o] **2:23** Éx 13:2,12   [p] **2:24** Lv 12:8
     [q] **2:25** *redención.* Lit. consolación.   [r] **2:34** *a crear mucha oposición.* Lit. a ser una señal contra la cual se hablará.
     [s] **2:37** *hasta la edad de ochenta y cuatro.* Alt. durante ochenta y cuatro años.

c. Su infancia   §§ 14-16

(1) En Belén   § 14

Mateo 2:1-12

[1] Después de que Jesús nació en Belén de Judea en tiempos del rey Herodes, llegaron a Jerusalén unos sabios[f] procedentes del Oriente.

[2] ¿Dónde está el que ha nacido rey de los judíos? —preguntaron—. Vimos levantarse[g] su estrella y hemos venido a adorarlo.

[3] Cuando lo oyó el rey Herodes, se turbó, y toda Jerusalén con él. [4] Así que convocó de entre el pueblo a todos los jefes de los sacerdotes y *maestros de la ley, y les preguntó dónde había de nacer el *Cristo.

[5] En Belén de Judea —le respondieron—, porque esto es lo que ha escrito el profeta:

[6] »"Pero tú, Belén, en la tierra de Judá,
   de ninguna manera eres la menor entre los principales de Judá;
      porque de ti saldrá un príncipe
   que será el pastor de mi pueblo Israel."[h]

[7] Luego Herodes llamó en secreto a los sabios y se enteró por ellos del tiempo exacto en que había aparecido la estrella. [8] Los envió a Belén y les dijo:

—Vayan e infórmense bien de ese niño y, tan pronto como lo encuentren, avísenme para que yo también vaya y lo adore.

[9] Después de oír al rey, siguieron su camino, y sucedió que la estrella que habían visto levantarse iba delante de ellos hasta que se detuvo sobre el lugar donde estaba el niño. [10] Al ver la estrella, se llenaron de alegría. [11] Cuando llegaron a la casa, vieron al niño con María, su madre; y postrándose lo adoraron. Abrieron sus cofres y le presentaron como regalos oro, incienso y mirra. [12] Entonces, advertidos en sueños de que no volvieran a Herodes, regresaron a su tierra por otro camino.

Mt [f] **2:1** *sabios.* Lit. magos; también en vv. 7, 16.   [g] **2:2** *levantarse.* Alt. en el oriente; también en v. 9.   [h] **2:6** Mi 5:2

(2) En Egipto   § 15

Mateo 2:13-18

[13] Cuando ya se habían ido, un ángel del Señor se le apareció en sueños a José y le dijo: «Levántate, toma al niño y a su madre, y huye a Egipto. Quédate allí hasta que yo te avise, porque Herodes va a buscar al niño para matarlo.»

Mateo (Cont.)

¹⁴ Así que se levantó cuando todavía era de noche, tomó al niño y a su madre, y partió para Egipto, ¹⁵ donde permaneció hasta la muerte de Herodes. De este modo se cumplió lo que el Señor había dicho por medio del profeta: «De Egipto llamé a mi hijo.»ⁱ

¹⁶ Cuando Herodes se dio cuenta de que los sabios se habían burlado de él, se enfureció y mandó matar a todos los niños menores de dos años en Belén y en sus alrededores, de acuerdo con el tiempo que había averiguado de los sabios. ¹⁷ Entonces se cumplió lo dicho por el profeta Jeremías:

¹⁸   «Se oye un grito en Ramá,
          llanto y gran lamentación;
       es Raquel, que llora por sus hijos
          y no quiere ser consolada;
       ¡sus hijos ya no existen!»ʲ

Lc ⁱ **2:15** Os 11:1   ʲ **2:18** Jer 31:15

(3) En Nazaret   § 16

Mateo 2:19-23; Lucas 2:39

Mateo

¹⁹ Después de que murió Herodes, un ángel del Señor se le apareció en sueños a José en Egipto ²⁰ y le dijo: «Levántate, toma al niño y a su madre, y vete a la tierra de Israel, que ya murieron los que amenazaban con quitarle la *vida al niño.»

²¹ Así que se levantó José, tomó al niño y a su madre, y regresó a la tierra de Israel. ²² Pero al oír que Arquelao reinaba en Judea en lugar de su padre Herodes, tuvo miedo de ir allá. Advertido por Dios en sueños, se retiró al distrito de Galilea, ²³ y fue a vivir en un pueblo llamado Nazaret. Con esto se cumplió lo dicho por los profetas: «Lo llamarán nazareno.»

Lucas

³⁹ Después de haber cumplido con todo lo que exigía la ley del Señor, José y María regresaron a Galilea, a su propio pueblo de Nazaret.

d. Su niñez   §§ 17-19

(1) Creciendo   § 17

Lucas 2:40

⁴⁰ El niño crecía y se fortalecía; progresaba en sabiduría, y la gracia de Dios lo acompañaba.

(2) Visita Jerusalén § 18

Lucas 2:41-50

[41] Los padres de Jesús subían todos los años a Jerusalén para la fiesta de la Pascua. [42] Cuando cumplió doce años, fueron allá según era la costumbre. [43] Terminada la fiesta, emprendieron el viaje de regreso, pero el niño Jesús se había quedado en Jerusalén, sin que sus padres se dieran cuenta. [44] Ellos, pensando que él estaba entre el grupo de viajeros, hicieron un día de camino mientras lo buscaban entre los parientes y conocidos. [45] Al no encontrarlo, volvieron a Jerusalén en su busca. [46] Al cabo de tres días lo encontraron en el *templo, sentado entre los maestros, escuchándolos y haciéndoles preguntas. [47] Todos los que le oían se asombraban de su inteligencia y de sus respuestas. [48] Cuando lo vieron sus padres, se quedaron admirados.

—Hijo, ¿por qué te has portado así con nosotros? —le dijo su madre—. ¡Mira que tu padre y yo te hemos estado buscando angustiados!

[49] ¿Por qué me buscaban? ¿No sabían que tengo que estar en la casa de mi Padre?

[50] Pero ellos no entendieron lo que les decía.

(3) Su desarrollo § 19

Lucas 2:51-52

[51] Así que Jesús bajó con sus padres a Nazaret y vivió sujeto a ellos. Pero su madre conservaba todas estas cosas en el corazón. [52] Jesús siguió creciendo en sabiduría y estatura, y cada vez más gozaba del favor de Dios y de toda la gente.

B. El embajador del Rey
§§ 20-23

1. Mensaje a Juan

§ 20

Marcos 1:1; Lucas 3:1-2

Marcos

[1] Comienzo del *evangelio de *Jesucristo, el Hijo de Dios.[a]

Lucas

[1] En el año quince del reinado de Tiberio *César, Poncio Pilato gobernaba la provincia de Judea, Herodes[t] era tetrarca en Galilea, su hermano Felipe en Iturea y Traconite, y Lisanias en Abilene; [2] el sumo sacerdocio lo ejercían Anás y Caifás. En aquel entonces, la palabra de Dios llegó a Juan, hijo de Zacarías, en el desierto.

Mr [a] **1:1** Var. no incluye: *el Hijo de Dios.*
Lc [t] **3:1** Es decir, Herodes Antipas, hijo del rey Herodes (1:5).

2. Mensaje de Juan

§ 21

Mateo 3:1-6; Marcos 1:2-6; Lucas 3:3-6

Mateo

¹ En aquellos días se presentó Juan el Bautista predicando en el desierto de Judea. ² Decía: «*Arrepiéntanse, porque el reino de los cielos está cerca.» ³ Juan era aquel de quien había escrito el profeta Isaías:

«Voz de uno que grita
  en el desierto:
"Preparen el camino
  para el Señor,
  háganle sendas
  derechas." »ᵏ

⁴ La ropa de Juan estaba hecha de pelo de camello. Llevaba puesto un cinturón de cuero y se alimentaba de langostas y miel silvestre. ⁵ Acudía a él la gente de Jerusalén, de toda Judea y de toda la región del Jordán. ⁶ Cuando confesaban sus pecados, él los bautizaba en el río Jordán.

Marcos

¹ Comienzo del *evangelio de *Jesucristo, el Hijo de Dios.

² Sucedió como está escrito en el profeta Isaías:

«Yo estoy por enviar
  a mi mensajero
  delante de ti,
  el cual preparará tu
  camino.»ᵇ
³ «Voz de uno que grita
  en el desierto:
"Preparen el camino del
  Señor,
  háganle sendas
  derechas."»ᶜ

⁴ Así se presentó Juan, bautizando en el desierto y predicando el bautismo de *arrepentimiento para el perdón de pecados. ⁵ Toda la gente de la región de Judea y de la ciudad de Jerusalén acudía a él. Cuando confesaban sus pecados, él los bautizaba en el río Jordán. ⁶ La ropa de Juan estaba hecha de pelo de camello. Llevaba puesto un cinturón de cuero, y comía langostas y miel silvestre.

Lucas

³ Juan recorría toda la región del Jordán predicando el bautismo de *arrepentimiento para el perdón de pecados. ⁴ Así está escrito en el libro del profeta Isaías:

«Voz de uno que grita
  en el desierto:
"Preparen el camino del
  Señor,
  háganle sendas
  derechas.
⁵ Todo valle será
  rellenado,
  toda montaña y colina
  será allanada.
Los caminos torcidos se
  enderezarán,
  las sendas escabrosas
  quedarán llanas.
⁶ Y todo *mortal verá la
  salvación de Dios."»ᵘ

Mt ᵏ **3:3** Is 40:3
Mr ᵇ **1:2** Mal 3:1   ᶜ **1:3** Is 40:3
Lc ᵘ **3:6** Is 40:3-5

3. Explicación de Juan

§ 22

Mateo 3:7-10; Lucas 3:7-14

Mateo

⁷ Pero al ver que muchos fariseos y saduceos llegaban adonde él estaba bautizando, les advirtió:

Lucas

⁷ Muchos acudían a Juan para que los bautizara.

Mateo (Cont.)

«¡Camada de víboras! ¿Quién les dijo que podrán escapar del castigo que se acerca? [8] Produzcan frutos que demuestren arrepentimiento. [9] No piensen que podrán alegar: "Tenemos a Abraham por padre." Porque les digo que aun de estas piedras Dios es capaz de darle hijos a Abraham. [10] El hacha ya está puesta a la raíz de los árboles, y todo árbol que no produzca buen fruto será cortado y arrojado al fuego.

Lucas (Cont.)

—¡Camada de víboras! —les advirtió—. ¿Quién les dijo que podrán escapar del castigo que se acerca? [8] Produzcan frutos que demuestren arrepentimiento. Y no se pongan a pensar: "Tenemos a Abraham por padre." Porque les digo que aun de estas piedras Dios es capaz de darle hijos a Abraham. [9] Es más, el hacha ya está puesta a la raíz de los árboles, y todo árbol que no produzca buen fruto será cortado y arrojado al fuego.

[10] ¿Entonces qué debemos hacer? —le preguntaba la gente.

[11] El que tiene dos *camisas debe compartir con el que no tiene ninguna —les contestó Juan—, y el que tiene comida debe hacer lo mismo.

[12] Llegaron también unos *recaudadores de impuestos para que los bautizara.

—Maestro, ¿qué debemos hacer nosotros? —le preguntaron.

[13] No cobren más de lo debido —les respondió.

[14] Y nosotros, ¿qué debemos hacer? —le preguntaron unos soldados.

—No extorsionen a nadie ni hagan denuncias falsas; más bien confórmense con lo que les pagan.

4. La Promesa de Juan

§ 23

Mateo 3:11–12; Marcos 1:7–8; Lucas 3:15–18

Mateo

[11] »Yo los bautizo a ustedes con[l] agua para que se arrepientan. Pero el que viene después de mí es más poderoso que yo, y ni siquiera merezco llevarle las sandalias. Él los bautizará con el Espíritu Santo y con fuego. [12] Tiene el rastrillo en la mano y limpiará su era, recogiendo el trigo en su granero; la paja, en cambio, la quemará con fuego que nunca se apagará.»

Marcos

[7] Predicaba de esta manera: «Después de mí viene uno más poderoso que yo; ni siquiera merezco agacharme para desatar la correa de sus sandalias. [8] Yo los he bautizado a ustedes con[d] agua, pero él los bautizará con el Espíritu Santo.»

Lucas

[15] La gente estaba a la expectativa, y todos se preguntaban si acaso Juan sería el *Cristo.

[16] Yo los bautizo a ustedes con[v] agua —les respondió Juan a todos—. Pero está por llegar uno más poderoso que yo, a quien ni siquiera merezco desatarle la correa de sus sandalias. Él los bautizará con el Espíritu Santo y con fuego. [17] Tiene el rastrillo en la mano para limpiar su era y recoger el trigo en su granero; la paja, en cambio, la

Lucas (Cont.)
quemará con fuego que nunca
se apagará.
¹⁸ Y con muchas otras palabras exhortaba Juan a la gente y
le anunciaba las buenas *nuevas.

Mt ¹ **3:11** *con*. Alt. en.
Mr ᵈ **1:8** *con*. Alt. en.
Lc ᵛ **3:16** *con*. Alt. en.

C. Aprobación del Rey

§§   24–27

1. En su bautismo

§   24

Mateo 3:13-17; Marcos 1:9-11; Lucas 3:21-23

Mateo

¹³ Un día Jesús fue de Galilea al Jordán para que Juan lo bautizara. ¹⁴ Pero Juan trató de disuadirlo.

—Yo soy el que necesita ser bautizado por ti, ¿y tú vienes a mí? —objetó.

¹⁵ Dejémoslo así por ahora, pues nos conviene cumplir con lo que es justo —le contestó Jesús.

Entonces Juan consintió.

¹⁶ Tan pronto como Jesús fue bautizado, subió del agua. En ese momento se abrió el cielo, y él vio al Espíritu de Dios bajar como una paloma y posarse sobre él. ¹⁷ Y una voz del cielo decía: «Éste es mi Hijo amado; estoy muy complacido con él.»

Marcos

⁹ En esos días llegó Jesús desde Nazaret de Galilea y fue bautizado por Juan en el Jordán. ¹⁰ En seguida, al subir del agua, Jesús vio que el cielo se abría y que el Espíritu bajaba sobre él como una paloma. ¹¹ También se oyó una voz del cielo que decía: «Tú eres mi Hijo amado; estoy muy complacido contigo.»

Lucas

²¹ Un día en que todos acudían a Juan para que los bautizara, Jesús fue bautizado también. Y mientras oraba, se abrió el cielo, ²² y el Espíritu Santo bajó sobre él en forma de paloma. Entonces se oyó una voz del cielo que decía: «Tú eres mi Hijo amado; estoy muy complacido contigo.»

²³ Jesús tenía unos treinta años cuando comenzó su ministerio. Era hijo, según se creía, de José,

2. A través de su tentación

§ 25

Mateo 4:1-11; Marcos 1:12-13; Lucas 4:1-13

Mateo

[1] Luego el Espíritu llevó a Jesús al desierto para que el diablo lo sometiera a *tentación. [2] Después de ayunar cuarenta días y cuarenta noches, tuvo hambre. [3] El tentador se le acercó y le propuso:

—Si eres el Hijo de Dios, ordena a estas piedras que se conviertan en pan.

[4] Jesús le respondió:

—Escrito está: "No sólo de pan vive el hombre, sino de toda palabra que sale de la boca de Dios."[m]

[5] Luego el diablo lo llevó a la ciudad santa e hizo que se pusiera de pie sobre la parte más alta del *templo, y le dijo:

[6] Si eres el Hijo de Dios, tírate abajo. Porque escrito está:

"Ordenará que sus ángeles
te sostengan en sus manos,
para que no tropieces con
piedra alguna."[n]

[7] También está escrito: "No pongas a prueba al Señor tu Dios"[ñ] —le contestó Jesús.

[8] De nuevo lo tentó el diablo, llevándolo a una montaña muy alta, y le mostró todos los reinos del mundo y su esplendor. [9] Todo esto te daré si te postras y me adoras.

[10] ¡Vete, Satanás! —le dijo Jesús—. Porque escrito está: "Adora al Señor tu Dios y sírvele solamente a él."[o]

[11] Entonces el diablo lo dejó, y unos ángeles acudieron a servirle.

Marcos

[12] En seguida el Espíritu lo impulsó a ir al desierto, [13] y allí fue *tentado por Satanás durante cuarenta días. Estaba entre las fieras, y los ángeles le servían.

Lucas

[1] Jesús, lleno del Espíritu Santo, volvió del Jordán y fue llevado por el Espíritu al desierto. [2] Allí estuvo cuarenta días y fue *tentado por el diablo. No comió nada durante esos días, pasados los cuales tuvo hambre.

[3] Si eres el Hijo de Dios —le propuso el diablo—, dile a esta piedra que se convierta en pan.

[4] Jesús le respondió:

—Escrito está: "No sólo de pan vive el hombre."[z]

[5] Entonces el diablo lo llevó a un lugar alto y le mostró en un instante todos los reinos del mundo.

[6] Sobre estos reinos y todo su esplendor —le dijo—, te daré la autoridad, porque a mí me ha sido entregada, y puedo dársela a quien yo quiera. [7] Así que, si me adoras, todo será tuyo.

Jesús le contestó:

[8] Escrito está: "Adora al Señor tu Dios y sírvele solamente a él."[a]

[9] El diablo lo llevó luego a Jerusalén e hizo que se pusiera de pie en la parte más alta del *templo, y le dijo:

—Si eres el Hijo de Dios, ¡tírate de aquí! [10] Pues escrito está:

»"Ordenará que sus
ángeles te cuiden.
Te sostendrán en sus
manos
[11] para que no tropieces
con piedra alguna."[b]

[12] También está escrito: "No pongas a prueba al Señor tu Dios"[c] —le replicó Jesús.

Lucas
[13] Así que el diablo, habiendo agotado todo recurso de tentación, lo dejó hasta otra oportunidad.

Mt [m] **4:4** Dt 8:3   [n] **4:6** Sal 91:11,12   [ñ] **4:7** Dt 6:16   [o] **4:10** Dt 6:13
Lc [z] **4:4** Dt 8:3   [a] **4:8** Dt 6:13   [b] **4:10-11** Sal 91:11,12   [c] **4:12** Dt 6:16

3. De parte de su heraldo

§§ 26-27

a. Testimonio de Juan ante los líderes   § 26

Juan 1:19-28

[19] Éste es el testimonio de Juan cuando los judíos de Jerusalén enviaron sacerdotes y levitas a preguntarle quién era. [20] No se negó a declararlo, sino que confesó con franqueza:
—Yo no soy el *Cristo.
[21] ¿Quién eres entonces? —le preguntaron—. ¿Acaso eres Elías?
—No lo soy.
—¿Eres el profeta?
—No lo soy.
[22] ¿Entonces quién eres? ¡Tenemos que llevar una respuesta a los que nos enviaron! ¿Cómo te ves a ti mismo?
[23] Yo soy la voz del que grita en el desierto: "Enderecen el camino del Señor"[e] —respondió Juan, con las palabras del profeta Isaías.
[24] Algunos que habían sido enviados por los *fariseos [25] lo interrogaron:
—Pues si no eres el Cristo, ni Elías ni el profeta, ¿por qué bautizas?
[26] Yo bautizo con[f] agua, pero entre ustedes hay alguien a quien no conocen, [27] y que viene después de mí, al cual yo no soy digno ni siquiera de desatarle la correa de las sandalias.
[28] Todo esto sucedió en Betania, al otro lado del río Jordán, donde Juan estaba bautizando.

Jn [e] **1:23** Is 40:3 [f] **1:26** *con.* Alt. *en*; también en vv. 31 y 33.

b. Testimonio de Juan a Cristo   § 27

Juan 1:29-34

[29] Al día siguiente Juan vio a Jesús que se acercaba a él, y dijo: «¡Aquí tienen al Cordero de Dios, que quita el pecado del mundo! [30] De éste hablaba yo cuando dije: "Después de mí viene un hombre que es superior a mí, porque existía antes que yo." [31] Yo ni siquiera lo conocía, pero, para que él se revelara al pueblo de Israel, vine bautizando con agua.»
[32] Juan declaró: «Vi al Espíritu descender del cielo como una paloma y permanecer sobre él. [33] Yo mismo no lo conocía, pero el que me envió a bautizar con agua me dijo: "Aquel sobre quien veas que el Espíritu desciende y permanece, es el que bautiza con el Espíritu Santo." [34] Yo lo he visto y por eso testifico que éste es el Hijo de Dios.»

II. La autenticación del Rey §§ 28-59

A. Aceptación de su persona

§§ 28-36

1. Los primeros discípulos creen

§ 28

Juan 1:35-51

[35] Al día siguiente Juan estaba de nuevo allí, con dos de sus discípulos. [36] Al ver a Jesús que pasaba por ahí, dijo:

—¡Aquí tienen al Cordero de Dios!

[37] Cuando los dos discípulos le oyeron decir esto, siguieron a Jesús. [38] Jesús se volvió y, al ver que lo seguían, les preguntó:

—¿Qué buscan?

—Rabí, ¿dónde te hospedas? (Rabí significa: Maestro.)

[39] Vengan a ver —les contestó Jesús.

Ellos fueron, pues, y vieron dónde se hospedaba, y aquel mismo día se quedaron con él. Eran como las cuatro de la tarde.ᵍ

[40] Andrés, hermano de Simón Pedro, era uno de los dos que, al oír a Juan, habían seguido a Jesús. [41] Andrés encontró primero a su hermano Simón, y le dijo:

—Hemos encontrado al Mesías (es decir, el *Cristo).

[42] Luego lo llevó a Jesús, quien mirándolo fijamente, le dijo:

—Tú eres Simón, hijo de Juan. Serás llamado *Cefas (es decir, Pedro).

[43] Al día siguiente, Jesús decidió salir hacia Galilea. Se encontró con Felipe, y lo llamó:

—Sígueme.

[44] Felipe era del pueblo de Betsaida, lo mismo que Andrés y Pedro. [45] Felipe buscó a Natanael y le dijo:

—Hemos encontrado a Jesús de Nazaret, el hijo de José, aquel de quien escribió Moisés en la ley, y de quien escribieron los profetas.

[46] ¡De Nazaret! —replicó Natanael—. ¿Acaso de allí puede salir algo bueno?

—Ven a ver —le contestó Felipe.

[47] Cuando Jesús vio que Natanael se le acercaba, comentó:

—Aquí tienen a un verdadero israelita, en quien no hay falsedad.

[48] ¿De dónde me conoces? —le preguntó Natanael.

—Antes de que Felipe te llamara, cuando aún estabas bajo la higuera, ya te había visto.

Juan (Cont.)

⁴⁹ Rabí, ¡tú eres el Hijo de Dios! ¡Tú eres el Rey de Israel! —declaró Natanael.

⁵⁰ ¿Lo crees porque te dije que te vi cuando estabas debajo de la higuera? ¡Vas a ver aun cosas más grandes que éstas!

Y añadió:

⁵¹ Ciertamente les aseguro que ustedes verán abrirse el cielo, y a los ángeles de Dios subir y bajar sobre el Hijo del hombre.

Jn ᵍ **1:39** *Eran ... tarde* (si se cuentan las horas a partir de las seis de la mañana, según la hora judía). Lit. Era como la hora décima; véase nota en 19:14.

2. Creer a partir del primer milagro

§ 29

Juan 2:1-11

¹ Al tercer día se celebró una boda en Caná de Galilea, y la madre de Jesús se encontraba allí. ² También habían sido invitados a la boda Jesús y sus discípulos. ³ Cuando el vino se acabó, la madre de Jesús le dijo:

—Ya no tienen vino.

⁴ Mujer, ¿eso qué tiene que ver conmigo? —respondió Jesús—. Todavía no ha llegado mi hora.

⁵ Su madre dijo a los sirvientes:

—Hagan lo que él les ordene.

⁶ Había allí seis tinajas de piedra, de las que usan los judíos en sus ceremonias de *purificación. En cada una cabían unos cien litros.ʰ

⁷ Jesús dijo a los sirvientes:

—Llenen de agua las tinajas.

Y los sirvientes las llenaron hasta el borde.

⁸ Ahora saquen un poco y llévenlo al encargado del banquete —les dijo Jesús.

Así lo hicieron. ⁹ El encargado del banquete probó el agua convertida en vino sin saber de dónde había salido, aunque sí lo sabían los sirvientes que habían sacado el agua. Entonces llamó aparte al novio ¹⁰ y le dijo:

—Todos sirven primero el mejor vino, y cuando los invitados ya han bebido mucho, entonces sirven el más barato; pero tú has guardado el mejor vino hasta ahora.

¹¹ Ésta, la primera de sus señales, la hizo Jesús en Caná de Galilea. Así reveló su gloria, y sus discípulos creyeron en él.

Jn ʰ **2:6** *unos cien litros.* Lit. entre dos y tres **metretas.

3. Corta estadía en Capernaúm

§ 30

Juan 2:12

¹² Después de esto Jesús bajó a Capernaúm con su madre, sus hermanos y sus discípulos, y se quedaron allí unos días.

4. Toma posesión del Templo

§ 31

Juan 2:13-22

[13] Cuando se aproximaba la Pascua de los judíos, subió Jesús a Jerusalén. [14] Y en el *templo[i] halló a los que vendían bueyes, ovejas y palomas, e instalados en sus mesas a los que cambiaban dinero. [15] Entonces, haciendo un látigo de cuerdas, echó a todos del templo, juntamente con sus ovejas y sus bueyes; regó por el suelo las monedas de los que cambiaban dinero y derribó sus mesas. [16] A los que vendían las palomas les dijo:

—¡Saquen esto de aquí! ¿Cómo se atreven a convertir la casa de mi Padre en un mercado?

[17] Sus discípulos se acordaron de que está escrito: «El celo por tu casa me consumirá.»[j] [18] Entonces los judíos reaccionaron, preguntándole:

—¿Qué señal puedes mostrarnos para actuar de esta manera?

[19] Destruyan este templo —respondió Jesús—, y lo levantaré de nuevo en tres días.

[20] Tardaron cuarenta y seis años en construir este templo, ¿y tú vas a levantarlo en tres días?

[21] Pero el templo al que se refería era su propio cuerpo. [22] Así, pues, cuando se *levantó de entre los muertos, sus discípulos se acordaron de lo que había dicho, y creyeron en la Escritura y en las palabras de Jesús.

Jn [i] 2:14 Es decir, en el área general del templo; en vv. 19-21 el término griego significa **santuario*. [j] 2:17 Sal 69:9

5. Aceptación en Judea

§ 32

Juan 2:23-25; 3:1-21

[23] Mientras estaba en Jerusalén, durante la fiesta de la Pascua, muchos creyeron en su nombre al ver las señales que hacía. [24] En cambio Jesús no les creía porque los conocía a todos; [25] no necesitaba que nadie le informara nada[k] acerca de los demás, pues él conocía el interior del *ser humano.

[1] Había entre los *fariseos un dirigente de los judíos llamado Nicodemo. [2] Éste fue de noche a visitar a Jesús.

—Rabí —le dijo—, sabemos que eres un maestro que ha venido de parte de Dios, porque nadie podría hacer las señales que tú haces si Dios no estuviera con él.

[3] De veras te aseguro que quien no nazca de nuevo[l] no puede ver el reino de Dios —dijo Jesús.

[4] ¿Cómo puede uno nacer de nuevo siendo ya viejo? —preguntó Nicodemo—. ¿Acaso puede entrar por segunda vez en el vientre de su madre y volver a nacer?

[5] Yo te aseguro que quien no nazca de agua y del Espíritu, no puede entrar en el reino de Dios —respondió Jesús—. [6] Lo que nace del cuerpo es cuerpo; lo que nace del Espíritu es espíritu. [7] No te sorprendas de que te haya dicho: "Tienen que nacer de nuevo." [8] El viento sopla por donde quiere, y lo oyes silbar, aunque ignoras de dónde viene y a dónde va. Lo mismo pasa con todo el que nace del Espíritu.

[9] Nicodemo replicó:

—¿Cómo es posible que esto suceda?

[10] Tú eres maestro de Israel, ¿y no entiendes estas cosas? —respondió Jesús—. [11] Te digo con seguridad y verdad que hablamos de lo que sabemos y damos testimonio de lo que hemos visto personalmente, pero ustedes no aceptan nuestro testimonio. [12] Si les he hablado de las cosas terrenales,

Juan (Cont.)

y no creen, ¿entonces cómo van a creer si les hablo de las celestiales? [13] Nadie ha subido jamás al cielo sino el que descendió del cielo, el Hijo del hombre.[m]

[14] »Como levantó Moisés la serpiente en el desierto, así también tiene que ser levantado el Hijo del hombre, [15] para que todo el que crea en él tenga vida eterna.[n]

[16] »Porque tanto amó Dios al mundo, que dio a su Hijo *unigénito, para que todo el que cree en él no se pierda, sino que tenga vida eterna. [17] Dios no envió a su Hijo al mundo para condenar al mundo, sino para salvarlo por medio de él. [18] El que cree en él no es condenado, pero el que no cree ya está condenado por no haber creído en el nombre del Hijo unigénito de Dios. [19] Ésta es la causa de la condenación: que la luz vino al mundo, pero la *humanidad prefirió las tinieblas a la luz, porque sus hechos eran perversos. [20] Pues todo el que hace lo malo aborrece la luz, y no se acerca a ella por temor a que sus obras queden al descubierto. [21] En cambio, el que practica la verdad se acerca a la luz, para que se vea claramente que ha hecho sus obras en obediencia a Dios.[ñ]

Jn [k] **2:25** *le informara nada.* Lit. le diera testimonio. [l] **3:3** *de nuevo.* Alt. de arriba; también en v. 7. [m] **3:13** *hombre.* Var. hombre que está en el cielo. [n] **3:15** *todo ... eterna.* Alt. todo el que cree tenga vida eterna en él. [ñ] **3:21** Algunos intérpretes consideran que el discurso de Jesús termina en el v. 15.

6. El testimonio de Juan

§ 33

Juan 3:22-36

[22] Después de esto Jesús fue con sus discípulos a la región de Judea. Allí pasó algún tiempo con ellos, y bautizaba. [23] También Juan estaba bautizando en Enón, cerca de Salín, porque allí había mucha agua. Así que la gente iba para ser bautizada. [24] (Esto sucedió antes de que encarcelaran a Juan.) [25] Se entabló entonces una discusión entre los discípulos de Juan y un judío[o] en torno a los ritos de *purificación. [26] Aquéllos fueron a ver a Juan y le dijeron:

—Rabí, fíjate, el que estaba contigo al otro lado del Jordán, y de quien tú diste testimonio, ahora está bautizando, y todos acuden a él.

[27] Nadie puede recibir nada a menos que Dios se lo conceda —les respondió Juan—. [28] Ustedes me son testigos de que dije: "Yo no soy el *Cristo, sino que he sido enviado delante de él." [29] El que tiene a la novia es el novio. Pero el amigo del novio, que está a su lado y lo escucha, se llena de alegría cuando oye la voz del novio. Ésa es la alegría que me inunda. [30] A él le toca crecer, y a mí menguar.

[31] »El que viene de arriba está por encima de todos; el que es de la tierra, es terrenal y de lo terrenal habla. El que viene del cielo está por encima de todos [32] y da testimonio de lo que ha visto y oído, pero nadie recibe su testimonio. [33] El que lo recibe certifica que Dios es veraz. [34] El enviado de Dios comunica el mensaje divino, pues Dios mismo le da su Espíritu sin restricción. [35] El Padre ama al Hijo, y ha puesto todo en sus manos. [36] El que cree en el Hijo tiene vida eterna; pero el que rechaza al Hijo no sabrá lo que es esa vida, sino que permanecerá bajo el castigo de Dios.[p]

Mt [o] **3:25** *un judío.* Var. unos judíos. [p] **3:36** Algunos intérpretes consideran que los vv. 31-36 son comentarios del autor del evangelio.

7. Salida de Judea

§ 34

Mateo 4:12; Marcos 1:14; Lucas 3:19-20; Juan 4:1-4

Mateo	*Marcos*	*Lucas*	*Juan*
[12] Cuando Jesús oyó que habían encarcelado a Juan, regresó a Galilea.	[14] Después de que encarcelaron a Juan, Jesús se fue a Galilea a anunciar las buenas *nuevas de Dios.	[19] Pero cuando reprendió al tetrarca Herodes por el asunto de su cuñada Herodías,[w] y por todas las otras maldades que había cometido, [20] Herodes llegó hasta el colmo de encerrar a Juan en la cárcel.	[1] Jesús[q] se enteró de que los *fariseos sabían que él estaba haciendo y bautizando más discípulos que Juan [2] (aunque en realidad no era Jesús quien bautizaba sino sus discípulos). [3] Por eso se fue de Judea y volvió otra vez a Galilea. [4] Como tenía que pasar por Samaria.

Lc [w] 3:19 Esposa de Felipe, hermano de Herodes Antipas.
Jn [q] 4:1 *Jesús.* Var. El Señor.

8. Aceptación en Samaria

§ 35

Juan 4:5-42

[5] llegó a un pueblo samaritano llamado Sicar, cerca del terreno que Jacob le había dado a su hijo José. [6] Allí estaba el pozo de Jacob. Jesús, fatigado del camino, se sentó junto al pozo. Era cerca del mediodía.[r] [7-8] Sus discípulos habían ido al pueblo a comprar comida.

En eso llegó a sacar agua una mujer de Samaria, y Jesús le dijo:

—Dame un poco de agua.

[9] Pero como los judíos no usan nada en común[s] con los samaritanos, la mujer le respondió:

—¿Cómo se te ocurre pedirme agua, si tú eres judío y yo soy samaritana?

[10] Si supieras lo que Dios puede dar, y conocieras al que te está pidiendo agua —contestó Jesús—, tú le habrías pedido a él, y él te habría dado agua que da vida.

[11] Señor, ni siquiera tienes con qué sacar agua, y el pozo es muy hondo; ¿de dónde, pues, vas a sacar esa agua que da vida? [12] ¿Acaso eres tú superior a nuestro padre Jacob, que nos dejó este pozo, del cual bebieron él, sus hijos y su ganado?

[13] Todo el que beba de esta agua volverá a tener sed —respondió Jesús—, [14] pero el que beba del agua que yo le daré, no volverá a tener sed jamás, sino que dentro de él esa agua se convertirá en un manantial del que brotará vida eterna.

[15] Señor, dame de esa agua para que no vuelva a tener sed ni siga viniendo aquí a sacarla.

[16] Ve a llamar a tu esposo, y vuelve acá —le dijo Jesús.

[17] No tengo esposo —respondió la mujer.

—Bien has dicho que no tienes esposo. [18] Es cierto que has tenido cinco, y el que ahora tienes no es tu esposo. En esto has dicho la verdad.

Juan (Cont.)

¹⁹ Señor, me doy cuenta de que tú eres profeta. ²⁰ Nuestros antepasados adoraron en este monte, pero ustedes los judíos dicen que el lugar donde debemos adorar está en Jerusalén.

²¹ Créeme, mujer, que se acerca la hora en que ni en este monte ni en Jerusalén adorarán ustedes al Padre. ²² Ahora ustedes adoran lo que no conocen; nosotros adoramos lo que conocemos, porque la salvación proviene de los judíos. ²³ Pero se acerca la hora, y ha llegado ya, en que los verdaderos adoradores rendirán culto al Padre en espíritu y en verdad,ᵗ porque así quiere el Padre que sean los que le adoren. ²⁴ Dios es espíritu, y quienes lo adoran deben hacerlo en espíritu y en verdad.

²⁵ Sé que viene el Mesías, al que llaman el *Cristo —respondió la mujer—. Cuando él venga nos explicará todas las cosas.

²⁶ Ése soy yo, el que habla contigo —le dijo Jesús.

²⁷ En esto llegaron sus discípulos y se sorprendieron de verlo hablando con una mujer, aunque ninguno le preguntó: «¿Qué pretendes?» o «¿De qué hablas con ella?»

²⁸ La mujer dejó su cántaro, volvió al pueblo y le decía a la gente:

²⁹ Vengan a ver a un hombre que me ha dicho todo lo que he hecho. ¿No será éste el *Cristo?

³⁰ Salieron del pueblo y fueron a ver a Jesús. ³¹ Mientras tanto, sus discípulos le insistían:

—Rabí, come algo.

³² Yo tengo un alimento que ustedes no conocen —replicó él.

³³ «¿Le habrán traído algo de comer?», comentaban entre sí los discípulos.

³⁴ Mi alimento es hacer la voluntad del que me envió y terminar su obra —les dijo Jesús—. ³⁵ ¿No dicen ustedes: "Todavía faltan cuatro meses para la cosecha"? Yo les digo: ¡Abran los ojos y miren los campos sembrados! Ya la cosecha está madura; ³⁶ ya el segador recibe su salario y recoge el fruto para vida eterna. Ahora tanto el sembrador como el segador se alegran juntos. ³⁷ Porque como dice el refrán: "Uno es el que siembra y otro el que cosecha." ³⁸ Yo los he enviado a ustedes a cosechar lo que no les costó ningún trabajo. Otros se han fatigado trabajando, y ustedes han cosechado el fruto de ese trabajo.

³⁹ Muchos de los samaritanos que vivían en aquel pueblo creyeron en él por el testimonio que daba la mujer: «Me dijo todo lo que he hecho.» ⁴⁰ Así que cuando los samaritanos fueron a su encuentro le insistieron en que se quedara con ellos. Jesús permaneció allí dos días, ⁴¹ y muchos más llegaron a creer por lo que él mismo decía.

⁴² Ya no creemos sólo por lo que tú dijiste —le decían a la mujer—; ahora lo hemos oído nosotros mismos, y sabemos que verdaderamente éste es el Salvador del mundo.

Jn ʳ **4:6** *del mediodía.* Lit. de la hora sexta; véase nota en 1:39. ˢ **4:9** *no usan nada en común.* Alt. no se llevan bien. ᵗ **4:23** *en espíritu y en verdad.* Alt. por el Espíritu y la verdad; también en v. 24.

9. Aceptación en Galilea

§ 36

Juan 4:43-45

⁴³ Después de esos dos días Jesús salió de allí rumbo a Galilea ⁴⁴ (pues, como él mismo había dicho, a ningún profeta se le honra en su propia tierra). ⁴⁵ Cuando llegó a Galilea, fue bien recibido por los galileos, pues éstos habían visto personalmente todo lo que había hecho en Jerusalén durante la fiesta de la Pascua, ya que ellos habían estado también allí.

B. La autoridad del Rey
§§ 37-59

1. Autoridad de Cristo para predicar
§ 37

Mateo 4:17; Marcos 1:15; Lucas 4:14-15

Mateo

¹⁷ Desde entonces comenzó Jesús a predicar: «*Arrepiéntanse, porque el reino de los cielos está cerca.»

Marcos

¹⁵ «Se ha cumplido el tiempo —decía—. El reino de Dios está cerca. ¡*Arrepiéntanse y crean las buenas *nuevas!»

Lucas

¹⁴ Jesús regresó a Galilea en el poder del Espíritu, y se extendió su fama por toda aquella región. ¹⁵ Enseñaba en las sinagogas, y todos lo admiraban.

2. Autoridad de Cristo por sobre la enfermedad
§ 38

Juan 4:46-54

⁴⁶ Y volvió otra vez Jesús a Caná de Galilea, donde había convertido el agua en vino. Había allí un funcionario real, cuyo hijo estaba enfermo en Capernaúm. ⁴⁷ Cuando este hombre se enteró de que Jesús había llegado de Judea a Galilea, fue a su encuentro y le suplicó que bajara a sanar a su hijo, pues estaba a punto de morir.

⁴⁸ Ustedes nunca van a creer si no ven señales y prodigios —le dijo Jesús.

⁴⁹ Señor —rogó el funcionario—, baja antes de que se muera mi hijo.

⁵⁰ Vuelve a casa, que tu hijo vive —le dijo Jesús—.

El hombre creyó lo que Jesús le dijo, y se fue. ⁵¹ Cuando se dirigía a su casa, sus siervos salieron a su encuentro y le dieron la noticia de que su hijo estaba vivo. ⁵² Cuando les preguntó a qué hora había comenzado su hijo a sentirse mejor, le contestaron:

—Ayer a la una de la tarde^u se le quitó la fiebre.

⁵³ Entonces el padre se dio cuenta de que precisamente a esa hora Jesús le había dicho: «Tu hijo vive.» Así que creyó él con toda su familia.

⁵⁴ Ésta fue la segunda señal que hizo Jesús después de que volvió de Judea a Galilea.

Jn ^u **4:52** *la una de la tarde*. Lit. la hora séptima; véase nota en 1:39.

3. Rechazado en Nazaret
§ 39

Lucas 4:16-30

¹⁶ Fue a Nazaret, donde se había criado, y un *sábado entró en la sinagoga, como era su costumbre. Se levantó para hacer la lectura, ¹⁷ y le entregaron el libro del profeta Isaías. Al desenrollarlo, encontró el lugar donde está escrito:

Lucas (Cont.)

[18] «El Espíritu del Señor está sobre mí,
   por cuanto me ha ungido
   para anunciar buenas *nuevas a los pobres.
Me ha enviado a proclamar libertad a los cautivos
   y dar vista a los ciegos,
a poner en libertad a los oprimidos,
   [19] a pregonar el año del favor del Señor.»[d]

[20] Luego enrolló el libro, se lo devolvió al ayudante y se sentó. Todos los que estaban en la sinagoga lo miraban detenidamente, [21] y él comenzó a hablarles: «Hoy se cumple esta Escritura en presencia de ustedes.»

[22] Todos dieron su aprobación, impresionados por las hermosas palabras[e] que salían de su boca. «¿No es éste el hijo de José?», se preguntaban.

[23] Jesús continuó: «Seguramente ustedes me van a citar el proverbio: "¡Médico, cúrate a ti mismo! Haz aquí en tu tierra lo que hemos oído que hiciste en Capernaúm." [24] Pues bien, les aseguro que a ningún profeta lo aceptan en su propia tierra. [25] No cabe duda de que en tiempos de Elías, cuando el cielo se cerró por tres años y medio, de manera que hubo una gran hambre en toda la tierra, muchas viudas vivían en Israel. [26] Sin embargo, Elías no fue enviado a ninguna de ellas, sino a una viuda de Sarepta, en los alrededores de Sidón. [27] Así mismo, había en Israel muchos enfermos de *lepra en tiempos del profeta Eliseo, pero ninguno de ellos fue sanado, sino Naamán el sirio.»

[28] Al oír esto, todos los que estaban en la sinagoga se enfurecieron. [29] Se levantaron, lo expulsaron del pueblo y lo llevaron hasta la cumbre de la colina sobre la que estaba construido el pueblo, para tirarlo por el precipicio. [30] Pero él pasó por en medio de ellos y se fue.

Lc   [d] 4:19 Is 61:1,2   [e] 4:22 *Todos ... palabras.* Lit. Todos daban testimonio de él y estaban asombrados de las palabras de gracia.

4. Residencia en Capernaúm

§ 40

Mateo 4:13-16

[13] Partió de Nazaret y se fue a vivir a Capernaúm, que está junto al lago en la región de Zabulón y de Neftalí, [14] para cumplir lo dicho por el profeta Isaías:

[15]   «Tierra de Zabulón y tierra de Neftalí,
   camino del mar, al otro lado del Jordán,
   Galilea de los *gentiles;
[16] el pueblo que habitaba en la oscuridad
   ha visto una gran luz;
      sobre los que vivían en densas tinieblas[p]
   la luz ha resplandecido.»[q]

Mt   [p] 4:16 *vivían en densas tinieblas.* Lit. habitaban en tierra y sombra de muerte.   [q] 4:16 Is 9:1,2

5. Autoridad de Cristo por sobre la naturaleza

§ 41

Mateo 4:18-22; Marcos 1:16-20; Lucas 5:1-11

Mateo	Marcos	Lucas

Mateo

18 Mientras caminaba junto al mar de Galilea, Jesús vio a dos hermanos: uno era Simón, llamado Pedro, y el otro Andrés. Estaban echando la red al lago, pues eran pescadores. 19 «Vengan, síganme —les dijo Jesús—, y los haré pescadores de hombres.» 20 Al instante dejaron las redes y lo siguieron.

21 Más adelante vio a otros dos hermanos: *Jacobo y Juan, hijos de Zebedeo, que estaban con su padre en una barca remendando las redes. Jesús los llamó, 22 y dejaron en seguida la barca y a su padre, y lo siguieron.

Marcos

16 Pasando por la orilla del mar de Galilea, Jesús vio a Simón y a su hermano Andrés que echaban la red al lago, pues eran pescadores. 17 «Vengan, síganme —les dijo Jesús—, y los haré pescadores de hombres.» 18 Al momento dejaron las redes y lo siguieron.

19 Un poco más adelante vio a *Jacobo y a su hermano Juan, hijos de Zebedeo, que estaban en su barca remendando las redes. 20 En seguida los llamó, y ellos, dejando a su padre Zebedeo en la barca con los jornaleros, se fueron con Jesús.

Lucas

1 Un día estaba Jesús a orillas del lago de Genesaret,ᵍ y la gente lo apretujaba para escuchar el mensaje de Dios. 2 Entonces vio dos barcas que los pescadores habían dejado en la playa mientras lavaban las redes. 3 Subió a una de las barcas, que pertenecía a Simón, y le pidió que la alejara un poco de la orilla. Luego se sentó, y enseñaba a la gente desde la barca.

4 Cuando acabó de hablar, le dijo a Simón:

—Lleva la barca hacia aguas más profundas, y echen allí las redes para pescar.

5 Maestro, hemos estado trabajando duro toda la noche y no hemos pescado nada —le contestó Simón—. Pero como tú me lo mandas, echaré las redes.

6 Así lo hicieron, y recogieron una cantidad tan grande de peces que las redes se les rompían. 7 Entonces llamaron por señas a sus compañeros de la otra barca para que los ayudaran. Ellos se acercaron y llenaron tanto las dos barcas que comenzaron a hundirse.

8 Al ver esto, Simón Pedro cayó de rodillas delante de Jesús y le dijo:

—¡Apártate de mí, Señor; soy un pecador!

9 Es que él y todos sus compañeros estaban asombrados ante la pesca que habían hecho, 10 como también lo estaban *Jacobo y Juan, hijos de Zebedeo, que eran socios de Simón.

Lucas (Cont.)

—No temas; desde ahora serás pescador de hombres —le dijo Jesús a Simón.

[11] Así que llevaron las barcas a tierra y, dejándolo todo, siguieron a Jesús.

Lc [8] **5:1** Es decir, el mar de Galilea.

6. Autoridad de Cristo por sobre los demonios

§ 42

Marcos 1:21-28; Lucas 4:31-37

Mateo

[21] Entraron en Capernaúm, y tan pronto como llegó el *sábado, Jesús fue a la sinagoga y se puso a enseñar. [22] La gente se asombraba de su enseñanza, porque la impartía como quien tiene autoridad y no como los *maestros de la ley. [23] De repente, en la sinagoga, un hombre que estaba poseído por un *espíritu maligno gritó:

[24] ¿Por qué te entrometes, Jesús de Nazaret? ¿Has venido a destruirnos? Yo sé quién eres tú: ¡el Santo de Dios!

[25] ¡Cállate! —lo reprendió Jesús—. ¡Sal de ese hombre!

[26] Entonces el espíritu maligno sacudió al hombre violentamente y salió de él dando un alarido. [27] Todos se quedaron tan asustados que se preguntaban unos a otros: «¿Qué es esto? ¡Una enseñanza nueva, pues lo hace con autoridad! Les da órdenes incluso a los espíritus malignos, y le obedecen.» [28] Como resultado, su fama se extendió rápidamente por toda la región de Galilea.

Lucas

[31] Jesús pasó a Capernaúm, un pueblo de Galilea, y el día *sábado enseñaba a la gente. [32] Estaban asombrados de su enseñanza, porque les hablaba con autoridad.

[33] Había en la sinagoga un hombre que estaba poseído por un *espíritu maligno, quien gritó con todas sus fuerzas:

[34] ¡Ah! ¿Por qué te entrometes, Jesús de Nazaret? ¿Has venido a destruirnos? Yo sé quién eres tú: ¡el Santo de Dios!

[35] ¡Cállate! —lo reprendió Jesús—. ¡Sal de ese hombre!

Entonces el demonio derribó al hombre en medio de la gente y salió de él sin hacerle ningún daño.

[36] Todos se asustaron y se decían unos a otros: «¿Qué clase de palabra es ésta? ¡Con autoridad y poder les da órdenes a los espíritus malignos, y salen!» [37] Y se extendió su fama por todo aquel lugar.

7. Autoridad de Cristo por sobre las enfermedades

§ 43

Mateo 8:14-17; Marcos 1:29-34; Lucas 4:38-41

Mateo	*Marcos*	*Lucas*
[14] Cuando Jesús entró en casa de Pedro, vio a la suegra de	[29] Tan pronto como salieron de la sinagoga, Jesús fue con	[38] Cuando Jesús salió de la sinagoga, se fue a casa de Simón,

Mateo (Cont.)

éste en cama, con fiebre. [15] Le tocó la mano y la fiebre se le quitó; luego ella se levantó y comenzó a servirle.

[16] Al atardecer, le llevaron muchos endemoniados, y con una sola palabra expulsó a los espíritus, y sanó a todos los enfermos. [17] Esto sucedió para que se cumpliera lo dicho por el profeta Isaías:

> «Él cargó con nuestras
> enfermedades
> y soportó nuestros
> dolores.»[b]

Marcos (Cont.)

*Jacobo y Juan a casa de Simón y Andrés. [30] La suegra de Simón estaba en cama con fiebre, y en seguida se lo dijeron a Jesús. [31] Él se le acercó, la tomó de la mano y la ayudó a levantarse. Entonces se le quitó la fiebre y se puso a servirles.

[32] Al atardecer, cuando ya se ponía el sol, la gente le llevó a Jesús todos los enfermos y endemoniados, [33] de manera que la población entera se estaba congregando a la puerta. [34] Jesús sanó a muchos que padecían de diversas enfermedades. También expulsó a muchos demonios, pero no los dejaba hablar porque sabían quién era él.

Lucas (Cont.)

cuya suegra estaba enferma con una fiebre muy alta. Le pidieron a Jesús que la ayudara, [39] así que se inclinó sobre ella y reprendió a la fiebre, la cual se le quitó. Ella se levantó en seguida y se puso a servirles.

[40] Al ponerse el sol, la gente le llevó a Jesús todos los que padecían de diversas enfermedades; él puso las manos sobre cada uno de ellos y los sanó. [41] Además, de muchas personas salían demonios que gritaban: «¡Tú eres el Hijo de Dios!» Pero él los reprendía y no los dejaba hablar porque sabían que él era el *Cristo.

Mt   [h] **8:17** Is 53:4

8. Autoridad de Cristo para predicar

§ 44

Mateo 4:23-25; Marcos 1:35-39; Lucas 4:42-44

Mateo

[23] Jesús recorría toda Galilea, enseñando en las sinagogas, anunciando las buenas *nuevas del reino, y sanando toda enfermedad y dolencia entre la gente. [24] Su fama se extendió por toda Siria, y le llevaban todos los que padecían de diversas enfermedades, los que sufrían de dolores graves, los endemoniados, los epilépticos y los paralíticos, y él los sanaba. [25] Lo seguían grandes multitudes de Galilea, *Decápolis, Jerusalén, Judea y de la región al otro lado del Jordán.

Marcos

[35] Muy de madrugada, cuando todavía estaba oscuro, Jesús se levantó, salió de la casa y se fue a un lugar solitario, donde se puso a orar. [36] Simón y sus compañeros salieron a buscarlo. [37] Por fin lo encontraron y le dijeron:

—Todo el mundo te busca.

[38] Jesús respondió:

—Vámonos de aquí a otras aldeas cercanas donde también pueda predicar; para esto he venido.

[39] Así que recorrió toda Galilea, predicando en las sinagogas y expulsando demonios.

Lucas

[42] Cuando amaneció, Jesús salió y se fue a un lugar solitario. La gente andaba buscándolo, y cuando llegaron adonde él estaba, procuraban detenerlo para que no se fuera. [43] Pero él les dijo: «Es preciso que anuncie también a los demás pueblos las buenas *nuevas del reino de Dios, porque para esto fui enviado.»

[44] Y siguió predicando en las sinagogas de los judíos.[f]

Lc   [f] **4:44** *los judíos*. Lit. Judea. Var. Galilea.

9. Autoridad de Cristo por sobre lo impuro

§ 45

Mateo 8:2-4; Marcos 1:40-45; Lucas 5:12-16.

Mateo

² Un hombre que tenía *lepra se le acercó y se arrodilló delante de él.

—Señor, si quieres, puedes *limpiarme —le dijo.

³ Jesús extendió la mano y tocó al hombre.

—Sí quiero —le dijo—. ¡Queda limpio!

Y al instante quedó sano[g] de la lepra.

⁴ Mira, no se lo digas a nadie —le dijo Jesús—; sólo ve, preséntate al sacerdote, y lleva la ofrenda que ordenó Moisés, para que sirva de testimonio.

Marcos

⁴⁰ Un hombre que tenía *lepra se le acercó, y de rodillas le suplicó:

—Si quieres, puedes *limpiarme.

⁴¹ Movido a compasión, Jesús extendió la mano y tocó al hombre, diciéndole:

—Sí quiero. ¡Queda limpio!

⁴² Al instante se le quitó la lepra y quedó sano.[e] ⁴³ Jesús lo despidió en seguida con una fuerte advertencia:

⁴⁴ Mira, no se lo digas a nadie; sólo ve, preséntate al sacerdote y lleva por tu *purificación lo que ordenó Moisés, para que sirva de testimonio.

⁴⁵ Pero él salió y comenzó a hablar sin reserva, divulgando lo sucedido. Como resultado, Jesús ya no podía entrar en ningún pueblo abiertamente, sino que se quedaba afuera, en lugares solitarios. Aun así, gente de todas partes seguía acudiendo a él.

Lucas

¹² En otra ocasión, cuando Jesús estaba en un pueblo, se presentó un hombre cubierto de *lepra. Al ver a Jesús, cayó rostro en tierra y le suplicó:

—Señor, si quieres, puedes *limpiarme.

¹³ Jesús extendió la mano y tocó al hombre.

—Sí quiero —le dijo—. ¡Queda limpio!

Y al instante se le quitó la lepra.

¹⁴ No se lo digas a nadie —le ordenó Jesús—; sólo ve, preséntate al sacerdote y lleva por tu *purificación lo que ordenó Moisés, para que sirva de testimonio.

¹⁵ Sin embargo, la fama de Jesús se extendía cada vez más, de modo que acudían a él multitudes para oírlo y para que los sanara de sus enfermedades. ¹⁶ Él, por su parte, solía retirarse a lugares solitarios para orar.

Mt ᵍ **8:3** *sano.* Lit. limpio.
Mr ᵉ **1:42** *sano.* Lit. limpio.

10. Autoridad de Cristo para perdonar los pecados

§ 46

Mateo 9:1-8; Marcos 2:1-12; Lucas 5:17-26

Mateo

¹ Subió Jesús a una barca, cruzó al otro lado y llegó a su propio pueblo. ² Unos hombres le llevaron un paralítico, acostado en una camilla. Al ver Jesús

Marcos

¹ Unos días después, cuando Jesús entró de nuevo en Capernaúm, corrió la voz de que estaba en casa. ² Se aglomeraron tantos que ya no quedaba sitio

Lucas

¹⁷ Un día, mientras enseñaba, estaban sentados allí algunos *fariseos y *maestros de la ley que habían venido de todas las aldeas de Galilea y Judea, y

Mateo (Cont.)

la fe de ellos, le dijo al paralítico:

—¡Ánimo, hijo; tus pecados quedan perdonados!

3 Algunos de los *maestros de la ley murmuraron entre ellos: «¡Este hombre *blasfema!»

4 Como Jesús conocía sus pensamientos, les dijo:

—¿Por qué dan lugar a tan malos pensamientos? 5 ¿Qué es más fácil, decir: "Tus pecados quedan perdonados", o decir: "Levántate y anda"? 6 Pues para que sepan que el Hijo del hombre tiene autoridad en la tierra para perdonar pecados —se dirigió entonces al paralítico—: Levántate, toma tu camilla y vete a tu casa.

7 Y el hombre se levantó y se fue a su casa. 8 Al ver esto, la multitud se llenó de temor, y glorificó a Dios por haber dado tal autoridad a los *mortales.

Marcos (Cont.)

ni siquiera frente a la puerta mientras él les predicaba la palabra. 3 Entonces llegaron cuatro hombres que le llevaban un paralítico. 4 Como no podían acercarlo a Jesús por causa de la multitud, quitaron parte del techo encima de donde estaba Jesús y, luego de hacer una abertura, bajaron la camilla en la que estaba acostado el paralítico. 5 Al ver Jesús la fe de ellos, le dijo al paralítico:

—Hijo, tus pecados quedan perdonados.

6 Estaban sentados allí algunos *maestros de la ley, que pensaban: 7 «¿Por qué habla éste así? ¡Está *blasfemando! ¿Quién puede perdonar pecados sino sólo Dios?»

8 En ese mismo instante supo Jesús en su espíritu que esto era lo que estaban pensando.

—¿Por qué razonan así? —les dijo—. 9 ¿Qué es más fácil, decirle al paralítico: "Tus pecados son perdonados", o decirle: "Levántate, toma tu camilla y anda"? 10 Pues para que sepan que el Hijo del hombre tiene autoridad en la tierra para perdonar pecados —se dirigió entonces al paralítico—: 11 A ti te digo, levántate, toma tu camilla y vete a tu casa.

12 Él se levantó, tomó su camilla en seguida y salió caminando a la vista de todos. Ellos se quedaron asombrados y comenzaron a alabar a Dios.

—Jamás habíamos visto cosa igual —decían.

Lucas (Cont.)

también de Jerusalén. Y el poder del Señor estaba con él para sanar a los enfermos. 18 Entonces llegaron unos hombres que llevaban en una camilla a un paralítico. Procuraron entrar para ponerlo delante de Jesús, 19 pero no pudieron a causa de la multitud. Así que subieron a la azotea y, separando las tejas, lo bajaron en la camilla hasta ponerlo en medio de la gente, frente a Jesús.

20 Al ver la fe de ellos, Jesús dijo:

—Amigo, tus pecados quedan perdonados.

21 Los fariseos y los maestros de la ley comenzaron a pensar: «¿Quién es éste que dice *blasfemias? ¿Quién puede perdonar pecados sino sólo Dios?»

22 Pero Jesús supo lo que estaban pensando y les dijo:

—¿Por qué razonan así? 23 ¿Qué es más fácil decir: "Tus pecados quedan perdonados", o "Levántate y anda"? 24 Pues para que sepan que el Hijo del hombre tiene autoridad en la tierra para perdonar pecados —se dirigió entonces al paralítico—: A ti te digo, levántate, toma tu camilla y vete a tu casa.

25 Al instante se levantó a la vista de todos, tomó la camilla en que había estado acostado, y se fue a su casa alabando a Dios. 26 Todos quedaron asombrados y ellos también alababan a Dios. Estaban llenos de temor y decían: «Hoy hemos visto maravillas.»

11. Autoridad de Cristo por sobre los hombres
§ 47
Mateo 9:9-13; Marcos 2:13-17; Lucas 5:27-32

Mateo

⁹ Al irse de allí, Jesús vio a un hombre llamado Mateo, sentado a la mesa de recaudación de impuestos. «Sígueme», le dijo. Mateo se levantó y lo siguió. ¹⁰ Mientras Jesús estaba comiendo en casa de Mateo, muchos *recaudadores de impuestos y *pecadores llegaron y comieron con él y sus discípulos. ¹¹ Cuando los fariseos vieron esto, les preguntaron a sus discípulos:

—¿Por qué come su maestro con recaudadores de impuestos y con pecadores?

¹² Al oír esto, Jesús les contestó:

—No son los sanos los que necesitan médico sino los enfermos. ¹³ Pero vayan y aprendan lo que significa: "Lo que pido de ustedes es misericordia y no sacrificios."ʲ Porque no he venido a llamar a justos sino a pecadores.

Mt ʲ 9:13 Os 6:6

Marcos

¹³ De nuevo salió Jesús a la orilla del lago. Toda la gente acudía a él, y él les enseñaba. ¹⁴ Al pasar vio a Leví hijo de Alfeo, donde éste cobraba impuestos.

—Sígueme —le dijo Jesús.

Y Leví se levantó y lo siguió.

¹⁵ Sucedió que, estando Jesús a la mesa en casa de Leví, muchos *recaudadores de impuestos y *pecadores se *sentaron con él y sus discípulos, pues ya eran muchos los que lo seguían. ¹⁶ Cuando los *maestros de la ley, que eran *fariseos, vieron con quién comía, les preguntaron a sus discípulos:

—¿Y éste come con recaudadores de impuestos y con pecadores?

¹⁷ Al oírlos, Jesús les contestó:

—No son los sanos los que necesitan médico sino los enfermos. Y yo no he venido a llamar a justos sino a pecadores.

Lucas

²⁷ Después de esto salió Jesús y se fijó en un *recaudador de impuestos llamado Leví, sentado a la mesa donde cobraba.

—Sígueme —le dijo Jesús.

²⁸ Y Leví se levantó, lo dejó todo y lo siguió.

²⁹ Luego Leví le ofreció a Jesús un gran banquete en su casa, y había allí un grupo numeroso de recaudadores de impuestos y otras personas que estaban comiendo con ellos. ³⁰ Pero los *fariseos y los *maestros de la ley que eran de la misma secta les reclamaban a los discípulos de Jesús:

—¿Por qué comen y beben ustedes con recaudadores de impuestos y *pecadores?

³¹ No son los sanos los que necesitan médico sino los enfermos —les contestó Jesús—. ³² No he venido a llamar a justos sino a pecadores para que se *arrepientan.

12. Autoridad de Cristo por sobre la tradición
§ 48
Mateo 9:14-17; Marcos 2:18-22; Lucas 5:33-39

Mateo

¹⁴ Un día se le acercaron los discípulos de Juan y le preguntaron:

Marcos

¹⁸ Al ver que los discípulos de Juan y los *fariseos ayunaban, algunos se acercaron a Jesús y le preguntaron:

Lucas

³³ Algunos dijeron a Jesús:

—Los discípulos de Juan ayunan y oran con frecuencia, lo mismo que los discípulos de los

Mateo (Cont.)

—¿Cómo es que nosotros y los fariseos ayunamos, pero no así tus discípulos?

Jesús les contestó:

[15] ¿Acaso pueden estar de luto los invitados del novio mientras él está con ellos? Llegará el día en que se les quitará el novio; entonces sí ayunarán. [16] Nadie remienda un vestido viejo con un retazo de tela nueva, porque el remiendo fruncirá el vestido y la rotura se hará peor. [17] Ni tampoco se echa vino nuevo en odres viejos. De hacerlo así, se reventarán los odres, se derramará el vino y los odres se arruinarán. Más bien, el vino nuevo se echa en odres nuevos, y así ambos se conservan.

Marcos (Cont.)

—¿Cómo es que los discípulos de Juan y de los fariseos ayunan, pero los tuyos no?

[19] Jesús les contestó:

—¿Acaso pueden ayunar los invitados del novio mientras él está con ellos? No pueden hacerlo mientras lo tienen con ellos. [20] Pero llegará el día en que se les quitará el novio, y ese día sí ayunarán. [21] Nadie remienda un vestido viejo con un retazo de tela nueva. De hacerlo así, el remiendo fruncirá el vestido y la rotura se hará peor. [22] Ni echa nadie vino nuevo en odres viejos. De hacerlo así, el vino hará reventar los odres y se arruinarán tanto el vino como los odres. Más bien, el vino nuevo se echa en odres nuevos.

Lucas (Cont.)

*fariseos, pero los tuyos se la pasan comiendo y bebiendo.

[34] Jesús les replicó:

—¿Acaso pueden obligar a los invitados del novio a que ayunen mientras él está con ellos? [35] Llegará el día en que se les quitará el novio; en aquellos días sí ayunarán.

[36] Les contó esta parábola:

—Nadie quita un retazo de un vestido nuevo para remendar un vestido viejo. De hacerlo así, habrá rasgado el vestido nuevo, y el retazo nuevo no hará juego con el vestido viejo. [37] Ni echa nadie vino nuevo en odres viejos. De hacerlo así, el vino nuevo hará reventar los odres, se derramará el vino y los odres se arruinarán. [38] Más bien, el vino nuevo debe echarse en odres nuevos. [39] Y nadie que haya bebido vino añejo quiere el nuevo, porque dice: "El añejo es mejor."

13. Autoridad de Cristo por sobre el sábado

§§ 49-51

a. al sanar al paralítico　§ 49

Juan 5:1-47

[1] Algún tiempo después, se celebraba una fiesta de los judíos, y subió Jesús a Jerusalén. [2] Había allí, junto a la puerta de las Ovejas, un estanque rodeado de cinco pórticos, cuyo nombre en arameo es Betzatá.*v* [3] En esos pórticos se hallaban tendidos muchos enfermos, ciegos, cojos y paralíticos.*w* [5] Entre ellos se encontraba un hombre inválido que llevaba enfermo treinta y ocho años. [6] Cuando Jesús lo vio allí, tirado en el suelo, y se enteró de que ya tenía mucho tiempo de estar así, le preguntó:

—¿Quieres quedar sano?

[7] Señor —respondió—, no tengo a nadie que me meta en el estanque mientras se agita el agua, y cuando trato de hacerlo, otro se mete antes.

[8] Levántate, recoge tu camilla y anda —le contestó Jesús.

[9] Al instante aquel hombre quedó sano, así que tomó su camilla y echó a andar. Pero ese día era *sábado. [10] Por eso los judíos le dijeron al que había sido sanado:

—Hoy es sábado; no te está permitido cargar tu camilla.

[11] El que me sanó me dijo: "Recoge tu camilla y anda" —les respondió.

[12] ¿Quién es ese hombre que te dijo: "Recógela y anda"? —le interpelaron.

Juan (Cont.)

¹³ El que había sido sanado no tenía idea de quién era, porque Jesús se había escabullido entre la mucha gente que había en el lugar.

¹⁴ Después de esto Jesús lo encontró en el *templo y le dijo:

—Mira, ya has quedado sano. No vuelvas a pecar, no sea que te ocurra algo peor.

¹⁵ El hombre se fue e informó a los judíos que Jesús era quien lo había sanado.

¹⁶ Precisamente por esto los judíos perseguían a Jesús, pues hacía tales cosas en *sábado. ¹⁷ Pero Jesús les respondía:

—Mi Padre aun hoy está trabajando, y yo también trabajo.

¹⁸ Así que los judíos redoblaban sus esfuerzos para matarlo, pues no sólo quebrantaba el sábado sino que incluso llamaba a Dios su propio Padre, con lo que él mismo se hacía igual a Dios.

¹⁹ Entonces Jesús afirmó:

—Ciertamente les aseguro que el hijo no puede hacer nada por su propia cuenta, sino solamente lo que ve que su padre hace, porque cualquier cosa que hace el padre, la hace también el hijo. ²⁰ Pues el padre ama al hijo y le muestra todo lo que hace. Sí, y aun cosas más grandes que éstas le mostrará, que los dejarán a ustedes asombrados. ²¹ Porque así como el Padre resucita a los muertos y les da vida, así también el Hijo da vida a quienes a él le place. ²² Además, el Padre no juzga a nadie, sino que todo juicio lo ha delegado en el Hijo, ²³ para que todos honren al Hijo como lo honran a él. El que se niega a honrar al Hijo no honra al Padre que lo envió.

²⁴ »Ciertamente les aseguro que el que oye mi palabra y cree al que me envió, tiene vida eterna y no será juzgado, sino que ha pasado de la muerte a la vida. ²⁵ Ciertamente les aseguro que ya viene la hora, y ha llegado ya, en que los muertos oirán la voz del Hijo de Dios, y los que la oigan vivirán. ²⁶ Porque así como el Padre tiene vida en sí mismo, así también ha concedido al Hijo el tener vida en sí mismo, ²⁷ y le ha dado autoridad para juzgar, puesto que es el Hijo del hombre.

²⁸ »No se asombren de esto, porque viene la hora en que todos los que están en los sepulcros oirán su voz, ²⁹ y saldrán de allí. Los que han hecho el bien resucitarán para tener vida, pero los que han practicado el mal resucitarán para ser juzgados. ³⁰ Yo no puedo hacer nada por mi propia cuenta; juzgo sólo según lo que oigo, y mi juicio es justo, pues no busco hacer mi propia voluntad sino cumplir la voluntad del que me envió.

³¹ »Si yo testifico en mi favor, ese testimonio no es válido. ³² Otro es el que testifica en mi favor, y me consta que es válido el testimonio que él da de mí.

³³ »Ustedes enviaron a preguntarle a Juan, y él dio un testimonio válido. ³⁴ Y no es que acepte yo el testimonio de un hombre; más bien lo menciono para que ustedes sean salvos. ³⁵ Juan era una lámpara encendida y brillante, y ustedes decidieron disfrutar de su luz por algún tiempo.

³⁶ »El testimonio con que yo cuento tiene más peso que el de Juan. Porque esa misma tarea que el Padre me ha encomendado que lleve a cabo, y que estoy haciendo, es la que testifica que el Padre me ha enviado. ³⁷ Y el Padre mismo que me envió ha testificado en mi favor. Ustedes nunca han oído su voz, ni visto su figura, ³⁸ ni vive su palabra en ustedes, porque no creen en aquel a quien él envió. ³⁹ Ustedes estudian^x con diligencia las Escrituras porque piensan que en ellas hallan la vida eterna. ¡Y son ellas las que dan testimonio en mi favor! ⁴⁰ Sin embargo, ustedes no quieren venir a mí para tener esa vida.

⁴¹ »La gloria *humana no la acepto, ⁴² pero a ustedes los conozco, y sé que no aman realmente a Dios.^y ⁴³ Yo he venido en nombre de mi Padre, y ustedes no me aceptan; pero si otro viniera por su propia cuenta, a ése sí lo aceptarían. ⁴⁴ ¿Cómo va a ser posible que ustedes crean, si unos a otros se rinden gloria pero no buscan la gloria que viene del Dios único?^z

⁴⁵ »Pero no piensen que yo voy a acusarlos delante del Padre. Quien los va a acusar es Moisés, en quien tienen puesta su esperanza. ⁴⁶ Si le creyeran a Moisés, me creerían a mí, porque de mí escribió él. ⁴⁷ Pero si no creen lo que él escribió, ¿cómo van a creer mis palabras?

Jn   ᵛ 5:2 *Betzatá.* Var. Betesda; otra var. Betsaida.   ʷ 5:3 *paralíticos.* Var. paralíticos, que esperaban el movimiento del agua. 4 De cuando en cuando un ángel del Señor bajaba al estanque y agitaba el agua. El primero que entraba en el estanque después de cada agitación del agua quedaba sano de cualquier enfermedad que tuviera.   ˣ 5:39 *Ustedes estudian.* Alt. Estudien.   ʸ 5:42 *no aman ... Dios.* Lit. no tienen el amor de Dios en sí mismos.   ᶻ 5:44 *del Dios único.* Var. del Único.

b. ante la controversia con respecto al grano   § 50

Mateo 12:1-8; Marcos 2:23-28; Lucas 6:1-5

Mateo

¹ Por aquel tiempo pasaba Jesús por los sembrados en *sábado. Sus discípulos tenían hambre, así que comenzaron a arrancar algunas espigas de trigo y comérselas. ² Al ver esto, los fariseos le dijeron:

—¡Mira! Tus discípulos están haciendo lo que está prohibido en sábado.

³ Él les contestó:

—¿No han leído lo que hizo David en aquella ocasión en que él y sus compañeros tuvieron hambre? ⁴ Entró en la casa de Dios, y él y sus compañeros comieron los panes consagrados a Dios, lo que no se les permitía a ellos sino sólo a los sacerdotes. ⁵ ¿O no han leído en la ley que los sacerdotes en el *templo profanan el sábado sin incurrir en culpa? ⁶ Pues yo les digo que aquí está uno más grande que el templo. ⁷ Si ustedes supieran lo que significa: "Lo que pido de ustedes es misericordia y no sacrificios",ᶠ no condenarían a los que no son culpables. ⁸ Sepan que el Hijo del hombre es Señor del sábado.

Marcos

²³ Un *sábado, al cruzar Jesús los sembrados, sus discípulos comenzaron a arrancar a su paso unas espigas de trigo.

²⁴ Mira —le preguntaron los *fariseos—, ¿por qué hacen ellos lo que está prohibido hacer en sábado?

²⁵ Él les contestó:

—¿Nunca han leído lo que hizo David en aquella ocasión, cuando él y sus compañeros tuvieron hambre y pasaron necesidad? ²⁶ Entró en la casa de Dios cuando Abiatar era el sumo sacerdote, y comió los panes consagrados a Dios, que sólo a los sacerdotes les es permitido comer. Y dio también a sus compañeros.

²⁷ »El sábado se hizo para el hombre, y no el hombre para el sábado —añadió—. ²⁸ Así que el Hijo del hombre es Señor incluso del sábado.

Lucas

¹ Un *sábado, al pasar Jesús por los sembrados, sus discípulos se pusieron a arrancar unas espigas de trigo, y las desgranaban para comérselas. ² Por eso algunos de los *fariseos les dijeron:

—¿Por qué hacen ustedes lo que está prohibido hacer en sábado?

³ Jesús les contestó:

—¿Nunca han leído lo que hizo David en aquella ocasión en que él y sus compañeros tuvieron hambre? ⁴ Entró en la casa de Dios y, tomando los panes consagrados a Dios, comió lo que sólo a los sacerdotes les es permitido comer. Y les dio también a sus compañeros.

⁵ Entonces añadió:

—El Hijo del hombre es Señor del sábado.

Mt ᶠ **12:7** Os 6:6

c. al sanar al hombre con la mano seca   § 51

Mateo 12:9-14; Marcos 3:1-6; Lucas 6:6-11

Mateo

⁹ Pasando de allí, entró en la sinagoga, ¹⁰ donde había un hombre que tenía una mano paralizada. Como buscaban un

Marcos

¹ En otra ocasión entró en la sinagoga, y había allí un hombre que tenía la mano paralizada. ² Algunos que buscaban un motivo para acusar a Jesús no

Lucas

⁶ Otro sábado entró en la sinagoga y comenzó a enseñar. Había allí un hombre que tenía la mano derecha paralizada; ⁷ así que los *maestros de la ley y los

Mateo (Cont.)

motivo para acusar a Jesús, le preguntaron:

—¿Está permitido sanar en sábado?

[11] Él les contestó:

—Si alguno de ustedes tiene una oveja y en sábado se le cae en un hoyo, ¿no la agarra y la saca? [12] ¡Cuánto más vale un hombre que una oveja! Por lo tanto, está permitido hacer el bien en sábado.

[13] Entonces le dijo al hombre:

—Extiende la mano.

Así que la extendió y le quedó restablecida, tan sana como la otra. [14] Pero los fariseos salieron y tramaban cómo matar a Jesús.

Marcos (Cont.)

le quitaban la vista de encima para ver si sanaba al enfermo en *sábado. [3] Entonces Jesús le dijo al hombre de la mano paralizada:

—Ponte de pie frente a todos.

[4] Luego dijo a los otros:

—¿Qué está permitido en sábado: hacer el bien o hacer el mal, salvar una *vida o matar?

Pero ellos permanecieron callados. [5] Jesús se les quedó mirando, enojado y entristecido por la dureza de su corazón, y le dijo al hombre:

—Extiende la mano.

La extendió, y la mano le quedó restablecida. [6] Tan pronto como salieron los fariseos, comenzaron a tramar con los herodianos cómo matar a Jesús.

Lucas (Cont.)

fariseos, buscando un motivo para acusar a Jesús, no le quitaban la vista de encima para ver si sanaría en sábado. [8] Pero Jesús, que sabía lo que estaban pensando, le dijo al hombre de la mano paralizada:

—Levántate y ponte frente a todos.

Así que el hombre se puso de pie. Entonces Jesús dijo a los otros:

[9] Voy a hacerles una pregunta: ¿Qué está permitido hacer en sábado: hacer el bien o el mal, salvar una *vida o destruirla?

[10] Jesús se quedó mirando a todos los que lo rodeaban, y le dijo al hombre:

—Extiende la mano.

Así lo hizo, y la mano le quedó restablecida. [11] Pero ellos se enfurecieron y comenzaron a discutir qué podrían hacer contra Jesús.

14. Autoridad de Cristo para sanar

§ 52

Mateo 12:15-21; Marcos 3:7-13

Mateo

[15] Consciente de esto, Jesús se retiró de aquel lugar. Muchos lo siguieron, y él sanó a todos los enfermos, [16] pero les ordenó que no dijeran quién era él. [17] Esto fue para que se cumpliera lo dicho por el profeta Isaías:

[18] «Éste es mi siervo, a quien he escogido,
mi amado, en quien estoy muy complacido;
sobre él pondré mi Espíritu,
y proclamará justicia a las *naciones.
[19] No disputará ni gritará;
nadie oirá su voz en las calles.
[20] No acabará de romper la caña quebrada

Marcos

[7] Jesús se retiró al lago con sus discípulos, y mucha gente de Galilea lo siguió. [8] Cuando se enteraron de todo lo que hacía, acudieron también a él muchos de Judea y Jerusalén, de Idumea, del otro lado del Jordán y de las regiones de Tiro y Sidón. [9] Entonces, para evitar que la gente lo atropellara, encargó a sus discípulos que le tuvieran preparada una pequeña barca; [10] pues como había sanado a muchos, todos los que sufrían dolencias se abalanzaban sobre él para tocarlo. [11] Además, los *espíritus malignos, al verlo, se postraban ante él, gritando: «¡Tú eres el Hijo de Dios!» [12] Pero él les ordenó terminantemente que no dijeran quién era él.

Mateo (Cont.)

ni apagará la mecha que apenas arde,
hasta que haga triunfar la justicia.
²¹ Y en su nombre pondrán las naciones
su esperanza.»ᵗ

Mt ᵗ **12:21** Is 42:1-4

Marcos (Cont.)

¹³ Subió Jesús a una montaña y llamó a los
que quiso, los cuales se reunieron con él.

15. Comisión de los Doce
§ 53
Marcos 3:13-19; Lucas 6:12-16

Marcos

¹³ Subió Jesús a una montaña y llamó a los que quiso, los cuales se reunieron con él. ¹⁴ Designó a doce, a quienes nombró apóstoles,ᶠ para que lo acompañaran y para enviarlos a predicar ¹⁵ y ejercer autoridad para expulsar demonios. ¹⁶ Éstos son los doce que él nombró: Simón (a quien llamó Pedro); ¹⁷ *Jacobo y su hermano Juan, hijos de Zebedeo (a quienes llamó Boanerges, que significa: Hijos del trueno); ¹⁸ Andrés, Felipe, Bartolomé, Mateo, Tomás, Jacobo, hijo de Alfeo; Tadeo, Simón el Zelote ¹⁹ y Judas Iscariote, el que lo traicionó.

Lucas

¹² Por aquel tiempo se fue Jesús a la montaña a orar, y pasó toda la noche en oración a Dios. ¹³ Al llegar la mañana, llamó a sus discípulos y escogió a doce de ellos, a los que nombró apóstoles: ¹⁴ Simón (a quien llamó Pedro), su hermano Andrés, *Jacobo, Juan, Felipe, Bartolomé, ¹⁵ Mateo, Tomás, Jacobo hijo de Alfeo, Simón, al que llamaban el Zelote, ¹⁶ Judas hijo de Jacobo, y Judas Iscariote, que llegó a ser el traidor.

16. Autoridad de Cristo para interpretar la ley
§§ 54-56
Mateo 5:1-7:29; Lucas 6:17-42

a. Los súbditos del reino   § 54

(1) Introducción
Mateo 5:1-2; Lucas 6:17-19

Mateo

¹ Cuando vio a las multitudes, subió a la ladera de una montaña y se sentó. Sus discípulos se le acercaron, ² y tomando él la palabra, comenzó a enseñarles diciendo:

Lucas

¹⁷ Luego bajó con ellos y se detuvo en un llano. Había allí una gran multitud de sus discípulos y mucha gente de toda Judea, de Jerusalén y de la costa de Tiro y Sidón, ¹⁸ que habían llegado

Lucas (Cont.)

para oírlo y para que los sanara de sus enfermedades. Los que eran atormentados por *espíritus malignos quedaban liberados; ¹⁹ así que toda la gente procuraba tocarlo, porque de él salía poder que sanaba a todos.

(2) Los súbditos

Mateo 5:3-16; Lucas 6:20-26

(a) Su carácter

Mateo 5:3-12; Lucas 6:20-26

Mateo

³ «*Dichosos los pobres en espíritu,
  porque el reino de los cielos les
    pertenece.
⁴ Dichosos los que lloran,
  porque serán consolados.
⁵ Dichosos los humildes,
  porque recibirán la tierra como
    herencia.
⁶ Dichosos los que tienen hambre y sed
    de justicia,
  porque serán saciados.
⁷ Dichosos los compasivos,
  porque serán tratados con compasión.
⁸ Dichosos los de corazón limpio,
  porque ellos verán a Dios.
⁹ Dichosos los que trabajan por la paz,
  porque serán llamados hijos de Dios.
¹⁰ Dichosos los perseguidos por causa de
    la justicia,
  porque el reino de los cielos les
    pertenece.

¹¹ »Dichosos serán ustedes cuando por mi causa la gente los insulte, los persiga y levante contra ustedes toda clase de calumnias. ¹² Alégrense y llénense de júbilo, porque les espera una gran recompensa en el cielo. Así también persiguieron a los profetas que los precedieron a ustedes.

Lucas

²⁰ Él entonces dirigió la mirada a sus discípulos y dijo:

«*Dichosos ustedes los pobres,
  porque el reino de Dios les pertenece.
²¹ Dichosos ustedes que ahora pasan hambre,
  porque serán saciados.
Dichosos ustedes que ahora lloran,
  porque luego habrán de reír.
²² Dichosos ustedes cuando los odien,
    cuando los discriminen, los insulten y
      los desprestigien^h
    por causa del Hijo del hombre.

²³ »Alégrense en aquel día y salten de gozo, pues miren que les espera una gran recompensa en el cielo. Dense cuenta de que los antepasados de esta gente trataron así a los falsos profetas.

²⁴ »Pero ¡ay de ustedes los ricos,
  porque ya han recibido su consuelo!
²⁵ ¡Ay de ustedes los que ahora están saciados,
  porque sabrán lo que es pasar hambre!
¡Ay de ustedes los que ahora ríen,
  porque sabrán lo que es derramar
    lágrimas!
²⁶ ¡Ay de ustedes cuando todos los elogien!
    Dense cuenta de que los antepasados
      de esta gente trataron así a los
        profetas.

Lc ^h 6:22 *los desprestigien*. Lit. echen su nombre como malo.

(b) Su influencia

Mateo 5:13-16

[13] »Ustedes son la sal de la tierra. Pero si la sal se vuelve insípida, ¿cómo recobrará su sabor? Ya no sirve para nada, sino para que la gente la deseche y la pisotee.

[14] »Ustedes son la luz del mundo. Una ciudad en lo alto de una colina no puede esconderse. [15] Ni se enciende una lámpara para cubrirla con un cajón. Por el contrario, se pone en la repisa para que alumbre a todos los que están en la casa. [16] Hagan brillar su luz delante de todos, para que ellos puedan ver las buenas obras de ustedes y alaben al Padre que está en el cielo.

b. La relación del Rey con la Ley   §   55

Mateo 5:17-7:6; Lucas 6:27-42

(1) El cumplimiento

Mateo 5:17-20

[17] »No piensen que he venido a anular la ley o los profetas; no he venido a anularlos sino a darles cumplimiento. [18] Les aseguro que mientras existan el cielo y la tierra, ni una letra ni una tilde de la ley desaparecerán hasta que todo se haya cumplido. [19] Todo el que infrinja uno solo de estos mandamientos, por pequeño que sea, y enseñe a otros a hacer lo mismo, será considerado el más pequeño en el reino de los cielos; pero el que los practique y enseñe será considerado grande en el reino de los cielos. [20] Porque les digo a ustedes, que no van a entrar en el reino de los cielos a menos que su justicia supere a la de los fariseos y de los *maestros de la ley.

(2) Rechazo de la interpretación tradicional de la ley

Mateo 5:21-48

(a) Asesinato

Mateo 5:21-26

[21] »Ustedes han oído que se dijo a sus antepasados: "No mates,[r] y todo el que mate quedará sujeto al juicio del tribunal." [22] Pero yo les digo que todo el que se enoje[s] con su hermano quedará sujeto al juicio del tribunal. Es más, cualquiera que insulte[t] a su hermano quedará sujeto al juicio del *Consejo. Pero cualquiera que lo maldiga[u] quedará sujeto al juicio del infierno.[v]

[23] »Por lo tanto, si estás presentando tu ofrenda en el altar y allí recuerdas que tu hermano tiene algo contra ti, [24] deja tu ofrenda allí delante del altar. Ve primero y reconcíliate con tu hermano; luego vuelve y presenta tu ofrenda.

[25] »Si tu adversario te va a denunciar, llega a un acuerdo con él lo más pronto posible. Hazlo mientras vayan de camino al juzgado, no sea que te entregue al juez, y el juez al guardia, y te echen en la cárcel. [26] Te aseguro que no saldrás de allí hasta que pagues el último centavo.[w]

Mt [r] **5:21** Éx 20:13   [s] **5:22** *se enoje.* Var. se enoje sin causa.   [t] **5:22** *insulte.* Lit. le diga: "Raca" (estúpido en arameo).
[u] **5:22** *lo maldiga.* Lit. le diga: "Necio."   [v] **5:22** *del infierno.* Lit. de la **Gehenna del fuego.   [w] **5:26** *centavo.* Lit. cuadrante.

(b) Adulterio

Mateo 5:27-30

[27] »Ustedes han oído que se dijo: "No cometas adulterio."ˣ [28] Pero yo les digo que cualquiera que mira a una mujer y la codicia ya ha cometido adulterio con ella en el corazón. [29] Por tanto, si tu ojo derecho te hace *pecar, sácatelo y tíralo. Más te vale perder una sola parte de tu cuerpo, y no que todo él sea arrojado al infierno.ʸ [30] Y si tu mano derecha te hace pecar, córtatela y arrójala. Más te vale perder una sola parte de tu cuerpo, y no que todo él vaya al infierno.

Mt ˣ **5:27** Éx 20:14 ʸ **5:29** *al infierno*. Lit. a la **Gehenna; también en v. 30.

(c) Divorcio

Mateo 5:31-32

[31] »Se ha dicho: "El que repudia a su esposa debe darle un certificado de divorcio."ᶻ [32] Pero yo les digo que, excepto en caso de infidelidad conyugal, todo el que se divorcia de su esposa, la induce a cometer adulterio, y el que se casa con la divorciada comete adulterio también.

Mt ᶻ **5:31** Dt 24:1

(d) Juramentos

Mateo 5:33-37

[33] »También han oído que se dijo a sus antepasados: "No faltes a tu juramento, sino cumple con tus promesas al Señor." [34] Pero yo les digo: No juren de ningún modo: ni por el cielo, porque es el trono de Dios; [35] ni por la tierra, porque es el estrado de sus pies; ni por Jerusalén, porque es la ciudad del gran Rey. [36] Tampoco jures por tu cabeza, porque no puedes hacer que ni uno solo de tus cabellos se vuelva blanco o negro. [37] Cuando ustedes digan "sí", que sea realmente sí; y cuando digan "no", que sea no. Cualquier cosa de más, proviene del maligno.

(e) Venganzas

Mateo 5:38-42

[38] »Ustedes han oído que se dijo: "Ojo por ojo y diente por diente."ᵃ [39] Pero yo les digo: No resistan al que les haga mal. Si alguien te da una bofetada en la mejilla derecha, vuélvele también la otra. [40] Si alguien te pone pleito para quitarte la capa, déjale también la *camisa. [41] Si alguien te obliga a llevarle la carga un kilómetro, llévasela dos. [42] Al que te pida, dale; y al que quiera tomar de ti prestado, no le vuelvas la espalda.

Mt ᵃ **5:38** Éx 21:24; Lv 24:20; Dt 19:21

(f) Amor

Mateo 5:43-48; Lucas 6:27-30, 32-36

Mateo

43 »Ustedes han oído que se dijo: "Ama a tu prójimo[b] y odia a tu enemigo." 44 Pero yo les digo: Amen a sus enemigos y oren por quienes los persiguen,[c] 45 para que sean hijos de su Padre que está en el cielo. Él hace que salga el sol sobre malos y buenos, y que llueva sobre justos e injustos. 46 Si ustedes aman solamente a quienes los aman, ¿qué recompensa recibirán? ¿Acaso no hacen eso hasta los *recaudadores de impuestos? 47 Y si saludan a sus hermanos solamente, ¿qué de más hacen ustedes? ¿Acaso no hacen esto hasta los *gentiles? 48 Por tanto, sean *perfectos, así como su Padre celestial es perfecto.

Lucas

27 »Pero a ustedes que me escuchan les digo: Amen a sus enemigos, hagan bien a quienes los odian, 28 bendigan a quienes los maldicen, oren por quienes los maltratan. 29 Si alguien te pega en una mejilla, vuélvele también la otra. Si alguien te quita la *camisa, no le impidas que se lleve también la capa. 30 Dale a todo el que te pida, y si alguien se lleva lo que es tuyo, no se lo reclames.

32 »¿Qué mérito tienen ustedes al amar a quienes los aman? Aun los *pecadores lo hacen así. 33 ¿Y qué mérito tienen ustedes al hacer bien a quienes les hacen bien? Aun los pecadores actúan así. 34 ¿Y qué mérito tienen ustedes al dar prestado a quienes pueden corresponderles? Aun los pecadores se prestan entre sí, esperando recibir el mismo trato. 35 Ustedes, por el contrario, amen a sus enemigos, háganles bien y denles prestado sin esperar nada a cambio. Así tendrán una gran recompensa y serán hijos del Altísimo, porque él es bondadoso con los ingratos y malvados. 36 Sean compasivos, así como su Padre es compasivo.

Lc   [b] 5:43 Lv 19:18   [c] 5:44 *Amen ... persiguen*. Var. Amen a sus enemigos, bendigan a quienes los maldicen, hagan bien a quienes los odian, y oren por quienes los ultrajan y los persiguen (véase Lc 6:27,28).

3) Rechazo de las prácticas fariseos de la ley

Mateo 6:1-7:6; Lucas 6:37-42

(a) Limosnas

Mateo 6:1-4

1 »Cuídense de no hacer sus obras de justicia delante de la gente para llamar la atención. Si actúan así, su Padre que está en el cielo no les dará ninguna recompensa.

2 »Por eso, cuando des a los necesitados, no lo anuncies al son de trompeta, como lo hacen los *hipócritas en las sinagogas y en las calles para que la gente les rinda homenaje. Les aseguro que ellos ya han recibido toda su recompensa. 3 Más bien, cuando des a los necesitados, que no se entere tu mano izquierda de lo que hace la derecha, 4 para que tu limosna sea en secreto. Así tu Padre, que ve lo que se hace en secreto, te recompensará.

(b) Oración

Mateo 6:5-15

[5] »Cuando oren, no sean como los *hipócritas, porque a ellos les encanta orar de pie en las sinagogas y en las esquinas de las plazas para que la gente los vea. Les aseguro que ya han obtenido toda su recompensa. [6] Pero tú, cuando te pongas a orar, entra en tu cuarto, cierra la puerta y ora a tu Padre, que está en lo secreto. Así tu Padre, que ve lo que se hace en secreto, te recompensará. [7] Y al orar, no hablen sólo por hablar como hacen los *gentiles, porque ellos se imaginan que serán escuchados por sus muchas palabras. [8] No sean como ellos, porque su Padre sabe lo que ustedes necesitan antes de que se lo pidan.

[9] »Ustedes deben orar así:

»"Padre nuestro que estás en el cielo,
*santificado sea tu nombre,
[10] venga tu reino,
hágase tu voluntad
en la tierra como en el cielo.
[11] Danos hoy nuestro pan cotidiano.*d*
[12] Perdónanos nuestras deudas,
como también nosotros hemos perdonado a nuestros deudores.
[13] Y no nos dejes caer en *tentación,
sino líbranos del maligno."*e*

[14] »Porque si perdonan a otros sus ofensas, también los perdonará a ustedes su Padre celestial. [15] Pero si no perdonan a otros sus ofensas, tampoco su Padre les perdonará a ustedes las suyas.

Mt   d **6:11** *nuestro pan cotidiano.* Alt. el pan que necesitamos.   e **6:13** *del maligno.* Alt. del mal. Var. del maligno, porque tuyos son el reino y el poder y la gloria para siempre. Amén.

(c) Ayuno

Mateo 6:16-18

[16] »Cuando ayunen, no pongan cara triste como hacen los *hipócritas, que demudan sus rostros para mostrar que están ayunando. Les aseguro que éstos ya han obtenido toda su recompensa. [17] Pero tú, cuando ayunes, perfúmate la cabeza y lávate la cara [18] para que no sea evidente ante los demás que estás ayunando, sino sólo ante tu Padre, que está en lo secreto; y tu Padre, que ve lo que se hace en secreto, te recompensará.

(d) Actitud hacia la riqueza

Mateo 6:19-24

[19] »No acumulen para sí tesoros en la tierra, donde la polilla y el óxido destruyen, y donde los ladrones se meten a robar. [20] Más bien, acumulen para sí tesoros en el cielo, donde ni la polilla ni el óxido carcomen, ni los ladrones se meten a robar. [21] Porque donde esté tu tesoro, allí estará también tu corazón.

[22] »El ojo es la lámpara del cuerpo. Por tanto, si tu visión es clara, todo tu ser disfrutará de la luz. [23] Pero si tu visión está nublada, todo tu ser estará en oscuridad. Si la luz que hay en ti es oscuridad, ¡qué densa será esa oscuridad!

²⁴ »Nadie puede servir a dos señores, pues menospreciará a uno y amará al otro, o querrá mucho a uno y despreciará al otro. No se puede servir a la vez a Dios y a las riquezas.

(e) Falta de fe

Mateo 6:25-34

²⁵ »Por eso les digo: No se preocupen por su *vida, qué comerán o beberán; ni por su cuerpo, cómo se vestirán. ¿No tiene la vida más valor que la comida, y el cuerpo más que la ropa? ²⁶ Fíjense en las aves del cielo: no siembran ni cosechan ni almacenan en graneros; sin embargo, el Padre celestial las alimenta. ¿No valen ustedes mucho más que ellas? ²⁷ ¿Quién de ustedes, por mucho que se preocupe, puede añadir una sola hora al curso de su vida?ᶠ

²⁸ »¿Y por qué se preocupan por la ropa? Observen cómo crecen los lirios del campo. No trabajan ni hilan; ²⁹ sin embargo, les digo que ni siquiera Salomón, con todo su esplendor, se vestía como uno de ellos. ³⁰ Si así viste Dios a la hierba que hoy está en el campo y mañana es arrojada al horno, ¿no hará mucho más por ustedes, gente de poca fe? ³¹ Así que no se preocupen diciendo: "¿Qué comeremos?" o "¿Qué beberemos?" o "¿Con qué nos vestiremos?" ³² Porque los *paganos andan tras todas estas cosas, y el Padre celestial sabe que ustedes las necesitan. ³³ Más bien, busquen primeramente el reino de Dios y su justicia, y todas estas cosas les serán añadidas. ³⁴ Por lo tanto, no se angustien por el mañana, el cual tendrá sus propios afanes. Cada día tiene ya sus problemas.

Mt   ᶠ **6:27** *puede añadir... su vida.* Alt. *puede aumentar su estatura siquiera medio metro?* (lit. *un •codo*).

(f) Juzgar a los demás

Mateo 7:1-6; Lucas 6:37-42

Mateo

¹ »No juzguen a nadie, para que nadie los juzgue a ustedes. ² Porque tal como juzguen se les juzgará, y con la medida que midan a otros, se les medirá a ustedes.

³ »¿Por qué te fijas en la astilla que tiene tu hermano en el ojo, y no le das importancia a la viga que está en el tuyo? ⁴ ¿Cómo puedes decirle a tu hermano: "Déjame sacarte la astilla del ojo", cuando ahí tienes una viga en el tuyo? ⁵ ¡*Hipócrita!, saca primero la viga de tu propio ojo, y entonces verás con claridad para sacar la astilla del ojo de tu hermano.

⁶ »No den lo sagrado a los *perros, no sea que se vuelvan contra ustedes y los despedacen; ni echen sus perlas a los cerdos, no sea que las pisoteen.

Lucas

³⁷ »No juzguen, y no se les juzgará. No condenen, y no se les condenará. Perdonen, y se les perdonará. ³⁸ Den, y se les dará: se les echará en el regazo una medida llena, apretada, sacudida y desbordante. Porque con la medida que midan a otros, se les medirá a ustedes.»

³⁹ También les contó esta parábola: «¿Acaso puede un ciego guiar a otro ciego? ¿No caerán ambos en el hoyo? ⁴⁰ El discípulo no está por encima de su maestro, pero todo el que haya completado su aprendizaje, a lo sumo llega al nivel de su maestro.

⁴¹ »¿Por qué te fijas en la astilla que tiene tu hermano en el ojo y no le das importancia a la viga que tienes en el tuyo? ⁴² ¿Cómo puedes decirle a tu hermano: "Hermano, déjame sacarte la astilla del ojo", cuando tú mismo no te das cuenta de la viga en el tuyo? ¡*Hipócrita! Saca primero la viga de tu propio ojo, y entonces verás con claridad para sacar la astilla del ojo de tu hermano.

c. Instrucción a quienes quieren entrar al Reino   § 56

Mateo 7:7-29

(1) Oración

Mateo 7:7-11

[7] »Pidan, y se les dará; busquen, y encontrarán; llamen, y se les abrirá. [8] Porque todo el que pide, recibe; el que busca, encuentra; y al que llama, se le abre.

[9] »¿Quién de ustedes, si su hijo le pide pan, le da una piedra? [10] ¿O si le pide un pescado, le da una serpiente? [11] Pues si ustedes, aun siendo malos, saben dar cosas buenas a sus hijos, ¡cuánto más su Padre que está en el cielo dará cosas buenas a los que le pidan!

(2) Justos de veras

Mateo 7:12; Lucas 6:31, 43-45

Mateo	Lucas
[12] Así que en todo traten ustedes a los demás tal y como quieren que ellos los traten a ustedes. De hecho, esto es la ley y los profetas.	[31] Traten a los demás tal y como quieren que ellos los traten a ustedes.
	[43] »Ningún árbol bueno da fruto malo; tampoco da buen fruto el árbol malo. [44] A cada árbol se le reconoce por su propio fruto. No se recogen higos de los espinos ni se cosechan uvas de las zarzas. [45] El que es bueno, de la bondad que atesora en el corazón produce el bien; pero el que es malo, de su maldad produce el mal, porque de lo que abunda en el corazón habla la boca.

(3) El camino de acceso

Mateo 7:13-14

[13] »Entren por la puerta estrecha. Porque es ancha la puerta y espacioso el camino que conduce a la destrucción, y muchos entran por ella. [14] Pero estrecha es la puerta y angosto el camino que conduce a la vida, y son pocos los que la encuentran.

(4) Advertencia sobre falsos maestros

Mateo 7:15-23

[15] »Cuídense de los falsos profetas. Vienen a ustedes disfrazados de ovejas, pero por dentro son lobos feroces. [16] Por sus frutos los conocerán. ¿Acaso se recogen uvas de los espinos, o higos de los cardos? [17] Del mismo modo, todo árbol bueno da fruto bueno, pero el árbol malo da fruto malo.

Mateo (Cont.)

18 Un árbol bueno no puede dar fruto malo, y un árbol malo no puede dar fruto bueno. **19** Todo árbol que no da buen fruto se corta y se arroja al fuego. **20** Así que por sus frutos los conocerán.

21 »No todo el que me dice: "Señor, Señor", entrará en el reino de los cielos, sino sólo el que hace la voluntad de mi Padre que está en el cielo. **22** Muchos me dirán en aquel día: "Señor, Señor, ¿no profetizamos en tu nombre, y en tu nombre expulsamos demonios e hicimos muchos milagros?" **23** Entonces les diré claramente: "Jamás los conocí. ¡Aléjense de mí, hacedores de maldad!"

(5) Los dos fundamentos

Mateo 7:24 – 8:1; Lucas 6:46-49

Mateo	*Lucas*
24 »Por tanto, todo el que me oye estas palabras y las pone en práctica es como un hombre prudente que construyó su casa sobre la roca. **25** Cayeron las lluvias, crecieron los ríos, y soplaron los vientos y azotaron aquella casa; con todo, la casa no se derrumbó porque estaba cimentada sobre la roca. **26** Pero todo el que me oye estas palabras y no las pone en práctica es como un hombre insensato que construyó su casa sobre la arena. **27** Cayeron las lluvias, crecieron los ríos, y soplaron los vientos y azotaron aquella casa, y ésta se derrumbó, y grande fue su ruina.»	**46** »¿Por qué me llaman ustedes "Señor, Señor", y no hacen lo que les digo? **47** Voy a decirles a quién se parece todo el que viene a mí, y oye mis palabras y las pone en práctica: **48** Se parece a un hombre que, al construir una casa, cavó bien hondo y puso el cimiento sobre la roca. De manera que cuando vino una inundación, el torrente azotó aquella casa, pero no pudo ni siquiera hacerla tambalear porque estaba bien construida. **49** Pero el que oye mis palabras y no las pone en práctica se parece a un hombre que construyó una casa sobre tierra y sin cimientos. Tan pronto como la azotó el torrente, la casa se derrumbó, y el desastre fue terrible.»

28 Cuando Jesús terminó de decir estas cosas, las multitudes se asombraron de su enseñanza, **29** porque les enseñaba como quien tenía autoridad, y no como los *maestros de la ley.

1 Cuando Jesús bajó de la ladera de la montaña, lo siguieron grandes multitudes.

17. Reconocimiento de la autoridad de Cristo en Capernaúm

§ 57

Mateo 8:5-13; Lucas 7:1-10

Mateo	*Lucas*
5 Al entrar Jesús en Capernaúm, se le acercó un centurión pidiendo ayuda.	**1** Cuando terminó de hablar al pueblo, Jesús entró en Capernaúm. **2** Había allí un centurión, cuyo *siervo, a quien él estimaba mucho, estaba enfermo, a punto de morir. **3** Como oyó hablar de Jesús, el centurión mandó a unos dirigentes[i]
6 Señor, mi siervo está postrado en casa con parálisis, y sufre terriblemente.	
7 Iré a sanarlo —respondió Jesús.	

Mateo (Cont.)

[8] Señor, no merezco que entres bajo mi techo. Pero basta con que digas una sola palabra, y mi siervo quedará sano. [9] Porque yo mismo soy un hombre sujeto a órdenes superiores, y además tengo soldados bajo mi autoridad. Le digo a uno: "Ve", y va, y al otro: "Ven", y viene. Le digo a mi siervo: "Haz esto", y lo hace.

[10] Al oír esto, Jesús se asombró y dijo a quienes lo seguían:

—Les aseguro que no he encontrado en Israel a nadie que tenga tanta fe. [11] Les digo que muchos vendrán del oriente y del occidente, y participarán en el banquete con Abraham, Isaac y Jacob en el reino de los cielos. [12] Pero a los súbditos del reino se les echará afuera, a la oscuridad, donde habrá llanto y rechinar de dientes.

[13] Luego Jesús le dijo al centurión:

—¡Ve! Todo se hará tal como creíste.

Y en esa misma hora aquel siervo quedó sano.

Lucas (Cont.)

de los judíos a pedirle que fuera a sanar a su siervo. [4] Cuando llegaron ante Jesús, le rogaron con insistencia:

—Este hombre merece que le concedas lo que te pide: [5] aprecia tanto a nuestra nación, que nos ha construido una sinagoga.

[6] Así que Jesús fue con ellos. No estaba lejos de la casa cuando el centurión mandó unos amigos a decirle:

—Señor, no te tomes tanta molestia, pues no merezco que entres bajo mi techo. [7] Por eso ni siquiera me atreví a presentarme ante ti. Pero con una sola palabra que digas, quedará sano mi siervo. [8] Yo mismo obedezco órdenes superiores y, además, tengo soldados bajo mi autoridad. Le digo a uno: "Ve", y va, y al otro: "Ven", y viene. Le digo a mi siervo: "Haz esto", y lo hace.

[9] Al oírlo, Jesús se asombró de él y, volviéndose a la multitud que lo seguía, comentó:

—Les digo que ni siquiera en Israel he encontrado una fe tan grande.

[10] Al regresar a casa, los enviados encontraron sano al siervo.

Lc [1] 7:3 *dirigentes*. Lit. **ancianos.

18. Reconocimiento de la autoridad de Cristo en Naín

§ 58

Lucas 7:11-17

[11] Poco después Jesús, en compañía de sus discípulos y de una gran multitud, se dirigió a un pueblo llamado Naín. [12] Cuando ya se acercaba a las puertas del pueblo, vio que sacaban de allí a un muerto, hijo único de madre viuda. La acompañaba un grupo grande de la población. [13] Al verla, el Señor se compadeció de ella y le dijo:

—No llores.

[14] Entonces se acercó y tocó el féretro. Los que lo llevaban se detuvieron, y Jesús dijo:

—Joven, ¡te ordeno que te levantes!

[15] El muerto se incorporó y comenzó a hablar, y Jesús se lo entregó a su madre. [16] Todos se llenaron de temor y alababan a Dios.

—Ha surgido entre nosotros un gran profeta —decían—. Dios ha venido en ayuda de[j] su pueblo.

[17] Así que esta noticia acerca de Jesús se divulgó por toda Judea[k] y por todas las regiones vecinas.

19. Testimonio de los Doce

§ 59

Mateo 9:35-11:1; Marcos 6:6-13; Lucas 9:1-6

Mateo	Marcos	Lucas

Mateo

35 Jesús recorría todos los pueblos y aldeas enseñando en las sinagogas, anunciando las buenas *nuevas del reino, y sanando toda enfermedad y toda dolencia. 36 Al ver a las multitudes, tuvo compasión de ellas, porque estaban agobiadas y desamparadas, como ovejas sin pastor. 37 «La cosecha es abundante, pero son pocos los obreros —les dijo a sus discípulos—. 38 Pídanle, por tanto, al Señor de la cosecha que envíe obreros a su campo.»

1 Reunió a sus doce discípulos y les dio autoridad para expulsar a los *espíritus malignos y sanar toda enfermedad y toda dolencia.

2 Éstos son los nombres de los doce apóstoles: primero Simón, llamado Pedro, y su hermano Andrés; *Jacobo y su hermano Juan, hijos de Zebedeo; 3 Felipe y Bartolomé; Tomás y Mateo, el *recaudador de impuestos; Jacobo, hijo de Alfeo, y Tadeo; 4 Simón el Zelote y Judas Iscariote, el que lo traicionó.

Marcos

6 Y él se quedó asombrado por la incredulidad de ellos.

Jesús recorría los alrededores, enseñando de pueblo en pueblo. 7 Reunió a los doce, y comenzó a enviarlos de dos en dos, dándoles autoridad sobre los *espíritus malignos.

8 Les ordenó que no llevaran nada para el camino, ni pan, ni bolsa, ni dinero en el cinturón, sino sólo un bastón. 9 «Lleven sandalias —dijo—, pero no dos mudas de ropa.» 10 Y añadió: «Cuando entren en una casa, quédense allí hasta que salgan del pueblo. 11 Y si en algún lugar no los reciben bien o no los escuchan, al salir de allí sacúdanse el polvo de los pies, como un testimonio contra ellos.»

12 Los doce salieron y exhortaban a la gente a que se *arrepintiera. 13 También expulsaban a muchos demonios y sanaban a muchos enfermos, ungiéndolos con aceite.

Lucas

1 Habiendo reunido a los doce, Jesús les dio poder y autoridad para expulsar a todos los demonios y para sanar enfermedades. 2 Entonces los envió a predicar el reino de Dios y a sanar a los enfermos. 3 «No lleven nada para el camino: ni bastón, ni bolsa, ni pan, ni dinero, ni dos mudas de ropa —les dijo—. 4 En cualquier casa que entren, quédense allí hasta que salgan del pueblo. 5 Si no los reciben bien, al salir de ese pueblo, sacúdanse el polvo de los pies como un testimonio contra sus habitantes.» 6 Así que partieron y fueron por todas partes de pueblo en pueblo, predicando el evangelio y sanando a la gente.

---

5 Jesús envió a estos doce con las siguientes instrucciones: «No vayan entre los *gentiles ni entren en ningún pueblo de los samaritanos. 6 Vayan más bien a las ovejas descarriadas del pueblo de Israel. 7 Dondequiera que vayan, prediquen este mensaje: "El reino de los cielos está cerca." 8 Sanen a los enfermos, resuciten a los muertos, *limpien de su enfermedad a los que tienen *lepra, expulsen a los demonios. Lo que ustedes recibieron gratis, denlo gratuitamente. 9 No lleven oro ni plata ni cobre en el cinturón, 10 ni bolsa para el camino, ni dos mudas de ropa, ni sandalias, ni bastón; porque el trabajador merece que se le dé su sustento.

11 »En cualquier pueblo o aldea donde entren, busquen a alguien que merezca recibirlos, y quédense en su casa hasta que se vayan de ese lugar. 12 Al entrar, digan: "Paz a esta casa."*k* 13 Si el hogar se lo merece, que la paz de ustedes reine en él; y si no, que la paz se vaya con ustedes. 14 Si alguno no los recibe bien ni escucha sus palabras, al salir de esa casa o de ese pueblo, sacúdanse el polvo de los pies. 15 Les aseguro que en el día del juicio el castigo para Sodoma y Gomorra será más tolerable

Mateo (Cont.)

que para ese pueblo. [16] Los envío como ovejas en medio de lobos. Por tanto, sean astutos como serpientes y sencillos como palomas.

[17] »Tengan cuidado con la gente; los entregarán a los tribunales y los azotarán en las sinagogas. [18] Por mi causa los llevarán ante gobernadores y reyes para dar testimonio a ellos y a los gentiles. [19] Pero cuando los arresten, no se preocupen por lo que van a decir o cómo van a decirlo. En ese momento se les dará lo que han de decir, [20] porque no serán ustedes los que hablen, sino que el Espíritu de su Padre hablará por medio de ustedes.

[21] »El hermano entregará a la muerte al hermano, y el padre al hijo. Los hijos se rebelarán contra sus padres y harán que los maten. [22] Por causa de mi nombre todo el mundo los odiará, pero el que se mantenga firme hasta el fin será salvo. [23] Cuando los persigan en una ciudad, huyan a otra. Les aseguro que no terminarán de recorrer las ciudades de Israel antes de que venga el Hijo del hombre.

[24] »El discípulo no es superior a su maestro, ni el *siervo superior a su amo. [25] Basta con que el discípulo sea como su maestro, y el siervo como su amo. Si al jefe de la casa lo han llamado *Beelzebú, ¡cuánto más a los de su familia!

[26] »Así que no les tengan miedo; porque no hay nada encubierto que no llegue a revelarse, ni nada escondido que no llegue a conocerse. [27] Lo que les digo en la oscuridad, díganlo ustedes a plena luz; lo que se les susurra al oído, proclámenlo desde las azoteas. [28] No teman a los que matan el cuerpo pero no pueden matar el alma.[l] Teman más bien al que puede destruir alma y cuerpo en el infierno.[m] [29] ¿No se venden dos gorriones por una monedita?[n] Sin embargo, ni uno de ellos caerá a tierra sin que lo permita el Padre; [30] y él les tiene contados a ustedes aun los cabellos de la cabeza. [31] Así que no tengan miedo; ustedes valen más que muchos gorriones.

[32] »A cualquiera que me reconozca delante de los demás, yo también lo reconoceré delante de mi Padre que está en el cielo. [33] Pero a cualquiera que me desconozca delante de los demás, yo también lo desconoceré delante de mi Padre que está en el cielo.

[34] »No crean que he venido a traer paz a la tierra. No vine a traer paz sino espada. [35] Porque he venido a poner en conflicto

> "al hombre contra su padre,
>   a la hija contra su madre,
>   a la nuera contra su suegra;
> [36] los enemigos de cada cual
>   serán los de su propia familia".[ñ]

[37] »El que quiere a su padre o a su madre más que a mí no es digno de mí; el que quiere a su hijo o a su hija más que a mí no es digno de mí; [38] y el que no toma su cruz y me sigue no es digno de mí. [39] El que encuentre su *vida, la perderá, y el que la pierda por mi causa, la encontrará.

[40] »Quien los recibe a ustedes, me recibe a mí; y quien me recibe a mí, recibe al que me envió. [41] Cualquiera que recibe a un profeta por tratarse de un profeta, recibirá recompensa de profeta; y el que recibe a un justo por tratarse de un justo, recibirá recompensa de justo. [42] Y quien dé siquiera un vaso de agua fresca a uno de estos pequeños por tratarse de uno de mis discípulos, les aseguro que no perderá su recompensa.»

[1] Cuando Jesús terminó de dar instrucciones a sus doce discípulos, se fue de allí a enseñar y a predicar en otros pueblos.

Mt   [k] **10:12** *Al entrar ... casa".* Lit. Al entrar en la casa, salúdenla.   [l] **10:28** *alma.* Este vocablo griego también puede significar **vida.   [m] **10:28** *infierno.* Lit. **Gehenna.   [n] **10:29** *una monedita.* Lit. un **asarion.   [ñ] **10:36** Mi 7:6

III. La controversia con respecto al Rey §§ 60-73

A. Rechazo del heraldo

§ 60

Mateo 11:2-19; Lucas 7:18-35

Mateo

² Juan estaba en la cárcel, y al enterarse de lo que *Cristo estaba haciendo, envió a sus discípulos a que le preguntaran:

³ ¿Eres tú el que ha de venir, o debemos esperar a otro?

⁴ Les respondió Jesús:

—Vayan y cuéntenle a Juan lo que están viendo y oyendo: ⁵ Los ciegos ven, los cojos andan, los que tienen *lepra son sanados, los sordos oyen, los muertos resucitan y a los pobres se les anuncian las buenas *nuevas. ⁶ *Dichoso el que no *tropieza por causa mía.

⁷ Mientras se iban los discípulos de Juan, Jesús comenzó a hablarle a la multitud acerca de Juan: «¿Qué salieron a ver al desierto? ¿Una caña sacudida por el viento? ⁸ Si no, ¿qué salieron a ver? ¿A un hombre vestido con ropa fina? Claro que no, pues los que usan ropa de lujo están en los palacios de los reyes. ⁹ Entonces, ¿qué salieron a ver? ¿A un profeta? Sí, les digo, y más que profeta. ¹⁰ Éste es de quien está escrito:

»"Yo estoy por enviar a mi mensajero
    delante de ti,
el cual preparará tu camino."ᵒ

Lucas

¹⁸ Los discípulos de Juan le contaron todo esto. Él llamó a dos de ellos ¹⁹ y los envió al Señor a preguntarle:

—¿Eres tú el que ha de venir, o debemos esperar a otro?

²⁰ Cuando se acercaron a Jesús, ellos le dijeron:

—Juan el Bautista nos ha enviado a preguntarte: "¿Eres tú el que ha de venir, o debemos esperar a otro?"

²¹ En ese mismo momento Jesús sanó a muchos que tenían enfermedades, dolencias y *espíritus malignos, y les dio la vista a muchos ciegos. ²² Entonces les respondió a los enviados:

—Vayan y cuéntenle a Juan lo que han visto y oído: Los ciegos ven, los cojos andan, los que tienen *lepra son sanados, los sordos oyen, los muertos resucitan y a los pobres se les anuncian las buenas *nuevas. ²³ *Dichoso el que no *tropieza por causa mía.

²⁴ Cuando se fueron los enviados, Jesús comenzó a hablarle a la multitud acerca de Juan: «¿Qué salieron a ver al desierto? ¿Una caña sacudida por el viento? ²⁵ Si no, ¿qué salieron a ver? ¿A un hombre vestido con ropa fina? Claro que no, pues los que se visten ostentosamente

Mateo (Cont.)

[11] Les aseguro que entre los mortales no se ha levantado nadie más grande que Juan el Bautista; sin embargo, el más pequeño en el reino de los cielos es más grande que él. [12] Desde los días de Juan el Bautista hasta ahora, el reino de los cielos ha venido avanzando contra viento y marea, y los que se esfuerzan logran aferrarse a él.[P] [13] Porque todos los profetas y la ley profetizaron hasta Juan. [14] Y si quieren aceptar mi palabra, Juan es el Elías que había de venir. [15] El que tenga oídos, que oiga.

[16] »¿Con qué puedo comparar a esta generación? Se parece a los niños sentados en la plaza que gritan a los demás:

[17] »"Tocamos la flauta,
    y ustedes no bailaron;
Cantamos por los muertos,
    y ustedes no lloraron."

[18] »Porque vino Juan, que no comía ni bebía, y ellos dicen: "Tiene un demonio." [19] Vino el Hijo del hombre, que come y bebe, y dicen: "Éste es un glotón y un borracho, amigo de *recaudadores de impuestos y de *pecadores." Pero la sabiduría queda demostrada por sus hechos.»

Lucas (Cont.)

y llevan una vida de lujo están en los palacios reales. [26] Entonces, ¿qué salieron a ver? ¿A un profeta? Sí, les digo, y más que profeta. [27] Éste es de quien está escrito:

»"Yo estoy por enviar a mi mensajero
    delante de ti,
    el cual preparará el camino."[l]

[28] Les digo que entre los mortales no ha habido nadie más grande que Juan; sin embargo, el más pequeño en el reino de Dios es más grande que él.»

[29] Al oír esto, todo el pueblo, y hasta los *recaudadores de impuestos, reconocieron que el camino de Dios era justo, y fueron bautizados por Juan. [30] Pero los *fariseos y los *expertos en la ley no se hicieron bautizar por Juan, rechazando así el propósito de Dios respecto a ellos.[m]

[31] «Entonces, ¿con qué puedo comparar a la gente de esta generación? ¿A quién se parecen ellos? [32] Se parecen a niños sentados en la plaza que se gritan unos a otros:

»"Tocamos la flauta,
    y ustedes no bailaron;
    entonamos un canto fúnebre,
    y ustedes no lloraron."

[33] Porque vino Juan el Bautista, que no comía pan ni bebía vino, y ustedes dicen: "Tiene un demonio." [34] Vino el Hijo del hombre, que come y bebe, y ustedes dicen: "Éste es un glotón y un borracho, amigo de recaudadores de impuestos y de *pecadores." [35] Pero la sabiduría queda demostrada por los que la siguen.»[n]

Mt [o] 11:10 Mal 3:1   [P] 11:12 *ha venido ... aferrarse a él.* Alt. sufre violencia y los violentos quieren arrebatarlo.
Lc [l] 7:27 Mal 3:1   [m] 7:29-30 Algunos intérpretes piensan que estos versículos forman parte del discurso de Jesús.   [n] 7:35 *queda ... siguen.* Lit. ha sido justificada por todos sus hijos.

B. Maldición sobre las ciudades de Galilea

§ 61

Mateo 11:20-30

1. Condenación de la incredulidad

Mateo 11:20-24

[20] Entonces comenzó Jesús a denunciar a las ciudades en que había hecho la mayor parte de sus milagros, porque no se habían *arrepentido. [21] «¡Ay de ti, Corazín! ¡Ay de ti, Betsaida! Si se hubieran hecho en Tiro y en Sidón los milagros que se hicieron en medio de ustedes, ya hace tiempo que se habrían arrepentido con muchos lamentos.[q] [22] Pero les digo que en el día del juicio será más tolerable el castigo para Tiro y Sidón que para ustedes. [23] Y tú, Capernaúm, ¿acaso serás levantada hasta el cielo? No, sino que descenderás hasta el *abismo. Si los milagros que se hicieron en ti se hubieran hecho en Sodoma, ésta habría permanecido hasta el día de hoy. [24] Pero te[r] digo que en el día del juicio será más tolerable el castigo para Sodoma que para ti.»

Mt   [q] **11:21** *con muchos lamentos.* Lit. en saco y ceniza.   [r] **11:24** *te.* Lit. les.

2. Explicación de la incredulidad

Mateo 11:25-27

[25] En aquel tiempo Jesús dijo: «Te alabo, Padre, Señor del cielo y de la tierra, porque habiendo escondido estas cosas de los sabios e instruidos, se las has revelado a los que son como niños. [26] Sí, Padre, porque esa fue tu buena voluntad.

[27] »Mi Padre me ha entregado todas las cosas. Nadie conoce al Hijo sino el Padre, y nadie conoce al Padre sino el Hijo y aquel a quien el Hijo quiera revelarlo.

3. Invitación a creer

Mateo 11:28-30

[28] »Vengan a mí todos ustedes que están cansados y agobiados, y yo les daré descanso. [29] Carguen con mi yugo y aprendan de mí, pues yo soy apacible y humilde de corazón, y encontrarán descanso para su alma. [30] Porque mi yugo es suave y mi carga es liviana.»

C. Recibimiento por parte de un pecador

§ 62

Lucas 7:36-50

[36] Uno de los *fariseos invitó a Jesús a comer, así que fue a la casa del fariseo y se *sentó a la mesa.[ñ] [37] Ahora bien, vivía en aquel pueblo una mujer que tenía fama de *pecadora. Cuando ella se enteró

Lucas (Cont.)

de que Jesús estaba comiendo en casa del fariseo, se presentó con un frasco de alabastro lleno de perfume. [38] Llorando, se arrojó a los pies de Jesús,[o] de manera que se los bañaba en lágrimas. Luego se los secó con los cabellos; también se los besaba y se los ungía con el perfume.

[39] Al ver esto, el fariseo que lo había invitado dijo para sí: «Si este hombre fuera profeta, sabría quién es la que lo está tocando, y qué clase de mujer es: una pecadora.»

[40] Entonces Jesús le dijo a manera de respuesta:

—Simón, tengo algo que decirte.

—Dime, Maestro —respondió.

[41] Dos hombres le debían dinero a cierto prestamista. Uno le debía quinientas monedas de plata,[p] y el otro cincuenta. [42] Como no tenían con qué pagarle, les perdonó la deuda a los dos. Ahora bien, ¿cuál de los dos lo amará más?

[43] Supongo que aquel a quien más le perdonó —contestó Simón.

—Has juzgado bien —le dijo Jesús.

[44] Luego se volvió hacia la mujer y le dijo a Simón:

—¿Ves a esta mujer? Cuando entré en tu casa, no me diste agua para los pies, pero ella me ha bañado los pies en lágrimas y me los ha secado con sus cabellos. [45] Tú no me besaste, pero ella, desde que entré, no ha dejado de besarme los pies. [46] Tú no me ungiste la cabeza con aceite, pero ella me ungió los pies con perfume. [47] Por esto te digo: si ella ha amado mucho, es que sus muchos pecados le han sido perdonados.[q] Pero a quien poco se le perdona, poco ama.

[48] Entonces le dijo Jesús a ella:

—Tus pecados quedan perdonados.

[49] Los otros invitados comenzaron a decir entre sí: «¿Quién es éste, que hasta perdona pecados?»

[50] Tu fe te ha salvado —le dijo Jesús a la mujer—; vete en paz.

Lc [ñ] *7:36 se sentó a la mesa.* Lit. se recostó. [o] *7:38 se arrojó a los pies de Jesús.* Lit. se puso detrás junto a sus pies; es decir, detrás del recostadero. [p] *7:41 quinientas monedas de plata.* Lit. quinientos **denarios. [q] *7:47 te digo ... perdonados.* Lit. te digo que sus muchos pecados han sido perdonados porque amó mucho.

D. Testimonio ante el rey

§ 63

Lucas 8:1-3

[1] Después de esto, Jesús estuvo recorriendo los pueblos y las aldeas, proclamando las buenas *nuevas del reino de Dios. Lo acompañaban los doce, [2] y también algunas mujeres que habían sido sanadas de *espíritus malignos y de enfermedades: María, a la que llamaban Magdalena, y de la que habían salido siete demonios; [3] Juana, esposa de Cuza, el administrador de Herodes; Susana y muchas más que los ayudaban con sus propios recursos.

E. Rechazo de Cristo y su ofrecimiento por parte de los líderes

§ 64

Mateo 12:22-37; Marcos 3:20-30

Mateo

Marcos

²⁰ Luego entró en una casa, y de nuevo se aglomeró tanta gente que ni siquiera podían comer él y sus discípulos. ²¹ Cuando se enteraron sus parientes, salieron a hacerse cargo de él, porque decían: «Está fuera de sí.»

²² Un día le llevaron un endemoniado que estaba ciego y mudo, y Jesús lo sanó, de modo que pudo ver y hablar. ²³ Toda la gente se quedó asombrada y decía: «¿No será éste el Hijo de David?»

²⁴ Pero al oírlo los fariseos, dijeron: «Éste no expulsa a los demonios sino por medio de *Beelzebú, príncipe de los demonios.»

²² Los *maestros de la ley que habían llegado de Jerusalén decían: «¡Está poseído por *Beelzebú! Expulsa a los demonios por medio del príncipe de los demonios.»

²⁵ Jesús conocía sus pensamientos, y les dijo: «Todo reino dividido contra sí mismo quedará asolado, y toda ciudad o familia dividida contra sí misma no se mantendrá en pie. ²⁶ Si Satanás expulsa a Satanás, está dividido contra sí mismo. ¿Cómo puede, entonces, mantenerse en pie su reino? ²⁷ Ahora bien, si yo expulso a los demonios por medio de Beelzebú, ¿los seguidores de ustedes por medio de quién los expulsan? Por eso ellos mismos los juzgarán a ustedes. ²⁸ En cambio, si expulso a los demonios por medio del Espíritu de Dios, eso significa que el reino de Dios ha llegado a ustedes.

²³ Entonces Jesús los llamó y les habló en parábolas: «¿Cómo puede Satanás expulsar a Satanás? ²⁴ Si un reino está dividido contra sí mismo, ese reino no puede mantenerse en pie. ²⁵ Y si una familia está dividida contra sí misma, esa familia no puede mantenerse en pie. ²⁶ Igualmente, si Satanás se levanta contra sí mismo y se divide, no puede mantenerse en pie, sino que ha llegado su fin.

²⁹ »¿O cómo puede entrar alguien en la casa de un hombre fuerte y arrebatarle sus bienes, a menos que primero lo ate? Sólo entonces podrá robar su casa.

²⁷ Ahora bien, nadie puede entrar en la casa de alguien fuerte y arrebatarle sus bienes a menos que primero lo ate. Sólo entonces podrá robar su casa. ²⁸ Les aseguro que todos los pecados y *blasfemias se les perdonarán a todos por igual, ²⁹ excepto a quien blasfeme contra el Espíritu Santo. Éste no tendrá perdón jamás; es culpable de un pecado eterno.»

³⁰ »El que no está de mi parte, está contra mí; y el que conmigo no recoge, esparce. ³¹ Por eso les digo que a todos se les podrá perdonar todo pecado y toda *blasfemia, pero la blasfemia contra el Espíritu no se le perdonará a nadie. ³² A cualquiera que pronuncie alguna palabra contra el Hijo del hombre se le perdonará, pero el que hable contra el Espíritu Santo no tendrá perdón ni en este mundo ni en el venidero.

³⁰ Es que ellos habían dicho: «Tiene un *espíritu maligno.»

Mateo (Cont.)

33 »Si tienen un buen árbol, su fruto es bueno; si tienen un mal árbol, su fruto es malo. Al árbol se le reconoce por su fruto. 34 Camada de víboras, ¿cómo pueden ustedes que son malos decir algo bueno? De la abundancia del corazón habla la boca. 35 El que es bueno, de la bondad que atesora en el corazón saca el bien, pero el que es malo, de su maldad saca el mal. 36 Pero yo les digo que en el día del juicio todos tendrán que dar cuenta de toda palabra ociosa que hayan pronunciado. 37 Porque por tus palabras se te absolverá, y por tus palabras se te condenará.»

F. Los líderes piden una señal

§ 65

Mateo 12:38-45

38 Algunos de los fariseos y de los *maestros de la ley le dijeron:

—Maestro, queremos ver alguna señal milagrosa de parte tuya.

39 Jesús les contestó:

—¡Esta generación malvada y adúltera pide una señal milagrosa! Pero no se le dará más señal que la del profeta Jonás. 40 Porque así como tres días y tres noches estuvo Jonás en el vientre de un gran pez, también tres días y tres noches estará el Hijo del hombre en las entrañas de la tierra. 41 Los habitantes de Nínive se levantarán en el juicio contra esta generación y la condenarán; porque ellos se *arrepintieron al escuchar la predicación de Jonás, y aquí tienen ustedes a uno más grande que Jonás. 42 La reina del Sur se levantará en el día del juicio y condenará a esta generación; porque ella vino desde los confines de la tierra para escuchar la sabiduría de Salomón, y aquí tienen ustedes a uno más grande que Salomón.

43 »Cuando un *espíritu maligno sale de una persona, va por lugares áridos, buscando descanso sin encontrarlo. 44 Entonces dice: "Volveré a la casa de donde salí." Cuando llega, la encuentra desocupada, barrida y arreglada. 45 Luego va y trae a otros siete espíritus más malvados que él, y entran a vivir allí. Así que el estado postrero de aquella persona resulta peor que el primero. Así le pasará también a esta generación malvada.

G. Cristo es rechazado por su nación

§ 66

Mateo 12:46-50; Marcos 3:31-35; Lucas 8:19-21

Mateo	*Marcos*	*Lucas*
46 Mientras Jesús le hablaba a la multitud, se presentaron su madre y sus hermanos. Se quedaron afuera, y deseaban	31 En eso llegaron la madre y los hermanos de Jesús. Se quedaron afuera y enviaron a alguien a llamarlo, 32 pues había	19 La madre y los hermanos de Jesús fueron a verlo, pero como había mucha gente, no lograban acercársele.

Mateo (Cont.)

hablar con él. [47] Alguien le dijo:

—Tu madre y tus hermanos están afuera y quieren hablar contigo."

[48] ¿Quién es mi madre, y quiénes son mis hermanos? —replicó Jesús.

[49] Señalando a sus discípulos, añadió:

—Aquí tienen a mi madre y a mis hermanos. [50] Pues mi hermano, mi hermana y mi madre son los que hacen la voluntad de mi Padre que está en el cielo.

Marcos (Cont.)

mucha gente sentada alrededor de él.

—Mira, tu madre y tus hermanos[g] están afuera y te buscan —le dijeron.

[33] ¿Quiénes son mi madre y mis hermanos? —replicó Jesús.

[34] Luego echó una mirada a los que estaban sentados alrededor de él y añadió:

—Aquí tienen a mi madre y a mis hermanos. [35] Cualquiera que hace la voluntad de Dios es mi hermano, mi hermana y mi madre.

Lucas (Cont.)

[20] Tu madre y tus hermanos están afuera y quieren verte —le avisaron.

[21] Pero él les contestó:

—Mi madre y mis hermanos son los que oyen la palabra de Dios y la ponen en práctica.

Mt   [u] **12:47** Var. no incluye v. 47.
Mc   [g] **3:32** *tus hermanos*. Var. tus hermanos y tus hermanas.

H. Revelación en vista del rechazo

§§   67-71

1. El curso del Reino en la época presente

§   67

Mateo 3:1-53; Marcos 4:1-34; Lucas 8:1-18

a. Parábola del sembrador

Mateo 13:1-9; Marcos 4:1-9; Lucas 8:4-8

Mateo

[1] Ese mismo día salió Jesús de la casa y se sentó junto al lago. [2] Era tal la multitud que se reunió para verlo que él tuvo que subir a una barca donde se sentó mientras toda la gente estaba de pie en la orilla. [3] Y les dijo en parábolas muchas cosas como éstas: «Un sembrador salió a sembrar. [4] Mientras iba esparciendo la semilla, una parte cayó junto al camino, y llegaron los pájaros y se la

Marcos

[1] De nuevo comenzó Jesús a enseñar a la orilla del lago. La multitud que se reunió para verlo era tan grande que él subió y se sentó en una barca que estaba en el lago, mientras toda la gente se quedaba en la playa. [2] Entonces se puso a enseñarles muchas cosas por medio de parábolas y, como parte de su instrucción, les dijo: [3] «¡Pongan atención! Un sembrador salió a sembrar. [4] Sucedió que al espar-

Lucas

[1] Después de esto, Jesús estuvo recorriendo los pueblos y las aldeas, proclamando las buenas *nuevas del reino de Dios. Lo acompañaban los doce, [2] y también algunas mujeres que habían sido sanadas de *espíritus malignos y de enfermedades: María, a la que llamaban Magdalena, y de la que habían salido siete demonios; [3] Juana, esposa de Cuza, el administrador de Herodes; Susana y

Mateo (Cont.)

comieron. [5] Otra parte cayó en terreno pedregoso, sin mucha tierra. Esa semilla brotó pronto porque la tierra no era profunda; [6] pero cuando salió el sol, las plantas se marchitaron y, por no tener raíz, se secaron. [7] Otra parte de la semilla cayó entre espinos que, al crecer, la ahogaron. [8] Pero las otras semillas cayeron en buen terreno, en el que se dio una cosecha que rindió treinta, sesenta y hasta cien veces más de lo que se había sembrado. [9] El que tenga oídos para oír, que oiga».

Marcos (Cont.)

cir él la semilla, una parte cayó junto al camino, y llegaron los pájaros y se la comieron. [5] Otra parte cayó en terreno pedregoso, sin mucha tierra. Esa semilla brotó pronto porque la tierra no era profunda; [6] pero cuando salió el sol, las plantas se marchitaron y, por no tener raíz, se secaron. [7] Otra parte de la semilla cayó entre espinos que, al crecer, la ahogaron, de modo que no dio fruto. [8] Pero las otras semillas cayeron en buen terreno. Brotaron, crecieron y produjeron una cosecha que rindió el treinta, el sesenta y hasta el ciento por uno.

[9] »El que tenga oídos para oír, que oiga», añadió Jesús.

Lucas (Cont.)

muchas más que los ayudaban con sus propios recursos.

[4] De cada pueblo salía gente para ver a Jesús, y cuando se reunió una gran multitud, él les contó esta parábola: [5] «Un sembrador salió a sembrar. Al esparcir la semilla, una parte cayó junto al camino; fue pisoteada, y los pájaros se la comieron. [6] Otra parte cayó sobre las piedras y, cuando brotó, las plantas se secaron por falta de humedad. [7] Otra parte cayó entre espinos que, al crecer junto con la semilla, la ahogaron. [8] Pero otra parte cayó en buen terreno; así que brotó y produjo una cosecha del ciento por uno.»

Dicho esto, exclamó: «El que tenga oídos para oír, que oiga.»

b. El propósito de las parábolas

Mateo 13:10-17; Marcos 4:10-12; Lucas 8:9-10

Mateo

[10] Los discípulos se acercaron y le preguntaron:

—¿Por qué le hablas a la gente en parábolas?

[11] A ustedes se les ha concedido conocer los *secretos del reino de los cielos; pero a ellos no. [12] Al que tiene, se le dará más, y tendrá en abundancia. Al que no tiene, hasta lo poco que tiene se le quitará. [13] Por eso les hablo a ellos en parábolas:

»Aunque miran, no ven;
aunque oyen, no
escuchan ni
entienden.

[14] En ellos se cumple la profecía de Isaías:

Marcos

[10] Cuando se quedó solo, los doce y los que estaban alrededor de él le hicieron preguntas sobre las parábolas. [11] «A ustedes se les ha revelado el *secreto del reino de Dios —les contestó—; pero a los de afuera todo les llega por medio de parábolas, [12] para que

»"por mucho que vean,
no perciban;
y por mucho que
oigan, no
entiendan;
no sea que se
conviertan y sean
perdonados."[b]

Lucas

[9] Sus discípulos le preguntaron cuál era el significado de

Mateo (Cont.)

» "Por mucho que oigan,
no entenderán;
por mucho que vean,
no percibirán.
[15] Porque el corazón de
este pueblo se ha
vuelto insensible;
se les han embotado
los oídos,
y se les han cerrado los
ojos.
De lo contrario, verían
con los ojos,
oirían con los oídos,
entenderían con el
corazón
y se convertirían, y yo
los sanaría." [v]

[16] Pero *dichosos los ojos de ustedes porque ven, y sus oídos porque oyen. [17] Porque les aseguro que muchos profetas y otros justos anhelaron ver lo que ustedes ven, pero no lo vieron; y oír lo que ustedes oyen, pero no lo oyeron.

Mt [v] **13:15** Is 6:9,10
Mc [h] **4:12** Is 6:9,10
Lc [r] **8:10** Is 6:9

Lucas (Cont.)

esta parábola. [10] «A ustedes se les ha concedido que conozcan los *secretos del reino de Dios —les contestó—; pero a los demás se les habla por medio de parábolas para que

» "aunque miren, no
vean;
aunque oigan, no
entiendan". [r]

c. Interpretación de la parábola del sembrador

Mateo 13:18-23; Marcos 4:13-20; Lucas 8:11-15

Mateo

[18] »Escuchen lo que significa la parábola del sembrador: [19] Cuando alguien oye la palabra acerca del reino y no la entiende, viene el maligno y arrebata lo que se sembró en su corazón. Ésta es la semilla sembrada junto al camino. [20] El que recibió la semilla que cayó en terreno pedregoso es el que oye la palabra e inmediatamen-

Marcos

[13] »¿No entienden esta parábola? —continuó Jesús—. ¿Cómo podrán, entonces, entender las demás? [14] El sembrador siembra la palabra. [15] Algunos son como lo sembrado junto al camino, donde se siembra la palabra. Tan pronto como la oyen, viene Satanás y les quita la palabra sembrada en ellos. [16] Otros son como lo sembrado en terreno

Lucas

[11] »Éste es el significado de la parábola: La semilla es la palabra de Dios. [12] Los que están junto al camino son los que oyen, pero luego viene el diablo y les quita la palabra del corazón, no sea que crean y se salven. [13] Los que están sobre las piedras son los que reciben la palabra con alegría cuando la oyen, pero no tienen raíz. Éstos

Mateo (Cont.)	*Marcos (Cont.)*	*Lucas (Cont.)*

Mateo (Cont.)

te la recibe con alegría; 21 pero como no tiene raíz, dura poco tiempo. Cuando surgen problemas o persecución a causa de la palabra, en seguida se aparta de ella. 22 El que recibió la semilla que cayó entre espinos es el que oye la palabra, pero las preocupaciones de esta vida y el engaño de las riquezas la ahogan, de modo que ésta no llega a dar fruto. 23 Pero el que recibió la semilla que cayó en buen terreno es el que oye la palabra y la entiende. Éste sí produce una cosecha al treinta, al sesenta y hasta al ciento por uno.

Marcos (Cont.)

pedregoso: cuando oyen la palabra, en seguida la reciben con alegría, 17 pero como no tienen raíz, duran poco tiempo. Cuando surgen problemas o persecución a causa de la palabra, en seguida se apartan de ella. 18 Otros son como lo sembrado entre espinos: oyen la palabra, 19 pero las preocupaciones de esta vida, el engaño de las riquezas y muchos otros malos deseos entran hasta ahogar la palabra, de modo que ésta no llega a dar fruto. 20 Pero otros son como lo sembrado en buen terreno: oyen la palabra, la aceptan y producen una cosecha que rinde el treinta, el sesenta y hasta el ciento por uno.»

Lucas (Cont.)

creen por algún tiempo, pero se apartan cuando llega la *prueba. 14 La parte que cayó entre espinos son los que oyen, pero, con el correr del tiempo, los ahogan las preocupaciones, las riquezas y los placeres de esta vida, y no maduran. 15 Pero la parte que cayó en buen terreno son los que oyen la palabra con corazón noble y bueno, y la retienen; y como perseveran, producen una buena cosecha.

d. Parábola de la lámpara

Marcos 4:21-25; Lucas 8:16-18

Marcos

21 También les dijo: «¿Acaso se trae una lámpara para ponerla debajo de un cajón o debajo de la cama? ¿No es, por el contrario, para ponerla en una repisa? 22 No hay nada escondido que no esté destinado a descubrirse; tampoco hay nada oculto que no esté destinado a ser revelado. 23 El que tenga oídos para oír, que oiga.

24 »Pongan mucha atención —añadió—. Con la medida que midan a otros, se les medirá a ustedes, y aún más se les añadirá. 25 Al que tiene, se le dará más; al que no tiene, hasta lo poco que tiene se le quitará.»

Lucas

16 »Nadie enciende una lámpara para después cubrirla con una vasija o ponerla debajo de la cama, sino para ponerla en una repisa, a fin de que los que entren tengan luz. 17 No hay nada escondido que no llegue a descubrirse, ni nada oculto que no llegue a conocerse públicamente. 18 Por lo tanto, pongan mucha atención. Al que tiene, se le dará más; al que no tiene, hasta lo que cree tener se le quitará.»

e. Parábola de la cizaña

Mateo 13:24-30

24 Jesús les contó otra parábola: «El reino de los cielos es como un hombre que sembró buena semilla en su campo. 25 Pero mientras todos dormían, llegó su enemigo y sembró mala hierba entre el trigo, y se fue. 26 Cuando brotó el trigo y se formó la espiga, apareció también la mala hierba. 27 Los siervos fueron al dueño y le dijeron: "Señor, ¿no sembró usted semilla buena en su campo? Entonces, ¿de dónde salió la mala hierba?" 28 "Esto es obra de un enemigo", les respondió. Le

Mateo (Cont.)

preguntaron los siervos: "¿Quiere usted que vayamos a arrancarla?" [29] "¡No! —les contestó—, no sea que, al arrancar la mala hierba, arranquen con ella el trigo. [30] Dejen que crezcan juntos hasta la cosecha. Entonces les diré a los segadores: Recojan primero la mala hierba, y átenla en manojos para quemarla; después recojan el trigo y guárdenlo en mi granero." »

f. Parábola de la semilla

Marcos 4:26-29

[26] Jesús continuó: «El reino de Dios se parece a quien esparce semilla en la tierra. [27] Sin que éste sepa cómo, y ya sea que duerma o esté despierto, día y noche brota y crece la semilla. [28] La tierra da fruto por sí sola; primero el tallo, luego la espiga, y después el grano lleno en la espiga. [29] Tan pronto como el grano está maduro, se le mete la hoz, pues ha llegado el tiempo de la cosecha.»

g. Parábola de la semilla de mostaza

Mateo 13:31-32; Marcos 4:30-32

Mateo

[31] Les contó otra parábola: «El reino de los cielos es como un grano de mostaza que un hombre sembró en su campo. [32] Aunque es la más pequeña de todas las semillas, cuando crece es la más grande de las hortalizas y se convierte en árbol, de modo que vienen las aves y anidan en sus ramas.»

Marcos

[30] También dijo: «¿Con qué vamos a comparar el reino de Dios? ¿Qué parábola podemos usar para describirlo? [31] Es como un grano de mostaza: cuando se siembra en la tierra, es la semilla más pequeña que hay, [32] pero una vez sembrada crece hasta convertirse en la más grande de las hortalizas, y echa ramas tan grandes que las aves pueden anidar bajo su sombra.»

h. Parábola de la levadura en la harina

Mateo 13:33-35

[33] Les contó otra parábola más: «El reino de los cielos es como la levadura que una mujer tomó y mezcló en una gran cantidad[w] de harina, hasta que fermentó toda la masa.»

[34] Jesús le dijo a la multitud todas estas cosas en parábolas. Sin emplear parábolas no les decía nada. [35] Así se cumplió lo dicho por el profeta:

«Hablaré por medio de parábolas;
revelaré cosas que han estado ocultas desde la creación del mundo.»[x]

Mt [w] **13:33** *una gran cantidad*. Lit. tres satas (probablemente unos 22 litros).   [x] **13:35** Sal 78:2

i. Explicación de la parábola de la cizaña

Mateo 13:36-43

[36] Una vez que se despidió de la multitud, entró en la casa. Se le acercaron sus discípulos y le pidieron:

—Explícanos la parábola de la mala hierba del campo.

[37] El que sembró la buena semilla es el Hijo del hombre —les respondió Jesús—. [38] El campo es el mundo, y la buena semilla representa a los hijos del reino. La mala hierba son los hijos del maligno, [39] y el enemigo que la siembra es el diablo. La cosecha es el fin del mundo, y los segadores son los ángeles.

[40] »Así como se recoge la mala hierba y se quema en el fuego, ocurrirá también al fin del mundo. [41] El Hijo del hombre enviará a sus ángeles, y arrancarán de su reino a todos los que *pecan y hacen pecar. [42] Los arrojarán al horno encendido, donde habrá llanto y rechinar de dientes. [43] Entonces los justos brillarán en el reino de su Padre como el sol. El que tenga oídos, que oiga.

j. Parábolas del tesoro escondido y la perla

Mateo 13:44-46

[44] »El reino de los cielos es como un tesoro escondido en un campo. Cuando un hombre lo descubrió, lo volvió a esconder, y lleno de alegría fue y vendió todo lo que tenía y compró ese campo.

[45] »También se parece el reino de los cielos a un comerciante que andaba buscando perlas finas. [46] Cuando encontró una de gran valor, fue y vendió todo lo que tenía y la compró.

k. Parábola de la red

Mateo 13:47-50

[47] »También se parece el reino de los cielos a una red echada al lago, que recoge peces de toda clase. [48] Cuando se llena, los pescadores la sacan a la orilla, se sientan y recogen en canastas los peces buenos, y desechan los malos. [49] Así será al fin del mundo. Vendrán los ángeles y apartarán de los justos a los malvados, [50] y los arrojarán al horno encendido, donde habrá llanto y rechinar de dientes.

l. Parábola del dueño de casa

Mateo 13:51-52

[51] ¿Han entendido todo esto? —les preguntó Jesús.

—Sí —respondieron ellos.

Entonces concluyó Jesús:

[52] Todo *maestro de la ley que ha sido instruido acerca del reino de los cielos es como el dueño de una casa, que de lo que tiene guardado saca tesoros nuevos y viejos.

m. Conclusión

Mateo 13:53; Marcos 4:33-34

Mateo

53 Cuando Jesús terminó de contar estas parábolas, se fue de allí.

Marcos

33 Y con muchas parábolas semejantes les enseñaba Jesús la palabra hasta donde podían entender. **34** No les decía nada sin emplear parábolas. Pero cuando estaba a solas con sus discípulos, les explicaba todo.

2. Poder por sobre la naturaleza

§ 68

Mateo 8:18, 23-27; Marcos 4:35-41; Lucas 8:22-25

Mateo

18 Cuando Jesús vio a la multitud que lo rodeaba, dio orden de pasar al otro lado del lago. **23** Luego subió a la barca y sus discípulos lo siguieron. **24** De repente, se levantó en el lago una tormenta tan fuerte que las olas inundaban la barca. Pero Jesús estaba dormido. **25** Los discípulos fueron a despertarlo.

—¡Señor —gritaron—, sálvanos, que nos vamos a ahogar!

26 Hombres de poca fe —les contestó—, ¿por qué tienen tanto miedo?

Entonces se levantó y reprendió a los vientos y a las olas, y todo quedó completamente tranquilo.

27 Los discípulos no salían de su asombro, y decían: «¿Qué clase de hombre es éste, que hasta los vientos y las olas le obedecen?»

Marcos

35 Ese día al anochecer, les dijo a sus discípulos:

—Crucemos al otro lado.

36 Dejaron a la multitud y se fueron con él en la barca donde estaba. También lo acompañaban otras barcas. **37** Se desató entonces una fuerte tormenta, y las olas azotaban la barca, tanto que ya comenzaba a inundarse. **38** Jesús, mientras tanto, estaba en la popa, durmiendo sobre un cabezal, así que los discípulos lo despertaron.

—¡Maestro! —gritaron—, ¿no te importa que nos ahoguemos?

39 Él se levantó, reprendió al viento y ordenó al mar:

—¡Silencio! ¡Cálmate!

El viento se calmó y todo quedó completamente tranquilo.

40 ¿Por qué tienen tanto miedo? —dijo a sus discípulos—. ¿Todavía[i] no tienen fe?

41 Ellos estaban espantados y se decían unos a otros:

—¿Quién es éste, que hasta el viento y el mar le obedecen?

Lucas

22 Un día subió Jesús con sus discípulos a una barca.

—Crucemos al otro lado del lago —les dijo.

Así que partieron, **23** y mientras navegaban, él se durmió. Entonces se desató una tormenta sobre el lago, de modo que la barca comenzó a inundarse y corrían gran peligro. **24** Los discípulos fueron a despertarlo.

—¡Maestro, Maestro, nos vamos a ahogar! —gritaron.

Él se levantó y reprendió al viento y a las olas; la tormenta se apaciguó y todo quedó tranquilo.

25 ¿Dónde está la fe de ustedes? —les dijo a sus discípulos.

Con temor y asombro ellos se decían unos a otros: «¿Quién es éste, que manda aun a los vientos y al agua, y le obedecen?»

3. Poder por sobre los demonios

§ 68

Mateo 8:28-34; Marcos 5:1-20; Lucas 8:26-39

Mateo	*Marcos*	*Lucas*
28 Cuando Jesús llegó al otro lado, a la región de los gadarenos,[i] dos endemoniados le salieron al encuentro de entre los sepulcros. Eran tan violentos que nadie se atrevía a pasar por aquel camino.	1 Cruzaron el lago hasta llegar a la región de los gerasenos.[j] 2 Tan pronto como desembarcó Jesús, un hombre poseído por un *espíritu maligno le salió al encuentro de entre los sepulcros. 3 Este hombre vivía en los sepulcros, y ya nadie podía sujetarlo, ni siquiera con cadenas. 4 Muchas veces lo habían atado con cadenas y grilletes, pero él los destrozaba, y nadie tenía fuerza para dominarlo. 5 Noche y día andaba por los sepulcros y por las colinas, gritando y golpeándose con piedras. 6 Cuando vio a Jesús desde lejos, corrió y se postró delante de él.	26 Navegaron hasta la región de los gerasenos,[s] que está al otro lado del lago, frente a Galilea. 27 Al desembarcar Jesús, un endemoniado que venía del pueblo le salió al encuentro. Hacía mucho tiempo que este hombre no se vestía; tampoco vivía en una casa sino en los sepulcros.
29 De pronto le gritaron: —¿Por qué te entrometes, Hijo de Dios? ¿Has venido aquí a atormentarnos antes del tiempo señalado?	7 ¿Por qué te entrometes, Jesús, Hijo del Dios Altísimo? —gritó con fuerza—. ¡Te ruego por Dios que no me atormentes! 8 Es que Jesús le había dicho: «¡Sal de este hombre, espíritu maligno!» 9 ¿Cómo te llamas? —le preguntó Jesús. —Me llamo Legión —respondió—, porque somos muchos. 10 Y con insistencia le suplicaba a Jesús que no los expulsara de aquella región.	28 Cuando vio a Jesús, dio un grito y se arrojó a sus pies. Entonces exclamó con fuerza: —¿Por qué te entrometes, Jesús, Hijo del Dios Altísimo? ¡Te ruego que no me atormentes! 29 Es que Jesús le había ordenado al *espíritu maligno que saliera del hombre. Se había apoderado de él muchas veces y, aunque le sujetaban los pies y las manos con cadenas y lo mantenían bajo custodia, rompía las cadenas y el demonio lo arrastraba a lugares solitarios. 30 ¿Cómo te llamas? —le preguntó Jesús. —Legión —respondió, ya que habían entrado en él muchos demonios. 31 Y éstos le suplicaban a Jesús que no los mandara al *abismo.
30 A cierta distancia de ellos estaba paciendo una gran mana-	11 Como en una colina estaba paciendo una manada de	32 Como había una manada grande de cerdos paciendo en la

Mateo (Cont.)

da de cerdos. ³¹ Los demonios le rogaron a Jesús:

—Si nos expulsas, mándanos a la manada de cerdos.

³² Vayan —les dijo.

Así que salieron de los hombres y entraron en los cerdos, y toda la manada se precipitó al lago por el despeñadero y murió en el agua. ³³ Los que cuidaban los cerdos salieron corriendo al pueblo y dieron aviso de todo, incluso de lo que les había sucedido a los endemoniados. ³⁴ Entonces todos los del pueblo fueron al encuentro de Jesús. Y cuando lo vieron, le suplicaron que se alejara de esa región.

Marcos (Cont.)

muchos cerdos, los demonios le rogaron a Jesús:

¹² Mándanos a los cerdos; déjanos entrar en ellos.

¹³ Así que él les dio permiso. Cuando los espíritus malignos salieron del hombre, entraron en los cerdos, que eran unos dos mil, y la manada se precipitó al lago por el despeñadero y allí se ahogó.

¹⁴ Los que cuidaban los cerdos salieron huyendo y dieron la noticia en el pueblo y por los campos, y la gente fue a ver lo que había pasado. ¹⁵ Llegaron adonde estaba Jesús, y cuando vieron al que había estado poseído por la legión de demonios, sentado, vestido y en su sano juicio, tuvieron miedo. ¹⁶ Los que habían presenciado estos hechos le contaron a la gente lo que había sucedido con el endemoniado y con los cerdos. ¹⁷ Entonces la gente comenzó a suplicarle a Jesús que se fuera de la región.

¹⁸ Mientras subía Jesús a la barca, el que había estado endemoniado le rogaba que le permitiera acompañarlo. ¹⁹ Jesús no se lo permitió, sino que le dijo:

—Vete a tu casa, a los de tu familia, y diles todo lo que el Señor ha hecho por ti y cómo te ha tenido compasión.

²⁰ Así que el hombre se fue y se puso a proclamar en *Decápolis lo mucho que Jesús había hecho por él. Y toda la gente se quedó asombrada.

Lucas (Cont.)

colina, le rogaron a Jesús que los dejara entrar en ellos. Así que él les dio permiso. ³³ Y cuando los demonios salieron del hombre, entraron en los cerdos, y la manada se precipitó al lago por el despeñadero y se ahogó.

³⁴ Al ver lo sucedido, los que cuidaban los cerdos huyeron y dieron la noticia en el pueblo y por los campos, ³⁵ y la gente salió a ver lo que había pasado. Llegaron adonde estaba Jesús y encontraron, sentado a sus pies, al hombre de quien habían salido los demonios. Cuando lo vieron vestido y en su sano juicio, tuvieron miedo. ³⁶ Los que habían presenciado estas cosas le contaron a la gente cómo el endemoniado había sido *sanado. ³⁷ Entonces toda la gente de la región de los gerasenos le pidió a Jesús que se fuera de allí, porque les había entrado mucho miedo. Así que él subió a la barca para irse.

³⁸ Ahora bien, el hombre de quien habían salido los demonios le rogaba que le permitiera acompañarlo, pero Jesús lo despidió y le dijo:

³⁹ Vuelve a tu casa y cuenta todo lo que Dios ha hecho por ti.

Mt   i **8:28** *gadarenos.* Var. gergesenos; otra var. gerasenos.
Mc   j **5:1** *gerasenos.* Var. gadarenos; otra var. gergesenos.
Lc   s **8:26** *gerasenos.* Var. gadarenos; otra var. gergesenos; también en v. 37.

4. Poder por sobre la enfermedad y la muerte

§ 70

Mateo 9:18-26; Marcos 5:21-43; Lucas 8:40-56

| *Mateo* | *Marcos* | *Lucas* |

Mateo

Marcos

Lucas

21 Después de que Jesús regresó en la barca al otro lado del lago, se reunió alrededor de él una gran multitud, por lo que él se quedó en la orilla. **22** Llegó entonces uno de los jefes de la sinagoga, llamado Jairo. Al ver a Jesús, se arrojó a sus pies, **23** suplicándole con insistencia:

—Mi hijita se está muriendo. Ven y pon tus manos sobre ella para que se *sane y viva.

24 Jesús se fue con él, y lo seguía una gran multitud, la cual lo apretujaba. **25** Había entre la gente una mujer que hacía doce años padecía de hemorragias. **26** Había sufrido mucho a manos de varios médicos, y se había gastado todo lo que tenía sin que le hubiera servido de nada, pues en vez de mejorar, iba de mal en peor. **27** Cuando oyó hablar de Jesús, se le acercó por detrás entre la gente y le tocó el manto. **28** Pensaba: «Si logro tocar siquiera su ropa, quedaré sana.» **29** Al instante cesó su hemorragia, y se dio cuenta de que su cuerpo había quedado libre de esa aflicción.

30 Al momento también Jesús se dio cuenta de que de él había salido poder, así que se volvió hacia la gente y preguntó:

—¿Quién me ha tocado la ropa?

31 Ves que te apretuja la gente —le contestaron sus discípulos—, y aun así preguntas: "¿Quién me ha tocado?"

32 Pero Jesús seguía mirando a su alrededor para ver quién

18 Mientras él les decía esto, un dirigente judío llegó, se arrodilló delante de él y le dijo:

—Mi hija acaba de morir. Pero ven y pon tu mano sobre ella, y vivirá.

19 Jesús se levantó y fue con él, acompañado de sus discípulos.

20 En esto, una mujer que hacía doce años padecía de hemorragias se le acercó por detrás y le tocó el borde del manto. **21** Pensaba: «Si al menos logro tocar su manto, quedaré *sana.»

40 Cuando Jesús regresó, la multitud se alegró de verlo, pues todos estaban esperándolo. **41** En esto llegó un hombre llamado Jairo, que era un jefe de la sinagoga. Arrojándose a los pies de Jesús, le suplicaba que fuera a su casa, **42** porque su única hija, de unos doce años, se estaba muriendo.

Jesús se puso en camino y las multitudes lo apretujaban. **43** Había entre la gente una mujer que hacía doce años padecía de hemorragias,[t] sin que nadie pudiera sanarla. **44** Ella se le acercó por detrás y le tocó el borde del manto, y al instante cesó su hemorragia.

45 ¿Quién me ha tocado? —preguntó Jesús.

Como todos negaban haberlo tocado, Pedro le dijo:

—Maestro, son multitudes las que te aprietan y te oprimen.

Mateo (Cont.)

22 Jesús se dio vuelta, la vio y le dijo:

—¡Ánimo, hija! Tu fe te ha sanado.

Y la mujer quedó sana en aquel momento.

23 Cuando Jesús entró en la casa del dirigente y vio a los flautistas y el alboroto de la gente, 24 les dijo:

—Váyanse. La niña no está muerta sino dormida.

Entonces empezaron a burlarse de él. 25 Pero cuando se les hizo salir, entró él, tomó de la mano a la niña, y ésta se levantó. 26 La noticia se divulgó por toda aquella región.

Marcos (Cont.)

lo había hecho. 33 La mujer, sabiendo lo que le había sucedido, se acercó temblando de miedo y, arrojándose a sus pies, le confesó toda la verdad.

34 ¡Hija, tu fe te ha sanado! —le dijo Jesús—. Vete en paz y queda sana de tu aflicción.

35 Todavía estaba hablando Jesús, cuando llegaron unos hombres de la casa de Jairo, jefe de la sinagoga, para decirle:

—Tu hija ha muerto. ¿Para qué sigues molestando al Maestro?

36 Sin hacer caso de la noticia, Jesús le dijo al jefe de la sinagoga:

—No tengas miedo; cree nada más.

37 No dejó que nadie lo acompañara, excepto Pedro, *Jacobo y Juan, el hermano de Jacobo. 38 Cuando llegaron a la casa del jefe de la sinagoga, Jesús notó el alboroto, y que la gente lloraba y daba grandes alaridos. 39 Entró y les dijo:

—¿Por qué tanto alboroto y llanto? La niña no está muerta sino dormida.

40 Entonces empezaron a burlarse de él, pero él los sacó a todos, tomó consigo al padre y a la madre de la niña y a los discípulos que estaban con él, y entró adonde estaba la niña. 41 La tomó de la mano y le dijo:

—Talita cum[k] (que significa: Niña, a ti te digo, ¡levántate!).

42 La niña, que tenía doce años, se levantó en seguida y comenzó a andar. Ante este hecho todos se llenaron de asombro. 43 Él dio órdenes estrictas de que nadie se enterara de lo ocurrido, y les mandó que le dieran de comer a la niña.

Lucas (Cont.)

46 No, alguien me ha tocado —replicó Jesús—; yo sé que de mí ha salido poder.

47 La mujer, al ver que no podía pasar inadvertida, se acercó temblando y se arrojó a sus pies. En presencia de toda la gente, contó por qué lo había tocado y cómo había sido sanada al instante.

48 Hija, tu fe te ha *sanado —le dijo Jesús—. Vete en paz.

49 Todavía estaba hablando Jesús, cuando alguien llegó de la casa de Jairo, jefe de la sinagoga, para decirle:

—Tu hija ha muerto. No molestes más al Maestro.

50 Al oír esto, Jesús le dijo a Jairo:

—No tengas miedo; cree nada más, y ella será sanada.

51 Cuando llegó a la casa de Jairo, no dejó que nadie entrara con él, excepto Pedro, Juan y *Jacobo, y el padre y la madre de la niña. 52 Todos estaban llorando, muy afligidos por ella.

—Dejen de llorar —les dijo Jesús—. No está muerta sino dormida.

53 Entonces ellos empezaron a burlarse de él porque sabían que estaba muerta. 54 Pero él la tomó de la mano y le dijo:

—¡Niña, levántate!

55 Recobró la vida[u] y al instante se levantó. Jesús mandó darle de comer. 56 Los padres se quedaron atónitos, pero él les advirtió que no contaran a nadie lo que había sucedido.

---

t **8:43** hemorragias. Var. hemorragias y que había gastado en médicos todo lo que tenía.   u **8:55** Recobró la vida. Lit. Y volvió el espíritu de ella.

5. Poder por sobre la ceguera

§ 71

Mateo 9:27-34

²⁷ Los discípulos no salían de su asombro, y decían: «¿Qué clase de hombre es éste, que hasta los vientos y las olas le obedecen?»

²⁸ Cuando Jesús llegó al otro lado, a la región de los gadarenos,ⁱ dos endemoniados le salieron al encuentro de entre los sepulcros. Eran tan violentos que nadie se atrevía a pasar por aquel camino. ²⁹ De pronto le gritaron:

—¿Por qué te entrometes, Hijo de Dios? ¿Has venido aquí a atormentarnos antes del tiempo señalado?

³⁰ A cierta distancia de ellos estaba paciendo una gran manada de cerdos. ³¹ Los demonios le rogaron a Jesús:

—Si nos expulsas, mándanos a la manada de cerdos.

³² Vayan —les dijo.

Así que salieron de los hombres y entraron en los cerdos, y toda la manada se precipitó al lago por el despeñadero y murió en el agua. ³³ Los que cuidaban los cerdos salieron corriendo al pueblo y dieron aviso de todo, incluso de lo que les había sucedido a los endemoniados. ³⁴ Entonces todos los del pueblo fueron al encuentro de Jesús. Y cuando lo vieron, le suplicaron que se alejara de esa región.

I. Rechazo en Nazaret

§ 72

Mateo 13:54-58; Marcos 6:1-6

Mateo

⁵⁴ Al llegar a su tierra, comenzó a enseñar a la gente en la sinagoga.

—¿De dónde sacó éste tal sabiduría y tales poderes milagrosos? —decían maravillados—. ⁵⁵ ¿No es acaso el hijo del carpintero? ¿No se llama su madre María; y no son sus hermanos *Jacobo, José, Simón y Judas? ⁵⁶ ¿No están con nosotros todas sus hermanas? ¿Así que de dónde sacó todas estas cosas?

⁵⁷ Y se *escandalizaban a causa de él. Pero Jesús les dijo:

—En todas partes se honra a un profeta, menos en su tierra y en su propia casa.

⁵⁸ Y por la incredulidad de ellos, no hizo allí muchos milagros.

Marcos

¹ Salió Jesús de allí y fue a su tierra, en compañía de sus discípulos. ² Cuando llegó el *sábado, comenzó a enseñar en la sinagoga.

—¿De dónde sacó éste tales cosas? —decían maravillados muchos de los que le oían—. ¿Qué sabiduría es ésta que se le ha dado? ¿Cómo se explican estos milagros que vienen de sus manos? ³ ¿No es acaso el carpintero, el hijo de María y hermano de *Jacobo, de José, de Judas y de Simón? ¿No están sus hermanas aquí con nosotros?

Y se *escandalizaban a causa de él. Por tanto, Jesús les dijo:

⁴ En todas partes se honra a un profeta, menos en su tierra, entre sus familiares y en su propia casa.

⁵ En efecto, no pudo hacer allí ningún milagro, excepto sanar a unos pocos enfermos al imponerles las manos. ⁶ Y él se quedó asombrado por la incredulidad de ellos.

J. Muerte del heraldo

§ 73

Mateo 14:1-12; Marcos 6:14-29; Lucas 9:7-9

Mateo	*Marcos*	*Lucas*

Mateo

[1] En aquel tiempo Herodes el tetrarca se enteró de lo que decían de Jesús, [2] y comentó a sus sirvientes: «¡Ése es Juan el Bautista; ha *resucitado! Por eso tiene poder para realizar milagros.»

[3] En efecto, Herodes había arrestado a Juan. Lo había encadenado y metido en la cárcel por causa de Herodías, esposa de su hermano Felipe. [4] Es que Juan había estado diciéndole: «La ley te prohíbe tenerla por esposa.» [5] Herodes quería matarlo, pero le tenía miedo a la gente, porque consideraban a Juan como un profeta.

[6] En el cumpleaños de Herodes, la hija de Herodías bailó delante de todos; y tanto le agradó a Herodes [7] que le prometió bajo juramento darle cualquier cosa que pidiera. [8] Instigada por su madre, le pidió: «Dame en una bandeja la cabeza de Juan el Bautista.»

[9] El rey se entristeció, pero a causa de sus juramentos y en atención a los invitados, ordenó que se le concediera la petición, [10] y mandó decapitar a Juan en la cárcel. [11] Llevaron la cabeza en una bandeja y se la dieron a la muchacha, quien se la entregó a su madre. [12] Luego llegaron los discípulos de Juan, recogieron el cuerpo y le dieron sepultura. Después fueron y avisaron a Jesús.

Marcos

[14] El rey Herodes se enteró de esto, pues el nombre de Jesús se había hecho famoso. Algunos decían:[l] «Juan el Bautista ha *resucitado, y por eso tiene poder para realizar milagros.» [15] Otros decían: «Es Elías.» Otros, en fin, afirmaban: «Es un profeta, como los de antes.» [16] Pero cuando Herodes oyó esto, exclamó: «¡Juan, al que yo mandé que le cortaran la cabeza, ha resucitado!»

[17] En efecto, Herodes mismo había mandado que arrestaran a Juan y que lo encadenaran en la cárcel. Herodes se había casado con Herodías, esposa de Felipe su hermano, [18] y Juan le había estado diciendo a Herodes: «La ley te prohíbe tener a la esposa de tu hermano.» [19] Por eso Herodías le guardaba rencor a Juan y deseaba matarlo. Pero no había logrado hacerlo, [20] ya que Herodes temía a Juan y lo protegía, pues sabía que era un hombre justo y *santo. Cuando Herodes oía a Juan, se quedaba muy desconcertado, pero lo escuchaba con gusto.

[21] Por fin se presentó la oportunidad. En su cumpleaños Herodes dio un banquete a sus altos oficiales, a los comandantes militares y a los notables de Galilea. [22] La hija de Herodías entró en el banquete y bailó, y esto agradó a Herodes y a los invitados.

—Pídeme lo que quieras y te lo daré —le dijo el rey a la muchacha.

Lucas

[7] Herodes el tetrarca se enteró de todo lo que estaba sucediendo. Estaba perplejo porque algunos decían que Juan había *resucitado; [8] otros, que se había aparecido Elías; y otros, en fin, que había resucitado alguno de los antiguos profetas. [9] Pero Herodes dijo: «A Juan mandé que le cortaran la cabeza; ¿quién es, entonces, éste de quien oigo tales cosas?» Y procuraba verlo.

Marcos (Cont.)

²³ Y le prometió bajo juramento:

—Te daré cualquier cosa que me pidas, aun cuando sea la mitad de mi reino.

²⁴ Ella salió a preguntarle a su madre:

—¿Qué debo pedir?

—La cabeza de Juan el Bautista —contestó.

²⁵ En seguida se fue corriendo la muchacha a presentarle al rey su petición:

—Quiero que ahora mismo me des en una bandeja la cabeza de Juan el Bautista.

²⁶ El rey se quedó angustiado, pero a causa de sus juramentos y en atención a los invitados, no quiso desairarla. ²⁷ Así que en seguida envió a un verdugo con la orden de llevarle la cabeza de Juan. El hombre fue, decapitó a Juan en la cárcel ²⁸ y volvió con la cabeza en una bandeja. Se la entregó a la muchacha, y ella se la dio a su madre. ²⁹ Al enterarse de esto, los discípulos de Juan fueron a recoger el cuerpo y le dieron sepultura.

Mc ¹ **6:14** *Algunos decían.* Var. *Él decía.*

IV. El Rey instruye a los Doce   §§ 74-97

A. Da de comer a cinco mil personas
§ 74

Mateo 14:13-21; Marcos 6:30-44; Lucas 9:10-17; Juan 6:1-13

Mateo

13 Cuando Jesús recibió la noticia, se retiró él solo en una barca a un lugar solitario. Las multitudes se enteraron y lo siguieron a pie desde los poblados. 14 Cuando Jesús desembarcó y vio a tanta gente, tuvo compasión de ellos y sanó a los que estaban enfermos.

Marcos

30 Los apóstoles se reunieron con Jesús y le contaron lo que habían hecho y enseñado. 31 Y como no tenían tiempo ni para comer, pues era tanta la gente que iba y venía, Jesús les dijo:

—Vengan conmigo ustedes solos a un lugar tranquilo y descansen un poco.

32 Así que se fueron solos en la barca a un lugar solitario. 33 Pero muchos que los vieron salir los reconocieron y, desde todos los poblados, corrieron por tierra hasta allá y llegaron antes que ellos. 34 Cuando Jesús desembarcó y vio tanta gente, tuvo compasión de ellos, porque eran como ovejas sin pastor.

Lucas

10 Cuando regresaron los apóstoles, le relataron a Jesús lo que habían hecho. Él se los llevó consigo y se retiraron solos a un pueblo llamado Betsaida, 11 pero la gente se enteró y lo siguió. Él los recibió y les habló del reino de Dios. También sanó a los que lo necesitaban.

Juan

1 Algún tiempo después, Jesús se fue a la otra orilla del mar de Galilea (o de Tiberíades). 2 Y mucha gente lo seguía, porque veían las señales milagrosas que hacía en los enfermos. 3 Entonces subió Jesús a una colina y se sentó con sus discípulos. 4 Faltaba muy poco tiempo para la fiesta judía de la Pascua.

Mateo (Cont.)	Marcos (Cont.)	Lucas (Cont.)	Juan (Cont.)

Marcos: Así que comenzó a enseñarles muchas cosas.

Mateo: 15 Al atardecer se le acercaron sus discípulos y le dijeron:

—Éste es un lugar apartado y ya se hace tarde. Despide a la gente, para que vayan a los pueblos y se compren algo de comer.

16 No tienen que irse —contestó Jesús—. Denles ustedes mismos de comer.

Marcos: 35 Cuando ya se hizo tarde, se le acercaron sus discípulos y le dijeron:

—Éste es un lugar apartado y ya es muy tarde. 36 Despide a la gente, para que vayan a los campos y pueblos cercanos y se compren algo de comer.

37 Denles ustedes mismos de comer —contestó Jesús.

—¡Eso costaría casi un año de trabajo!m —objetaron—.¿Quieres que vayamos y gastemos todo ese dinero en pan para darles de comer?

38 ¿Cuántos panes tienen ustedes? —preguntó—. Vayan a ver.

Después de averiguarlo, le dijeron:

—Cinco, y dos pescados.

Lucas: 12 Al atardecer se le acercaron los doce y le dijeron:

—Despide a la gente, para que vaya a buscar alojamiento y comida en los campos y pueblos cercanos, pues donde estamos no hay nada.v

13 Denles ustedes mismos de comer —les dijo Jesús.

Juan: 5 Cuando Jesús alzó la vista y vio una gran multitud que venía hacia él, le dijo a Felipe:

—¿Dónde vamos a comprar pan para que coma esta gente?

6 Esto lo dijo sólo para ponerlo a *prueba, porque él ya sabía lo que iba a hacer.

7 Ni con el salario de ocho mesesa podríamos comprar suficiente pan para darle un pedazo a cada uno —respondió Felipe.

8 Otro de sus discípulos, Andrés, que era hermano de Simón Pedro, le dijo:

9 Aquí hay un muchacho que tiene cinco panes de cebada y dos pescados, pero ¿qué es esto para tanta gente?

10 Hagan que se sienten todos —ordenó Jesús.

En ese lugar había mucha hierba. Así que se sentaron, y los varones adultos eran como cinco mil. 11 Jesús tomó entonces los panes, dio gracias y distribuyó a los que estaban sentados todo

Mateo: 17 Ellos objetaron:

—No tenemos aquí más que cinco panes y dos pescados.

18 Tráiganmelos acá —les dijo Jesús.

19 Y mandó a la gente que se sentara sobre la hierba. Tomó los cinco panes y los dos pescados y, mirando al cielo, los bendijo. Luego partió los panes y se los dio a los discípulos, quienes los repartieron a la gente. 20 Todos comieron hasta quedar satisfechos, y los discípulos recogieron doce canastas llenas de pedazos que sobraron. 21 Los que comieron fueron unos

Marcos: 39 Entonces les mandó que hicieran que la gente se sentara por grupos sobre la hierba verde. 40 Así que ellos se acomodaron en grupos de cien y de cincuenta. 41 Jesús tomó los cinco panes y los dos pescados y, mirando al cielo, los bendijo. Luego partió los panes y se los dio a los discípulos para que se los repartieran a la gente. También repartió los dos pescados entre todos. 42 Comieron todos hasta que-

Lucas: —No tenemos más que cinco panes y dos pescados, a menos que vayamos a comprar comida para toda esta gente —objetaron ellos, 14 porque había allí unos cinco mil hombres.

Pero Jesús dijo a sus discípulos:

—Hagan que se sienten en grupos como de cincuenta cada uno.

15 Así lo hicieron los discípulos, y se sentaron todos. 16 Entonces Jesús tomó los cinco panes y los dos pescados, y mirando al cielo, los bendijo. Luego los partió y se los dio

Mateo (Cont.)
cinco mil hombres, sin contar a las mujeres y a los niños.

Marcos (Cont.)
dar satisfechos, [43] y los discípulos recogieron doce canastas llenas de pedazos de pan y de pescado. [44] Los que comieron fueron cinco mil.

Lucas (Cont.)
a los discípulos para que se los repartieran a la gente. [17] Todos comieron hasta quedar satisfechos, y de los pedazos que sobraron se recogieron doce canastas.

Juan (Cont.)
lo que quisieron. Lo mismo hizo con los pescados.

[12] Una vez que quedaron satisfechos, dijo a sus discípulos:

—Recojan los pedazos que sobraron, para que no se desperdicie nada.

[13] Así lo hicieron, y con los pedazos de los cinco panes de cebada que les sobraron a los que habían comido, llenaron doce canastas.

Mc   [m] **6:37** *casi un año de trabajo.* Lit. doscientos **denarios.
Lc   [v] **9:12** *donde estamos no hay nada.* Lit. aquí estamos en un lugar desierto.
Jn   [a] **6:7** *el salario de ocho meses.* Lit. doscientos **denarios.

B. Rechazo del ofrecimiento para hacer rey a Cristo

§ 75

Mateo 14:22-23; Marcos 6:45-46; Juan 6:14-15

Mateo

[22] En seguida Jesús hizo que los discípulos subieran a la barca y se le adelantaran al otro lado mientras él despedía a la multitud. [23] Después de despedir a la gente, subió a la montaña para orar a solas. Al anochecer, estaba allí él solo.

Marcos

[45] En seguida Jesús hizo que sus discípulos subieran a la barca y se le adelantaran al otro lado, a Betsaida, mientras él despedía a la multitud. [46] Cuando se despidió, fue a la montaña para orar.

Juan

[14] Al ver la señal que Jesús había realizado, la gente comenzó a decir: «En verdad éste es el profeta, el que ha de venir al mundo.» [15] Pero Jesús, dándose cuenta de que querían llevárselo a la fuerza y declararlo rey, se retiró de nuevo a la montaña él solo.

C. Instrucción por medio de la tormenta
§ 76
Mateo 14:24-33; Marcos 6:47-52; Juan 6:16-21

Mateo	*Marcos*	*Juan*
24 y la barca ya estaba bastante lejos[y] de la tierra, zarandeada por las olas, porque el viento le era contrario.	47 Al anochecer, la barca se hallaba en medio del lago, y Jesús estaba en tierra solo. 48 En la madrugada,[n] vio que los discípulos hacían grandes esfuerzos para remar, pues tenían el viento en contra. Se acercó a ellos caminando sobre el lago, e iba a pasarlos de largo. 49 Los discípulos, al verlo caminar sobre el agua, creyeron que era un fantasma y se pusieron a gritar, 50 llenos de miedo por lo que veían. Pero él habló en seguida con ellos y les dijo: «¡Cálmense! Soy yo. No tengan miedo.»	16 Judas hijo de Jacobo, y Judas Iscariote, que llegó a ser el traidor.
25 En la madrugada,[z] Jesús se acercó a ellos caminando sobre el lago. 26 Cuando los discípulos lo vieron caminando sobre el agua, quedaron aterrados.		17 Luego bajó con ellos y se detuvo en un llano. Había allí una gran multitud de sus discípulos y mucha gente de toda Judea, de Jerusalén y de la costa de Tiro y Sidón, 18 que habían llegado para oírlo y para que los sanara de sus enfermedades. Los que eran atormentados por *espíritus malignos quedaban liberados; 19 así que toda la gente procuraba tocarlo, porque de él salía poder que sanaba a todos.
—¡Es un fantasma! —gritaron de miedo.		
27 Pero Jesús les dijo en seguida:		
—¡Cálmense! Soy yo. No tengan miedo.	51 Subió entonces a la barca con ellos, y el viento se calmó. Estaban sumamente asombrados, 52 porque tenían la mente embotada y no habían comprendido lo de los panes.	20 Él entonces dirigió la mirada a sus discípulos y dijo:
28 Señor, si eres tú —respondió Pedro—, mándame que vaya a ti sobre el agua.		«*Dichosos ustedes los pobres, porque el reino de Dios les pertenece. 21 Dichosos ustedes que ahora pasan hambre, porque serán saciados. Dichosos ustedes que ahora lloran, porque luego habrán de reír.
29 Ven —dijo Jesús.		
Pedro bajó de la barca y caminó sobre el agua en dirección a Jesús. 30 Pero al sentir el viento fuerte, tuvo miedo y comenzó a hundirse. Entonces gritó:		
—¡Señor, sálvame!		
31 En seguida Jesús le tendió la mano y, sujetándolo, lo reprendió:		
—¡Hombre de poca fe! ¿Por qué dudaste?		
32 Cuando subieron a la barca, se calmó el viento. 33 Y los que estaban en la barca lo adoraron diciendo:		
—Verdaderamente tú eres el Hijo de Dios.		

Mt [y] **14:24** *bastante lejos.* Lit. a muchos **estadios.   [z] **14:25** *la madrugada.* Lit. la cuarta vigilia de la noche.
Mc [n] **6:48** *En la madrugada.* Lit. Alrededor de la cuarta vigilia de la noche.

D. Recibimiento en Genesaret

§ 77

Mateo 14:34-36; Marcos 6:53-56

Mateo

34 Después de cruzar el lago, desembarcaron en Genesaret. 35 Los habitantes de aquel lugar reconocieron a Jesús y divulgaron la noticia por todos los alrededores. Le llevaban todos los enfermos, 36 suplicándole que les permitiera tocar siquiera el borde de su manto, y quienes lo tocaban quedaban sanos.

Marcos

53 Después de cruzar el lago, llegaron a tierra en Genesaret y atracaron allí. 54 Al bajar ellos de la barca, la gente en seguida reconoció a Jesús. 55 Lo siguieron por toda aquella región y, adonde oían que él estaba, le llevaban en camillas a los que tenían enfermedades. 56 Y dondequiera que iba, en pueblos, ciudades o caseríos, colocaban a los enfermos en las plazas. Le suplicaban que les permitiera tocar siquiera el borde de su manto, y quienes lo tocaban quedaban *sanos.

E. Instrucción con respecto al pan de vida

§ 78

Juan 6:22-71

22 Al día siguiente, la multitud que se había quedado en el otro lado del lago se dio cuenta de que los discípulos se habían embarcado solos. Allí había estado una sola barca, y Jesús no había entrado en ella con sus discípulos. 23 Sin embargo, algunas barcas de Tiberíades se aproximaron al lugar donde la gente había comido el pan después de haber dado gracias el Señor. 24 En cuanto la multitud se dio cuenta de que ni Jesús ni sus discípulos estaban allí, subieron a las barcas y se fueron a Capernaúm a buscar a Jesús.

25 Cuando lo encontraron al otro lado del lago, le preguntaron:

—Rabí, ¿cuándo llegaste acá?

26 Ciertamente les aseguro que ustedes me buscan, no porque han visto señales sino porque comieron pan hasta llenarse. 27 Trabajen, pero no por la comida que es perecedera, sino por la que permanece para vida eterna, la cual les dará el Hijo del hombre. Sobre éste ha puesto Dios el Padre su sello de aprobación.

28 ¿Qué tenemos que hacer para realizar las obras que Dios exige? —le preguntaron.

29 Ésta es la obra de Dios: que crean en aquel a quien él envió —les respondió Jesús.

30 ¿Y qué señal harás para que la veamos y te creamos? ¿Qué puedes hacer? —insistieron ellos—. 31 Nuestros antepasados comieron el maná en el desierto, como está escrito: "Pan del cielo les dio a comer."c

32 Ciertamente les aseguro que no fue Moisés el que les dio a ustedes el pan del cielo —afirmó Jesús—. El que da el verdadero pan del cielo es mi Padre. 33 El pan de Dios es el que baja del cielo y da vida al mundo.

34 Señor —le pidieron—, danos siempre ese pan.

35 Yo soy el pan de vida —declaró Jesús—. El que a mí viene nunca pasará hambre, y el que en mí cree nunca más volverá a tener sed. 36 Pero como ya les dije, a pesar de que ustedes me han visto, no creen. 37 Todos los que el Padre me da vendrán a mí; y al que a mí viene, no lo rechazo. 38 Porque

he bajado del cielo no para hacer mi voluntad sino la del que me envió. [39] Y ésta es la voluntad del que me envió: que yo no pierda nada de lo que él me ha dado, sino que lo resucite en el día final. [40] Porque la voluntad de mi Padre es que todo el que reconozca al Hijo y crea en él, tenga vida eterna, y yo lo resucitaré en el día final.

[41] Entonces los judíos comenzaron a murmurar contra él, porque dijo: «Yo soy el pan que bajó del cielo.» [42] Y se decían: «¿Acaso no es éste Jesús, el hijo de José? ¿No conocemos a su padre y a su madre? ¿Cómo es que sale diciendo: "Yo bajé del cielo"?»

[43] Dejen de murmurar —replicó Jesús—. [44] Nadie puede venir a mí si no lo atrae el Padre que me envió, y yo lo resucitaré en el día final. [45] En los profetas está escrito: "A todos los instruirá Dios."[d] En efecto, todo el que escucha al Padre y aprende de él, viene a mí. [46] Al Padre nadie lo ha visto, excepto el que viene de Dios; sólo él ha visto al Padre. [47] Ciertamente les aseguro que el que cree tiene vida eterna. [48] Yo soy el pan de vida. [49] Los antepasados de ustedes comieron el maná en el desierto, y sin embargo murieron. [50] Pero éste es el pan que baja del cielo; el que come de él, no muere. [51] Yo soy el pan vivo que bajó del cielo. Si alguno come de este pan, vivirá para siempre. Este pan es mi carne, que daré para que el mundo viva.

[52] Los judíos comenzaron a disputar acaloradamente entre sí: «¿Cómo puede éste darnos a comer su carne?»

[53] Ciertamente les aseguro —afirmó Jesús— que si no comen la carne del Hijo del hombre ni beben su sangre, no tienen realmente vida. [54] El que come[e] mi carne y bebe mi sangre tiene vida eterna, y yo lo resucitaré en el día final. [55] Porque mi carne es verdadera comida y mi sangre es verdadera bebida. [56] El que come mi carne y bebe mi sangre, permanece en mí y yo en él. [57] Así como me envió el Padre viviente, y yo vivo por el Padre, también el que come de mí, vivirá por mí. [58] Éste es el pan que bajó del cielo. Los antepasados de ustedes comieron maná y murieron, pero el que come de este pan vivirá para siempre.

[59] Todo esto lo dijo Jesús mientras enseñaba en la sinagoga de Capernaúm.

[60] Al escucharlo, muchos de sus discípulos exclamaron: «Esta enseñanza es muy difícil; ¿quién puede aceptarla?»

[61] Jesús, muy consciente de que sus discípulos murmuraban por lo que había dicho, les reprochó:

—¿Esto les causa *tropiezo? [62] ¿Qué tal si vieran al Hijo del hombre subir adonde antes estaba? [63] El Espíritu da vida; la *carne no vale para nada. Las palabras que les he hablado son espíritu y son vida. [64] Sin embargo, hay algunos de ustedes que no creen.

Es que Jesús conocía desde el principio quiénes eran los que no creían y quién era el que iba a traicionarlo. Así que añadió:

[65] Por esto les dije que nadie puede venir a mí, a menos que se lo haya concedido el Padre.

[66] Desde entonces muchos de sus discípulos le volvieron la espalda y ya no andaban con él. Así que Jesús les preguntó a los doce:

[67] ¿También ustedes quieren marcharse?

[68] Señor —contestó Simón Pedro—, ¿a quién iremos? Tú tienes palabras de vida eterna. [69] Y nosotros hemos creído, y sabemos que tú eres el Santo de Dios.[f]

[70] ¿No los he escogido yo a ustedes doce? —repuso Jesús—. No obstante, uno de ustedes es un diablo.

[71] Se refería a Judas, hijo de Simón Iscariote, uno de los doce, que iba a traicionarlo.

Jn [c] **6:31** Éx 16:4; Neh 9:15; Sal 78:24,25   [d] **6:45** Is 54:13   [e] **6:54** *come.* Lit. masca, o casca.   [f] **6:69** *el Santo de Dios.* Var. el **Cristo, el hijo del Dios viviente.

F. Instrucción con respecto a lo impuro
§ 79
Mateo 15:1-20; Marcos 7:1-23; Juan 7:1

Mateo

[1] Se acercaron a Jesús algunos fariseos y *maestros de la ley que habían llegado de Jerusalén, y le preguntaron:

[2] ¿Por qué quebrantan tus discípulos la tradición de los *ancianos? ¡Comen sin cumplir primero el rito de lavarse las manos!

[7] ¡*Hipócritas! Tenía razón Isaías cuando profetizó de ustedes:

[8] »"Este pueblo me honra
    con los labios,
    pero su corazón está
        lejos de mí.
[9] En vano me adoran;
    sus enseñanzas no
        son más que reglas
        *humanas."[d]

Marcos

[1] Los *fariseos y algunos de los *maestros de la ley que habían llegado de Jerusalén se reunieron alrededor de Jesús, [2] y vieron a algunos de sus discípulos que comían con manos *impuras, es decir, sin habérselas lavado. [3] (En efecto, los fariseos y los demás judíos no comen nada sin primero cumplir con el rito de lavarse las manos, ya que están aferrados a la tradición de los *ancianos. [4] Al regresar del mercado, no comen nada antes de lavarse. Y siguen otras muchas tradiciones, tales como el rito de lavar copas, jarras y bandejas de cobre.[n]) [5] Así que los fariseos y los maestros de la ley le preguntaron a Jesús:

—¿Por qué no siguen tus discípulos la tradición de los ancianos, en vez de comer con manos impuras?

[6] Él les contestó:

—Tenía razón Isaías cuando profetizó acerca de ustedes, *hipócritas, según está escrito:

»"Este pueblo me honra
    con los labios,
    pero su corazón está
        lejos de mí.
[7] En vano me adoran;
    sus enseñanzas no son
        más que reglas
        *humanas."[o]

[8] Ustedes han desechado los mandamientos divinos y se aferran a las tradiciones humanas.

Juan

Mateo (Cont.)

3 Jesús les contestó:

—¿Y por qué ustedes quebrantan el mandamiento de Dios a causa de la tradición? 4 Dios dijo: "Honra a tu padre y a tu madre",[a] y también: "El que maldiga a su padre o a su madre será condenado a muerte."[b] 5 Ustedes, en cambio, enseñan que un hijo puede decir a su padre o a su madre: "Cualquier ayuda que pudiera darte ya la he dedicado como ofrenda a Dios." 6 En ese caso, el tal hijo no tiene que honrar a su padre.[c] Así por causa de la tradición anulan ustedes la palabra de Dios.

10 Jesús llamó a la multitud y dijo:

—Escuchen y entiendan. 11 Lo que *contamina a una persona no es lo que entra en la boca sino lo que sale de ella.

12 Entonces se le acercaron los discípulos y le dijeron:

—¿Sabes que los fariseos se *escandalizaron al oír eso?

13 Toda planta que mi Padre celestial no haya plantado será arrancada de raíz —les respondió—. 14 Déjenlos; son guías ciegos.[e] Y si un ciego guía a otro ciego, ambos caerán en un hoyo.

15 Explícanos la comparación —le pidió Pedro.

16 ¿También ustedes son todavía tan torpes? —les dijo Jesús—. 17 ¿No se dan cuenta de que todo lo que entra en la boca va al estómago y después se echa en la letrina? 18 Pero lo que sale de la boca viene del

Marcos (Cont.)

9 Y añadió:

—¡Qué buena manera tienen ustedes de dejar a un lado los mandamientos de Dios para mantener[p] sus propias tradiciones! 10 Por ejemplo, Moisés dijo: "Honra a tu padre y a tu madre",[q] y: "El que maldiga a su padre o a su madre será condenado a muerte".[r] 11 Ustedes, en cambio, enseñan que un hijo puede decirle a su padre o a su madre: "Cualquier ayuda que pudiera haberte dado es corbán" (es decir, ofrenda dedicada a Dios). 12 En ese caso, el tal hijo ya no está obligado a hacer nada por su padre ni por su madre. 13 Así, por la tradición que se transmiten entre ustedes, anulan la palabra de Dios. Y hacen muchas cosas parecidas.

14 De nuevo Jesús llamó a la multitud.

—Escúchenme todos —dijo— y entiendan esto: 15 Nada de lo que viene de afuera puede *contaminar a una persona. Más bien, lo que sale de la persona es lo que la contamina.[s]

17 Después de que dejó a la gente y entró en la casa, sus discípulos le preguntaron sobre la comparación que había hecho.

18 ¿Tampoco ustedes pueden entenderlo? —les dijo—. ¿No se dan cuenta de que nada de lo que entra en una persona puede contaminarla? 19 Porque no

Juan (Cont.)

Mateo (Cont.)

corazón y contamina a la persona. [19] Porque del corazón salen los malos pensamientos, los homicidios, los adulterios, la inmoralidad sexual, los robos, los falsos testimonios y las calumnias. [20] Éstas son las cosas que contaminan a la persona, y no el comer sin lavarse las manos.

Marcos (Cont.)

entra en su corazón sino en su estómago, y después va a dar a la letrina.

Con esto Jesús declaraba *limpios todos los alimentos. [20] Luego añadió:

—Lo que sale de la persona es lo que la contamina. [21] Porque de adentro, del corazón humano, salen los malos pensamientos, la inmoralidad sexual, los robos, los homicidios, los adulterios, [22] la avaricia, la maldad, el engaño, el libertinaje, la envidia, la calumnia, la arrogancia y la necedad. [23] Todos estos males vienen de adentro y contaminan a la persona.

Lucas (Cont.)

[1] Algún tiempo después, Jesús andaba por Galilea. No tenía ningún interés en ir a Judea, porque allí los judíos buscaban la oportunidad para matarlo.

Mt   [a] **15:4** Éx 20:12; Dt 5:16   [b] **15:4** Éx 21:17; Lv 20:9   [c] **15:6** *padre*. Var. padre ni a su madre.   [d] **15:9** Is 29:13
    [e] **15:14** *guías ciegos*. Var. ciegos guías de ciegos.
Mc   [ñ] **7:4** *bandejas de cobre*. Var. bandejas de cobre y divanes.   [o] **7:6,7** Is 29:13   [p] **7:9** *mantener*. Var. establecer.   [q] **7:10** Éx 20:12;
    Dt 5:16   [r] **7:10** Éx 21:17; Lv 20:9   [s] **7:15** *contamina*. Var. contamina. 16 El que tenga oídos para oír, que oiga.

G. Recibimiento en Tiro y Sidón
§ 80
Mateo 15:21-28; Marcos 7:24-30

Mateo

[21] Partiendo de allí, Jesús se retiró a la región de Tiro y Sidón. [22] Una mujer cananea de las inmediaciones salió a su encuentro, gritando:

—¡Señor, Hijo de David, ten compasión de mí! Mi hija sufre terriblemente por estar endemoniada.

[23] Jesús no le respondió palabra. Así que sus discípulos se acercaron a él y le rogaron:

—Despídela, porque viene detrás de nosotros gritando.

[24] No fui enviado sino a las ovejas perdidas del pueblo de Israel —contestó Jesús.

[25] La mujer se acercó y, arrodillándose delante de él, le suplicó:

—¡Señor, ayúdame!

[26] Él le respondió:

Marcos

[24] Jesús partió de allí y fue a la región de Tiro. [t] Entró en una casa y no quería que nadie lo supiera, pero no pudo pasar inadvertido. [25] De hecho, muy pronto se enteró de su llegada una mujer que tenía una niña poseída por un *espíritu maligno, así que fue y se arrojó a sus pies. [26] Esta mujer era extranjera, [u] sirofenicia de nacimiento, y le rogaba que expulsara al demonio que tenía su hija.

[27] Deja que primero se sacien los hijos —replicó Jesús—, porque no está bien quitarles el pan a los hijos y echárselo a los *perros.

[28] Sí, Señor —respondió la mujer—, pero hasta los perros comen debajo de la mesa las migajas que dejan los hijos.

[29] Jesús le dijo:

Mateo (Cont.)

—No está bien quitarles el pan a los hijos y echárselo a los *perros.

27 Sí, Señor; pero hasta los perros comen las migajas que caen de la mesa de sus amos.

28 ¡Mujer, qué grande es tu fe! —contestó Jesús—. Que se cumpla lo que quieres.

Y desde ese mismo momento quedó sana su hija.

Marcos (Cont.)

—Por haberme respondido así, puedes irte tranquila; el demonio ha salido de tu hija.

30 Cuando ella llegó a su casa, encontró a la niña acostada en la cama. El demonio ya había salido de ella.

Lc   t **7:24** *de Tiro.* Var. de Tiro y Sidón.   u **7:26** *extranjera.* Lit. helénica (es decir, de cultura griega).

H. Recibimiento en Decápolis

§   81

Mateo 15:29-38; Marcos 7:31-8:9

Mateo

29 Salió Jesús de allí y llegó a orillas del mar de Galilea. Luego subió a la montaña y se sentó. 30 Se le acercaron grandes multitudes que llevaban cojos, ciegos, lisiados, mudos y muchos enfermos más, y los pusieron a sus pies; y él los sanó. 31 La gente se asombraba al ver a los mudos hablar, a los lisiados recobrar la salud, a los cojos andar y a los ciegos ver. Y alababan al Dios de Israel.

32 Jesús llamó a sus discípulos y les dijo:

—Siento compasión de esta gente porque ya llevan tres días conmigo y no tienen nada que comer. No quiero despedirlos sin comer, no sea que se desmayen por el camino.

33 Los discípulos objetaron:

Marcos

31 Luego regresó Jesús de la región de Tiro y se dirigió por Sidón al mar de Galilea, internándose en la región de *Decápolis. 32 Allí le llevaron un sordo tartamudo, y le suplicaban que pusiera la mano sobre él.

33 Jesús lo apartó de la multitud para estar a solas con él, le puso los dedos en los oídos y le tocó la lengua con saliva. v 34 Luego, mirando al cielo, suspiró profundamente y le dijo: «¡*Efatá!*» (que significa: ¡Ábrete!). 35 Con esto, se le abrieron los oídos al hombre, se le destrabó la lengua y comenzó a hablar normalmente.

36 Jesús les mandó que no se lo dijeran a nadie, pero cuanto más se lo prohibía, tanto más lo seguían propagando. 37 La gente estaba sumamente asombrada, y decía: «Todo lo hace bien. Hasta hace oír a los sordos y hablar a los mudos.»

1 En aquellos días se reunió de nuevo mucha gente. Como no tenían nada que comer, Jesús llamó a sus discípulos y les dijo:

2 Siento compasión de esta gente porque ya llevan tres días conmigo y no tienen nada que comer. 3 Si los despido a sus casas sin haber comido, se van a desmayar por el camino, porque algunos de ellos han venido de lejos.

4 Los discípulos objetaron:

—¿Dónde se va a conseguir suficiente pan en este lugar despoblado para darles de comer?

Mateo (Cont.)

—¿Dónde podríamos conseguir en este lugar despoblado suficiente pan para dar de comer a toda esta multitud?

[34] ¿Cuántos panes tienen? —les preguntó Jesús.

—Siete, y unos pocos pescaditos.

[35] Luego mandó que la gente se sentara en el suelo. [36] Tomando los siete panes y los pescados, dio gracias, los partió y se los fue dando a los discípulos. Éstos, a su vez, los distribuyeron a la gente. [37] Todos comieron hasta quedar satisfechos. Después los discípulos recogieron siete cestas llenas de pedazos que sobraron. [38] Los que comieron eran cuatro mil hombres, sin contar a las mujeres y a los niños.

Marcos (Cont.)

[5] ¿Cuántos panes tienen? —les preguntó Jesús.

—Siete —respondieron.

[6] Entonces mandó que la gente se sentara en el suelo. Tomando los siete panes, dio gracias, los partió y se los fue dando a sus discípulos para que los repartieran a la gente, y así lo hicieron. [7] Tenían además unos cuantos pescaditos. Dio gracias por ellos también y les dijo a los discípulos que los repartieran. [8] La gente comió hasta quedar satisfecha. Después los discípulos recogieron siete cestas llenas de pedazos que sobraron. [9] Los que comieron eran unos cuatro mil. Tan pronto como los despidió

Mc   ᵛ **7:33** *con saliva.* Lit. escupiendo.

I. Rechazo en Macadán

§ 82

Mateo 15:39-16:1-4; Marcos 8:9-12

Mateo

[39] Después de despedir a la gente, subió Jesús a la barca y se fue a la región de Magadán.ᶠ

[1] Los fariseos y los saduceos se acercaron a Jesús y, para ponerlo a prueba, le pidieron que les mostrara una señal del cielo.

[2] Él les contestó:ᵍ «Al atardecer, ustedes dicen que hará buen tiempo porque el cielo está rojizo, [3] y por la mañana, que habrá tempestad porque el cielo está nublado y amenazante.ʰ Ustedes saben discernir el aspecto del cielo, pero no las señales de los tiempos. [4] Esta generación malvada y adúltera busca una señal milagrosa, pero no se le dará más señal que la de Jonás.» Entonces Jesús los dejó y se fue.

Marcos

[9] Los que comieron eran unos cuatro mil. Tan pronto como los despidió, [10] Jesús se embarcó con sus discípulos y se fue a la región de Dalmanuta.

[11] Llegaron los *fariseos y comenzaron a discutir con Jesús. Para ponerlo a *prueba, le pidieron una señal del cielo. [12] Él lanzó un profundo suspiro y dijo:ʷ «¿Por qué pide esta generación una señal milagrosa? Les aseguro que no se le dará ninguna señal.»

Mt   ᶠ **15:39** *Magadán.* Var. Magdala.   ᵍ **16:2** Var. no incluye el resto del v. 2 y todo el v. 3.   ʰ **16:3** *amenazante.* Lit. rojizo.
Mc   ʷ **8:12** *lanzó ... dijo.* Lit. suspirando en su espíritu dijo.

J. Advertencia sobre el rechazo

§ 83

Mateo 16:5-12; Marcos 8:13-26

Mateo

⁵ Cruzaron el lago, pero a los discípulos se les había olvidado llevar pan.

⁶ Tengan cuidado —les advirtió Jesús—; eviten la levadura de los fariseos y de los saduceos.

⁷ Ellos comentaban entre sí: «Lo dice porque no trajimos pan.» ⁸ Al darse cuenta de esto, Jesús les recriminó:

—Hombres de poca fe, ¿por qué están hablando de que no tienen pan? ⁹ ¿Todavía no entienden? ¿No recuerdan los cinco panes para los cinco mil, y el número de canastas que recogieron? ¹⁰ ¿Ni los siete panes para los cuatro mil, y el número de cestas que recogieron? ¹¹ ¿Cómo es que no entienden que no hablaba yo del pan sino de tener cuidado de la levadura de fariseos y saduceos?

¹² Entonces comprendieron que no les decía que se cuidaran de la levadura del pan sino de la enseñanza de los fariseos y de los saduceos.

Marcos

¹³ Entonces los dejó, volvió a embarcarse y cruzó al otro lado.

¹⁴ A los discípulos se les había olvidado llevar comida, y sólo tenían un pan en la barca.

¹⁵ Tengan cuidado —les advirtió Jesús—; ¡ojo con la levadura de los *fariseos y con la de Herodes!

¹⁶ Ellos comentaban entre sí: «Lo dice porque no tenemos pan.» ¹⁷ Al darse cuenta de esto, Jesús les dijo:

—¿Por qué están hablando de que no tienen pan? ¿Todavía no ven ni entienden? ¿Tienen la mente embotada? ¹⁸ ¿Es que tienen ojos, pero no ven, y oídos, pero no oyen? ¿Acaso no recuerdan? ¹⁹ Cuando partí los cinco panes para los cinco mil, ¿cuántas canastas llenas de pedazos recogieron?

—Doce —respondieron.

²⁰ Y cuando partí los siete panes para los cuatro mil, ¿cuántas cestas llenas de pedazos recogieron?

—Siete.

²¹ Entonces concluyó:

—¿Y todavía no entienden?

²² Cuando llegaron a Betsaida, algunas personas le llevaron un ciego a Jesús y le rogaron que lo tocara. ²³ Él tomó de la mano al ciego y lo sacó fuera del pueblo. Después de escupirle en los ojos y de poner las manos sobre él, le preguntó:

—¿Puedes ver ahora?

²⁴ El hombre alzó los ojos y dijo:

—Veo gente; parecen árboles que caminan.

²⁵ Entonces le puso de nuevo las manos sobre los ojos, y el ciego fue curado: recobró la vista y comenzó a ver todo con claridad. ²⁶ Jesús lo mandó a su casa con esta advertencia:

—No vayas a entrar en el pueblo.ˣ

Mc ˣ **8:26** *pueblo*. Var. pueblo, ni a decírselo a nadie en el pueblo.

K. Confesión de Pedro
§ 84
Mateo 16:13-20; Marcos 8:27-30; Lucas 9:18-21

Mateo

13 Cuando llegó a la región de Cesarea de Filipo, Jesús preguntó a sus discípulos:

—¿Quién dice la gente que es el Hijo del hombre?

Le respondieron:

14 —Unos dicen que es Juan el Bautista, otros que Elías, y otros que Jeremías o uno de los profetas.

15 —Y ustedes, ¿quién dicen que soy yo?

16 —Tú eres el *Cristo, el Hijo del Dios viviente —afirmó Simón Pedro.

17 —*Dichoso tú, Simón, hijo de Jonás —le dijo Jesús—, porque eso no te lo reveló ningún mortal,[i] sino mi Padre que está en el cielo. 18 Yo te digo que tú eres Pedro,[j] y sobre esta piedra edificaré mi iglesia, y las puertas del reino de la muerte[k] no prevalecerán contra ella. 19 Te daré las llaves del reino de los cielos; todo lo que ates en la tierra quedará atado en el cielo, y todo lo que desates en la tierra quedará desatado en el cielo.

20 Luego les ordenó a sus discípulos que no dijeran a nadie que él era el Cristo.

Marcos

27 Jesús y sus discípulos salieron hacia las aldeas de Cesarea de Filipo. En el camino les preguntó:

—¿Quién dice la gente que soy yo?

28 Unos dicen que Juan el Bautista, otros que Elías, y otros que uno de los profetas —contestaron.

29 Y ustedes, ¿quién dicen que soy yo?

—Tú eres el *Cristo —afirmó Pedro.

30 Jesús les ordenó que no hablaran a nadie acerca de él.

Lucas

18 Un día cuando Jesús estaba orando para sí, estando allí sus discípulos, les preguntó:

—¿Quién dice la gente que soy yo?

19 Unos dicen que Juan el Bautista, otros que Elías, y otros que uno de los antiguos profetas ha resucitado —respondieron.

20 Y ustedes, ¿quién dicen que soy yo?

—El *Cristo de Dios —afirmó Pedro.

21 Jesús les ordenó terminantemente que no dijeran esto a nadie.

Mt i **16:17** *ningún mortal.* Lit. **Carne y sangre.** j **16:18** *Pedro* significa *piedra.* k **16:19** *del reino de la muerte.* Lit. *del *Hades.*

L. Instrucción con respecto a su muerte

§ 85

Mateo 16:21-23; Marcos 8:31-33; Lucas 9:22

Mateo

²¹ Desde entonces comenzó Jesús a advertir a sus discípulos que tenía que ir a Jerusalén y sufrir muchas cosas a manos de los *ancianos, de los jefes de los sacerdotes y de los *maestros de la ley, y que era necesario que lo mataran y que al tercer día resucitara. ²² Pedro lo llevó aparte y comenzó a reprenderlo:

—¡De ninguna manera, Señor! ¡Esto no te sucederá jamás!

²³ Jesús se volvió y le dijo a Pedro:

—¡Aléjate de mí, Satanás! Quieres hacerme *tropezar; no piensas en las cosas de Dios sino en las de los hombres.

Marcos

³¹ Luego comenzó a enseñarles:

—El Hijo del hombre tiene que sufrir muchas cosas y ser rechazado por los *ancianos, por los jefes de los sacerdotes y por los *maestros de la ley. Es necesario que lo maten y que a los tres días resucite.

³² Habló de esto con toda claridad. Pedro lo llevó aparte y comenzó a reprenderlo. ³³ Pero Jesús se dio la vuelta, miró a sus discípulos, y reprendió a Pedro.

—¡Aléjate de mí, Satanás! —le dijo—. Tú no piensas en las cosas de Dios sino en las de los hombres.

Lucas

²² El Hijo del hombre tiene que sufrir muchas cosas y ser rechazado por los *ancianos, los jefes de los sacerdotes y los *maestros de la ley. Es necesario que lo maten y que resucite al tercer día.

M. Instrucción con respecto al discipulado

§ 86

Mateo 16:24-28; Marcos 8:34-9:1; Lucas 9:23-27

Mateo

²⁴ Luego dijo Jesús a sus discípulos:

—Si alguien quiere ser mi discípulo, tiene que negarse a sí mismo, tomar su cruz y seguirme. ²⁵ Porque el que quiera salvar su *vida, la perderá; pero el que pierda su vida por mi causa, la encontrará. ²⁶ ¿De qué

Marcos

³⁴ Entonces llamó a la multitud y a sus discípulos.

—Si alguien quiere ser mi discípulo —les dijo—, que se niegue a sí mismo, lleve su cruz y me siga. ³⁵ Porque el que quiera salvar su *vida, la perderá; pero el que pierda su vida por mi causa y por el *evangelio, la

Lucas

²³ Dirigiéndose a todos, declaró:

—Si alguien quiere ser mi discípulo, que se niegue a sí mismo, lleve su cruz cada día y me siga. ²⁴ Porque el que quiera salvar su *vida, la perderá; pero el que pierda su vida por mi causa, la salvará. ²⁵ ¿De qué le sirve

Mateo (Cont.)

sirve ganar el mundo entero si se pierde la vida? ¿O qué se puede dar a cambio de la vida? [27] Porque el Hijo del hombre ha de venir en la gloria de su Padre con sus ángeles, y entonces recompensará a cada persona según lo que haya hecho. [28] Les aseguro que algunos de los aquí presentes no sufrirán la muerte sin antes haber visto al Hijo del hombre llegar en su reino.

Marcos (Cont.)

salvará. [36] ¿De qué sirve ganar el mundo entero si se pierde la vida? [37] ¿O qué se puede dar a cambio de la vida? [38] Si alguien se avergüenza de mí y de mis palabras en medio de esta generación adúltera y pecadora, también el Hijo del hombre se avergonzará de él cuando venga en la gloria de su Padre con los santos ángeles.

[1] Y añadió:

—Les aseguro que algunos de los aquí presentes no sufrirán la muerte sin antes haber visto el reino de Dios llegar con poder.

Lucas (Cont.)

a uno ganar el mundo entero si se pierde o se destruye a sí mismo? [26] Si alguien se avergüenza de mí y de mis palabras, el Hijo del hombre se avergonzará de él cuando venga en su gloria y en la gloria del Padre y de los santos ángeles. [27] Además, les aseguro que algunos de los aquí presentes no sufrirán la muerte sin antes haber visto el reino de Dios.

N. Revelación del Reino

§ 87

Mateo 17:1-8; Marcos 9:2-8; Lucas 9:28-36

Mateo

[1] Seis días después, Jesús tomó consigo a Pedro, a *Jacobo y a Juan, el hermano de Jacobo, y los llevó aparte, a una montaña alta. [2] Allí se transfiguró en presencia de ellos; su rostro resplandeció como el sol, y su ropa se volvió blanca como la luz. [3] En esto, se les aparecieron Moisés y Elías conversando con Jesús. [4] Pedro le dijo a Jesús:

—Señor, ¡qué bien que estemos aquí! Si quieres, levantaré tres albergues: uno para ti, otro para Moisés y otro para Elías.

Marcos

[2] Seis días después Jesús tomó consigo a Pedro, a *Jacobo y a Juan, y los llevó a una montaña alta, donde estaban solos. Allí se transfiguró en presencia de ellos. [3] Su ropa se volvió de un blanco resplandeciente como nadie en el mundo podría blanquearla. [4] Y se les aparecieron Elías y Moisés, los cuales conversaban con Jesús. Tomando la palabra, [5] Pedro le dijo a Jesús:

—Rabí, ¡qué bien que estemos aquí! Podemos levantar tres albergues: uno para ti, otro para Moisés y otro para Elías.

Lucas

[28] Unos ocho días después de decir esto, Jesús, acompañado de Pedro, Juan y *Jacobo, subió a una montaña a orar. [29] Mientras oraba, su rostro se transformó, y su ropa se tornó blanca y radiante. [30] Y aparecieron dos personajes —Moisés y Elías— que conversaban con Jesús. [31] Tenían un aspecto glorioso, y hablaban de la partida[w] de Jesús, que él estaba por llevar a cabo en Jerusalén. [32] Pedro y sus compañeros estaban rendidos de sueño, pero cuando se despabilaron, vieron su gloria y a los dos personajes que esta-

Mateo (Cont.)

5 Mientras estaba aún hablando, apareció una nube luminosa que los envolvió, de la cual salió una voz que dijo: «Éste es mi Hijo amado; estoy muy complacido con él. ¡Escúchenlo!»

6 Al oír esto, los discípulos se postraron sobre su rostro, aterrorizados. 7 Pero Jesús se acercó a ellos y los tocó.

—Levántense —les dijo—. No tengan miedo.

8 Cuando alzaron la vista, no vieron a nadie más que a Jesús.

Marcos (Cont.)

6 No sabía qué decir, porque todos estaban asustados. 7 Entonces apareció una nube que los envolvió, de la cual salió una voz que dijo: «Éste es mi Hijo amado. ¡Escúchenlo!»

8 De repente, cuando miraron a su alrededor, ya no vieron a nadie más que a Jesús.

Lucas (Cont.)

ban con él. 33 Mientras éstos se apartaban de Jesús, Pedro, sin saber lo que estaba diciendo, propuso:

—Maestro, ¡qué bien que estemos aquí! Podemos levantar tres albergues: uno para ti, otro para Moisés y otro para Elías.

34 Estaba hablando todavía cuando apareció una nube que los envolvió, de modo que se asustaron. 35 Entonces salió de la nube una voz que dijo: «Éste es mi Hijo, mi escogido; escúchenlo.» 36 Después de oírse la voz, Jesús quedó solo. Los discípulos guardaron esto en secreto, y por algún tiempo a nadie contaron nada de lo que habían visto.

Lc ᵂ 9:31 *de la partida.* Lit. *del éxodo*

O. Instrucción con respecto a Elías

§ 88

Mateo 17:9-13; Marcos 9:9-13

Mateo

9 Mientras bajaban de la montaña, Jesús les encargó:

—No le cuenten a nadie lo que han visto hasta que el Hijo del hombre *resucite.

10 Entonces los discípulos le preguntaron a Jesús:

—¿Por qué dicen los *maestros de la ley que Elías tiene que venir primero?

11 Sin duda Elías viene, y restaurará todas las cosas —respondió Jesús—. 12 Pero les digo que Elías ya vino, y no lo reconocieron sino que hicieron con él todo lo que quisieron. De la

Marcos

9 Mientras bajaban de la montaña, Jesús les ordenó que no contaran a nadie lo que habían visto hasta que el Hijo del hombre se *levantara de entre los muertos. 10 Guardaron el secreto, pero discutían entre ellos qué significaría eso de «levantarse de entre los muertos».

11 ¿Por qué dicen los *maestros de la ley que Elías tiene que venir primero? —le preguntaron.

12 Sin duda Elías ha de venir primero para restaurar todas las cosas —respondió Jesús—. Pero entonces, ¿cómo es que está escrito que el Hijo del hombre tiene que sufrir mucho y ser

Mateo (Cont.)

misma manera va a sufrir el Hijo del hombre a manos de ellos.

¹³ Entonces entendieron los discípulos que les estaba hablando de Juan el Bautista.

Marcos (Cont.)

rechazado? ¹³ Pues bien, les digo que Elías ya ha venido, y le hicieron todo lo que quisieron, tal como está escrito de él.

P. Instrucción con respecto a la dependencia

§ 89

Mateo 17:14-21; Marcos 9:14-29; Lucas 9:37-43

Mateo	*Marcos*	*Lucas*
	¹⁴ Cuando llegaron adonde estaban los otros discípulos, vieron que a su alrededor había mucha gente y que los *maestros de la ley discutían con ellos. ¹⁵ Tan pronto como la gente vio a Jesús, todos se sorprendieron y corrieron a saludarlo. ¹⁶ ¿Qué están discutiendo con ellos? —les preguntó.	
¹⁴ Cuando llegaron a la multitud, un hombre se acercó a Jesús y se arrodilló delante de él.	¹⁷ Maestro —respondió un hombre de entre la multitud—, te he traído a mi hijo, pues está poseído por un espíritu que le ha quitado el habla. ¹⁸ Cada vez que se apodera de él, lo derriba. Echa espumarajos, cruje los dientes y se queda rígido. Les pedí a tus discípulos que expulsaran al espíritu, pero no lo lograron.	³⁷ Al día siguiente, cuando bajaron de la montaña, le salió al encuentro mucha gente. ³⁸ Y un hombre de entre la multitud exclamó:
¹⁵ Señor, ten compasión de mi hijo. Le dan ataques y sufre terriblemente. Muchas veces cae en el fuego o en el agua. ¹⁶ Se lo traje a tus discípulos, pero no pudieron sanarlo.		—Maestro, te ruego que atiendas a mi hijo, pues es el único que tengo. ³⁹ Resulta que un espíritu se posesiona de él, y de repente el muchacho se pone a gritar; también lo sacude con violencia y hace que eche espumarajos. Cuando lo atormenta, a duras penas lo suelta. ⁴⁰ Ya le rogué a tus discípulos que lo expulsaran, pero no pudieron.
¹⁷ ¡Ah, generación incrédula y perversa! —respondió Jesús—. ¿Hasta cuándo tendré que estar con ustedes? ¿Hasta cuándo tendré que soportarlos? Tráiganme acá al muchacho.	¹⁹ ¡Ah, generación incrédula! —respondió Jesús—. ¿Hasta cuándo tendré que estar con ustedes? ¿Hasta cuándo tendré que soportarlos? Tráiganme al muchacho.	⁴¹ ¡Ah, generación incrédula y perversa! —respondió Jesús—. ¿Hasta cuándo tendré que estar con ustedes y soportarlos? Trae acá a tu hijo.
¹⁸ Jesús reprendió al demonio, el cual salió del muchacho, y éste quedó sano desde aquel momento.	²⁰ Así que se lo llevaron. Tan pronto como vio a Jesús, el espíritu sacudió de tal modo al muchacho que éste cayó al suelo y comenzó a revolcarse echando espumarajos.	⁴² Estaba acercándose el muchacho cuando el demonio lo derribó con una convulsión. Pero Jesús reprendió al *espíritu
¹⁹ Después los discípulos se acercaron a Jesús y, en privado, le preguntaron: —¿Por qué nosotros no pudimos expulsarlo?	²¹ ¿Cuánto tiempo hace que le pasa esto? —le preguntó Jesús al padre.	

Mateo (Cont.)

20 Porque ustedes tienen tan poca fe —les respondió—. Les aseguro que si tienen fe tan pequeña como un grano de mostaza, podrán decirle a esta montaña: "Trasládate de aquí para allá", y se trasladará. Para ustedes nada será imposible.[l]

Marcos (Cont.)

—Desde que era niño —contestó—. 22 Muchas veces lo ha echado al fuego y al agua para matarlo. Si puedes hacer algo, ten compasión de nosotros y ayúdanos.

23 ¿Cómo que si puedo? Para el que cree, todo es posible.

24 ¡Sí creo! —exclamó de inmediato el padre del muchacho—. ¡Ayúdame en mi poca fe!

25 Al ver Jesús que se agolpaba mucha gente, reprendió al *espíritu maligno.

—Espíritu sordo y mudo —dijo—, te mando que salgas y que jamás vuelvas a entrar en él.

26 El espíritu, dando un alarido y sacudiendo violentamente al muchacho, salió de él. Éste quedó como muerto, tanto que muchos decían: «Ya se murió.»

27 Pero Jesús lo tomó de la mano y lo levantó, y el muchacho se puso de pie.

28 Cuando Jesús entró en casa, sus discípulos le preguntaron en privado:

—¿Por qué nosotros no pudimos expulsarlo?

29 Esta clase de demonios sólo puede ser expulsada a fuerza de oración[z] —respondió Jesús.

Lucas (Cont.)

maligno, sanó al muchacho y se lo devolvió al padre. 43 Y todos se quedaron asombrados de la grandeza de Dios.

En medio de tanta admiración por todo lo que hacía, Jesús dijo a sus discípulos:

Mt [l] 17:20 *imposible*. Var. imposible. 21 Pero esta clase no sale sino con oración y ayuno.
Mc [y] 9:14 *Cuando llegaron ... vieron*. Var. Cuando llegó ... vio. [z] 9:29 *oración*. Var. oración y ayuno.

Q. Instrucción adicional con respecto a su muerte
§ 90
Mateo 17:22-23; Marcos 9:30-32; Lucas 9:43-45

Mateo

22 Estando reunidos en Galilea, Jesús les dijo: «El Hijo del

Marcos

30 Dejaron aquel lugar y pasaron por Galilea. Pero Jesús

Lucas

43 Y todos se quedaron asombrados de la grandeza de Dios.

Mateo (Cont.)
hombre va a ser entregado en manos de los hombres. ²³ Lo matarán, pero al tercer día resucitará.» Y los discípulos se entristecieron mucho.

Marcos (Cont.)
no quería que nadie lo supiera, ³¹ porque estaba instruyendo a sus discípulos. Les decía: «El Hijo del hombre va a ser entregado en manos de los hombres. Lo matarán, y a los tres días de muerto resucitará.»

³² Pero ellos no entendían lo que quería decir con esto, y no se atrevían a preguntárselo.

Lucas (Cont.)
En medio de tanta admiración por todo lo que hacía, Jesús dijo a sus discípulos:

⁴⁴ Presten mucha atención a lo que les voy a decir: El Hijo del hombre va a ser entregado en manos de los hombres.

⁴⁵ Pero ellos no entendían lo que quería decir con esto. Les estaba encubierto para que no lo comprendieran, y no se atrevían a preguntárselo.

R. Instrucción con respecto a la condición de hijo
§ 91
Mateo 17:24-27

²⁴ Cuando Jesús y sus discípulos llegaron a Capernaúm, los que cobraban el impuesto del *templo^m se acercaron a Pedro y le preguntaron:

—¿Su maestro no paga el impuesto del templo?

²⁵ Sí, lo paga —respondió Pedro.

Al entrar Pedro en la casa, se adelantó Jesús a preguntarle:

—¿Tú qué opinas, Simón? Los reyes de la tierra, ¿a quiénes cobran tributos e impuestos: a los suyos o a los demás?

²⁶ A los demás —contestó Pedro.

—Entonces los suyos están exentos —le dijo Jesús—. ²⁷ Pero, para no *escandalizar a esta gente, vete al lago y echa el anzuelo. Saca el primer pez que pique; ábrele la boca y encontrarás una moneda.^n Tómala y dásela a ellos por mi impuesto y por el tuyo.

Mt   ^m **17:24** *el impuesto del templo.* Lit. las dos **dracmas.   ^n **17:27** *una moneda.* Lit. un estatero (moneda que equivale a cuatro **dracmas).

S. Instrucción con respecto a la humildad
§ 92
Mateo 18:1-5; Marcos 9:33-37; Lucas 9:46-48

Mateo
¹ En ese momento los discípulos se acercaron a Jesús y le preguntaron:

—¿Quién es el más importante en el reino de los cielos?

Marcos
³³ Llegaron a Capernaúm. Cuando ya estaba en casa, Jesús les preguntó:

—¿Qué venían discutiendo por el camino?

Lucas
⁴⁶ Surgió entre los discípulos una discusión sobre quién de ellos sería el más importante. ⁴⁷ Como Jesús sabía bien lo que

Mateo (Cont.)

² Él llamó a un niño y lo puso en medio de ellos. ³ Entonces dijo:

—Les aseguro que a menos que ustedes cambien y se vuelvan como niños, no entrarán en el reino de los cielos. ⁴ Por tanto, el que se humilla como este niño será el más grande en el reino de los cielos.

⁵ »Y el que recibe en mi nombre a un niño como éste, me recibe a mí.

Marcos (Cont.)

³⁴ Pero ellos se quedaron callados, porque en el camino habían discutido entre sí quién era el más importante.

³⁵ Entonces Jesús se sentó, llamó a los doce y les dijo:

—Si alguno quiere ser el primero, que sea el último de todos y el servidor de todos.

³⁶ Luego tomó a un niño y lo puso en medio de ellos. Abrazándolo, les dijo:

³⁷ El que recibe en mi nombre a uno de estos niños, me recibe a mí; y el que me recibe a mí, no me recibe a mí sino al que me envió.

Lucas (Cont.)

pensaban, tomó a un niño y lo puso a su lado.

⁴⁸ El que recibe en mi nombre a este niño —les dijo—, me recibe a mí; y el que me recibe a mí, recibe al que me envió. El que es más insignificante entre todos ustedes, ése es el más importante.

T. Instrucción con respecto al orgullo

§ 93

Mateo 18:6-14; Marcos 9:38-50; Lucas 9:49-50

Mateo

Marcos

³⁸ Maestro —dijo Juan—, vimos a uno que expulsaba demonios en tu nombre y se lo impedimos porque no es de los nuestros.[a]

³⁹ No se lo impidan —replicó Jesús—. Nadie que haga un milagro en mi nombre puede a la vez hablar mal de mí. ⁴⁰ El que no está contra nosotros está a favor de nosotros. ⁴¹ Les aseguro que cualquiera que les dé un vaso de agua en mi nombre por ser ustedes de *Cristo no perderá su recompensa.

⁴² »Pero si alguien hace *pecar a uno de estos pequeños que creen en mí, más le valdría que le ataran al cuello una piedra de molino y lo arrojaran al mar. ⁴³ Si tu mano te hace pecar, córtatela. Más te vale entrar

Lucas

⁴⁹ Maestro —intervino Juan—, vimos a un hombre que expulsaba demonios en tu nombre; pero como no anda con nosotros, tratamos de impedírselo.

⁵⁰ No se lo impidan —les replicó Jesús—, porque el que no está contra ustedes está a favor de ustedes.

⁶ Pero si alguien hace *pecar a uno de estos pequeños que creen en mí, más le valdría que le colgaran al cuello una gran piedra de molino y lo hundieran en lo profundo del mar.

Mateo (Cont.)

7 »¡Ay del mundo por las cosas que hacen pecar a la gente! Inevitable es que sucedan, pero ¡ay del que hace pecar a los demás! 8 Si tu mano o tu pie te hace pecar, córtatelo y arrójalo. Más te vale entrar en la vida manco o cojo que ser arrojado al fuego eterno con tus dos manos y tus dos pies. 9 Y si tu ojo te hace pecar, sácatelo y arrójalo. Más te vale entrar tuerto en la vida que con dos ojos ser arrojado al fuego del infierno.[ñ]

10 »Miren que no menosprecien a uno de estos pequeños. Porque les digo que en el cielo los ángeles de ellos contemplan siempre el rostro de mi Padre celestial.[o]

12 »¿Qué les parece? Si un hombre tiene cien ovejas y se le extravía una de ellas, ¿no dejará las noventa y nueve en las colinas para ir en busca de la extraviada? 13 Y si llega a encontrarla, les aseguro que se pondrá más feliz por esa sola oveja que por las noventa y nueve que no se extraviaron. 14 Así también, el Padre de ustedes que está en el cielo no quiere que se pierda ninguno de estos pequeños.

Marcos (Cont.)

en la vida manco, que ir con las dos manos al infierno,[b] donde el fuego nunca se apaga.[c] 45 Y si tu pie te hace pecar, córtatelo. Más te vale entrar en la vida cojo, que ser arrojado con los dos pies al infierno.[d] 47 Y si tu ojo te hace pecar, sácatelo. Más te vale entrar tuerto en el reino de Dios, que ser arrojado con los dos ojos al infierno, 48 donde

» "su gusano no muere,
      y el fuego no se apaga".[e]

49 La sal con que todos serán sazonados es el fuego.

50 »La sal es buena, pero si deja de ser salada, ¿cómo le pueden volver a dar sabor? Que no falte la sal entre ustedes, para que puedan vivir en paz unos con otros.

Mt [ñ] **18:9** *al fuego del infierno*. Lit. a la **Gehenna del fuego.   [o] **18:10** *celestial*. Var. celestial. 11 El Hijo del hombre vino a salvar lo que se había perdido.

Mc [a] **9:38** *no es de los nuestros*. Lit. no nos sigue.   [b] **9:43** *al infierno*. Lit. a la **Gehenna; también en vv. 45 y 47.   [c] **9:43** *apaga*. Var. apaga, 44 donde "su gusano no muere, y el fuego no se apaga".   [d] **9:45** *infierno*. Var. infierno, 46 donde "su gusano no muere, y el fuego no se apaga".   [e] **9:48** Is 66:24

U. Instrucción con respecto al perdón
§ 94
Mateo 18:15-35

15 »Si tu hermano peca contra ti,[p] ve a solas con él y hazle ver su falta. Si te hace caso, has ganado a tu hermano. 16 Pero si no, lleva contigo a uno o dos más, para que "todo asunto se resuelva

mediante el testimonio de dos o tres testigos".*q* *17* Si se niega a hacerles caso a ellos, díselo a la iglesia; y si incluso a la iglesia no le hace caso, trátalo como si fuera un incrédulo o un renegado.*r*

18 »Les aseguro que todo lo que ustedes aten en la tierra quedará atado en el cielo, y todo lo que desaten en la tierra quedará desatado en el cielo.

19 »Además les digo que si dos de ustedes en la tierra se ponen de acuerdo sobre cualquier cosa que pidan, les será concedida por mi Padre que está en el cielo. *20* Porque donde dos o tres se reúnen en mi nombre, allí estoy yo en medio de ellos.

21 Pedro se acercó a Jesús y le preguntó:

—Señor, ¿cuántas veces tengo que perdonar a mi hermano que peca contra mí? ¿Hasta siete veces?

22 No te digo que hasta siete veces, sino hasta setenta y siete veces*s* —le contestó Jesús—.

23 »Por eso el reino de los cielos se parece a un rey que quiso ajustar cuentas con sus *siervos. *24* Al comenzar a hacerlo, se le presentó uno que le debía miles y miles de monedas de oro.*t* *25* Como él no tenía con qué pagar, el señor mandó que lo vendieran a él, a su esposa y a sus hijos, y todo lo que tenía, para así saldar la deuda. *26* El siervo se postró delante de él. "Tenga paciencia conmigo —le rogó—, y se lo pagaré todo." *27* El señor se compadeció de su siervo, le perdonó la deuda y lo dejó en libertad.

28 »Al salir, aquel siervo se encontró con uno de sus compañeros que le debía cien monedas de plata.*u* Lo agarró por el cuello y comenzó a estrangularlo. "¡Págame lo que me debes!", le exigió. *29* Su compañero se postró delante de él. "Ten paciencia conmigo —le rogó—, y te lo pagaré." *30* Pero él se negó. Más bien fue y lo hizo meter en la cárcel hasta que pagara la deuda. *31* Cuando los demás siervos vieron lo ocurrido, se entristecieron mucho y fueron a contarle a su señor todo lo que había sucedido. *32* Entonces el señor mandó llamar al siervo. "¡Siervo malvado! —le increpó—. Te perdoné toda aquella deuda porque me lo suplicaste. *33* ¿No debías tú también haberte compadecido de tu compañero, así como yo me compadecí de ti?" *34* Y enojado, su señor lo entregó a los carceleros para que lo torturaran hasta que pagara todo lo que debía.

35 »Así también mi Padre celestial los tratará a ustedes, a menos que cada uno perdone de corazón a su hermano.

Mt   *P* **18:15** *peca contra ti.* Var. peca.   *q* **18:16** Dt 19:15   *r* **18:17** *un incrédulo o un renegado.* Lit. un **gentil o un **recaudador de impuestos.   *s* **18:22** *setenta y siete veces.* Alt. setenta veces siete.   *t* **18:24** *miles y miles de monedas de oro.* Lit. una miríada de **talentos.   *u* **18:28** *monedas de plata.* Lit. **denarios.

V. Instrucción con respecto al discipulado

§ 95

Mateo 8:19-22; Lucas 9:57-62

Mateo	*Lucas*
19 Se le acercó un *maestro de la ley y le dijo: —Maestro, te seguiré a dondequiera que vayas. *20* Las zorras tienen madrigueras y las aves tienen nidos —le respondió Jesús—, pero el Hijo del hombre no tiene dónde recostar la cabeza. *21* Otro discípulo le pidió:	*57* Iban por el camino cuando alguien le dijo: —Te seguiré a dondequiera que vayas. *58* Las zorras tienen madrigueras y las aves tienen nidos —le respondió Jesús—, pero el Hijo del hombre no tiene dónde recostar la cabeza. *59* A otro le dijo: —Sígueme.

Mateo (Cont.)

—Señor, primero déjame ir a enterrar a mi padre.

[22] Sígueme —le replicó Jesús—, y deja que los muertos entierren a sus muertos.

Lucas (Cont.)

—Señor —le contestó—, primero déjame ir a enterrar a mi padre.

[60] Deja que los muertos entierren a sus propios muertos, pero tú ve y proclama el reino de Dios —le replicó Jesús.

[61] Otro afirmó:

—Te seguiré, Señor; pero primero déjame despedirme de mi familia.

[62] Jesús le respondió:

—Nadie que mire atrás después de poner la mano en el arado es apto para el reino de Dios.

W. Es desafiado por sus hermanos

§ 96

Juan 7:2-9

[2] Faltaba poco tiempo para la fiesta judía de los Tabernáculos,[g] [3] así que los hermanos de Jesús le dijeron:

—Deberías salir de aquí e ir a Judea, para que tus discípulos vean las obras que realizas, [4] porque nadie que quiera darse a conocer actúa en secreto. Ya que haces estas cosas, deja que el mundo te conozca.

[5] Lo cierto es que ni siquiera sus hermanos creían en él. [6] Por eso Jesús les dijo:

—Para ustedes cualquier tiempo es bueno, pero el tiempo mío aún no ha llegado. [7] El mundo no tiene motivos para aborrecerlos; a mí, sin embargo, me aborrece porque yo testifico que sus obras son malas. [8] Suban ustedes a la fiesta. Yo no voy todavía[h] a esta fiesta porque mi tiempo aún no ha llegado.

[9] Dicho esto, se quedó en Galilea.

Jn [g] **7:2** *los Tabernáculos.* Alt. las **Enramadas. [h] **7:8** Var. no incluye: *todavía.*

X. Viaje a Jerusalén

§ 97

Lucas 9:51-56; Juan 7:10

Lucas

[51] Como se acercaba el tiempo de que fuera llevado al cielo, Jesús se hizo el firme propósito de ir a Jerusalén. [52] Envió por delante mensajeros, que entraron en un pueblo samaritano para prepararle alojamiento; [53] pero allí la gente no quiso recibirlo porque se dirigía a Jerusalén.

Juan

[10] Sin embargo, después de que sus hermanos se fueron a la fiesta, fue también él, no públicamente sino en secreto.

Lucas (Cont.)

⁵⁴ Cuando los discípulos *Jacobo y Juan vieron esto, le preguntaron:

—Señor, ¿quieres que hagamos caer fuego del cielo para^xque los destruya?

⁵⁵ Pero Jesús se volvió a ellos y los reprendió.
⁵⁶ Luego^y siguieron la jornada a otra aldea.

Lc   ^x **9:54** *cielo para*. Var. cielo, como hizo Elías, para.   ^x **9:55,56** *reprendió*. 56 Luego. Var. reprendió. / —Ustedes no saben de qué espíritu son —les dijo—, 56 porque el Hijo del Hombre no vino para destruir la vida de las personas sino para salvarla. / Luego.

V. Oposición contra el Rey §§ 98-119

A. Conflicto en la fiesta de los tabernáculos
§ 98
Juan 7:11-52

1. La autoridad de Cristo es cuestionada
Juan 7:11-15

11 Por eso las autoridades judías lo buscaban durante la fiesta, y decían: «¿Dónde se habrá metido?»

12 Entre la multitud corrían muchos rumores acerca de él. Unos decían: «Es una buena persona.» Otros alegaban: «No, lo que pasa es que engaña a la gente.» **13** Sin embargo, por temor a los judíos nadie hablaba de él abiertamente.

14 Jesús esperó hasta la mitad de la fiesta para subir al *templo y comenzar a enseñar. **15** Los judíos se admiraban y decían: «¿De dónde sacó éste tantos conocimientos sin haber estudiado?»

2. Explicación de Cristo
Juan 7:16-24

16 Mi enseñanza no es mía —replicó Jesús— sino del que me envió. **17** El que esté dispuesto a hacer la voluntad de Dios reconocerá si mi enseñanza proviene de Dios o si yo hablo por mi propia cuenta. **18** El que habla por cuenta propia busca su vanagloria; en cambio, el que busca glorificar al que lo envió es una persona íntegra y sin doblez. **19** ¿No les ha dado Moisés la ley a ustedes? Sin embargo, ninguno de ustedes la cumple. ¿Por qué tratan entonces de matarme?

20 Estás endemoniado —contestó la multitud—. ¿Quién quiere matarte?

21 Hice un milagro y todos ustedes han quedado asombrados. **22** Por eso Moisés les dio la circuncisión, que en realidad no proviene de Moisés sino de los patriarcas, y aun en *sábado la practican.

23 Ahora bien, si para cumplir la ley de Moisés circuncidan a un varón incluso en sábado, ¿por qué se enfurecen conmigo si en sábado lo sano por completo? 24 No juzguen por las apariencias; juzguen con justicia.

3. La persona de Cristo es cuestionada
Juan 7:25-27

25 Algunos de los que vivían en Jerusalén comentaban: «¿No es éste al que quieren matar? 26 Ahí está, hablando abiertamente, y nadie le dice nada. ¿Será que las autoridades se han convencido de que es el *Cristo? 27 Nosotros sabemos de dónde viene este hombre, pero cuando venga el Cristo nadie sabrá su procedencia.»

4. Explicación de Cristo
Juan 7:28-30

28 Por eso Jesús, que seguía enseñando en el *templo, exclamó:
—¡Con que ustedes me conocen y saben de dónde vengo! No he venido por mi propia cuenta, sino que me envió uno que es digno de confianza. Ustedes no lo conocen, 29 pero yo sí lo conozco porque vengo de parte suya, y él mismo me ha enviado.
30 Entonces quisieron arrestarlo, pero nadie le echó mano porque aún no había llegado su hora.

5. Respuesta
Juan 7:31-36

31 Con todo, muchos de entre la multitud creyeron en él y decían: «Cuando venga el Cristo, ¿acaso va a hacer más señales que este hombre?»
32 Los *fariseos oyeron a la multitud que murmuraba estas cosas acerca de él, y junto con los jefes de los sacerdotes mandaron unos guardias del templo para arrestarlo.
33 Voy a estar con ustedes un poco más de tiempo —afirmó Jesús—, y luego volveré al que me envió. 34 Me buscarán, pero no me encontrarán, porque adonde yo esté no podrán ustedes llegar.
35 «¿Y éste a dónde piensa irse que no podamos encontrarlo? —comentaban entre sí los judíos—. ¿Será que piensa ir a nuestra gente dispersa entre las naciones,[i] para enseñar a los *griegos? 36 ¿Qué quiso decir con eso de que "me buscarán, pero no me encontrarán", y "adonde yo esté no podrán ustedes llegar"?»

Jn [i] 7:35 nuestra ... naciones. Lit. la diáspora de los griegos.

6. Invitación de Cristo
Juan 7:37-52

37 En el último día, el más solemne de la fiesta, Jesús se puso de pie y exclamó:

—¡Si alguno tiene sed, que venga a mí y beba! [38] De aquel que cree en mí, como dice[j] la Escritura, brotarán ríos de agua viva.

[39] Con esto se refería al Espíritu que habrían de recibir más tarde los que creyeran en él. Hasta ese momento el Espíritu no había sido dado, porque Jesús no había sido glorificado todavía.

[40] Al oír sus palabras, algunos de entre la multitud decían: «Verdaderamente éste es el profeta.» [41] Otros afirmaban: «¡Es el *Cristo!» Pero otros objetaban: «¿Cómo puede el Cristo venir de Galilea? [42] ¿Acaso no dice la Escritura que el Cristo vendrá de la descendencia de David, y de Belén, el pueblo de donde era David?» [43] Por causa de Jesús la gente estaba dividida. [44] Algunos querían arrestarlo, pero nadie le puso las manos encima.

[45] Los guardias del *templo volvieron a los jefes de los sacerdotes y a los *fariseos, quienes los interrogaron:

—¿Se puede saber por qué no lo han traído?

[46] ¡Nunca nadie ha hablado como ese hombre! —declararon los guardias.

[47] ¿Así que también ustedes se han dejado engañar? —replicaron los fariseos—. [48] ¿Acaso ha creído en él alguno de los gobernantes o de los fariseos? [49] ¡No! Pero esta gente, que no sabe nada de la ley, está bajo maldición.

[50] Nicodemo, que era uno de ellos y que antes había ido a ver a Jesús, les interpeló:

[51] ¿Acaso nuestra ley condena a un hombre sin antes escucharlo y averiguar lo que hace?

[52] ¿No eres tú también de Galilea? —protestaron—. Investiga y verás que de Galilea no ha salido ningún profeta.[k]

Jn　[j] 7:37-38 *que venga ... como dice.* Alt. que venga a mí! ¡Y que beba 38 el que cree en mí! De él, como dice.　[k] 7:52 Los mss. más antiguos y otros testimonios de la antigüedad no incluyen Jn 7:53—8:11. En algunos códices y versiones que contienen el relato de la adúltera, esta sección aparece en diferentes lugares; por ejemplo, después de 7:44, o al final de este evangelio, o después de Lc 21:38.

B. Conflicto con respecto a la ley

§　99

Juan 7:53-8:1-11

[53] Entonces todos se fueron a casa.

[1] Pero Jesús se fue al monte de los Olivos. [2] Al amanecer se presentó de nuevo en el *templo. Toda la gente se le acercó, y él se sentó a enseñarles. [3] Los *maestros de la ley y los *fariseos llevaron entonces a una mujer sorprendida en adulterio, y poniéndola en medio del grupo [4] le dijeron a Jesús:

—Maestro, a esta mujer se le ha sorprendido en el acto mismo de adulterio. [5] En la ley Moisés nos ordenó apedrear a tales mujeres. ¿Tú qué dices?

[6] Con esta pregunta le estaban tendiendo una *trampa, para tener de qué acusarlo. Pero Jesús se inclinó y con el dedo comenzó a escribir en el suelo. [7] Y como ellos lo acosaban a preguntas, Jesús se incorporó y les dijo:

—Aquel de ustedes que esté libre de pecado, que tire la primera piedra.

[8] E inclinándose de nuevo, siguió escribiendo en el suelo. [9] Al oír esto, se fueron retirando uno tras otro, comenzando por los más viejos, hasta dejar a Jesús solo con la mujer, que aún seguía allí. [10] Entonces él se incorporó y le preguntó:

—Mujer, ¿dónde están?[l] ¿Ya nadie te condena?

[11] Nadie, Señor.

—Tampoco yo te condeno. Ahora vete, y no vuelvas a pecar.

Jn　[l] 8:10 *¿dónde están?* Var. ¿dónde están los que te acusaban?

C. Conflicto con respecto a la luz

§ 100

Juan 8:12-20

[12] Una vez más Jesús se dirigió a la gente, y les dijo:

—Yo soy la luz del mundo. El que me sigue no andará en tinieblas, sino que tendrá la luz de la vida.

[13] Tú te presentas como tu propio testigo —alegaron los *fariseos—, así que tu testimonio no es válido.

[14] Aunque yo sea mi propio testigo —repuso Jesús—, mi testimonio es válido, porque sé de dónde he venido y a dónde voy. Pero ustedes no saben de dónde vengo ni a dónde voy. [15] Ustedes juzgan según criterios *humanos; yo, en cambio, no juzgo a nadie. [16] Y si lo hago, mis juicios son válidos porque no los emito por mi cuenta sino en unión con el Padre que me envió. [17] En la ley de ustedes está escrito que el testimonio de dos personas es válido. [18] Uno de mis testigos soy yo mismo, y el Padre que me envió también da testimonio de mí.

[19] ¿Dónde está tu padre?

—Si supieran quién soy yo, sabrían también quién es mi Padre.

[20] Estas palabras las dijo Jesús en el lugar donde se depositaban las ofrendas, mientras enseñaba en el *templo. Pero nadie le echó mano porque aún no había llegado su tiempo.

D. Conflicto con respecto a su persona

§ 101

Juan 8:21-59

[21] De nuevo Jesús les dijo:

—Yo me voy, y ustedes me buscarán, pero en su pecado morirán. Adonde yo voy, ustedes no pueden ir.

[22] Comentaban, por tanto, los judíos: «¿Acaso piensa suicidarse? ¿Será por eso que dice: "Adonde yo voy, ustedes no pueden ir"?»

[23] Ustedes son de aquí abajo —continuó Jesús—; yo soy de allá arriba. Ustedes son de este mundo; yo no soy de este mundo. [24] Por eso les he dicho que morirán en sus pecados, pues si no creen que yo soy el que afirmo ser,[m] en sus pecados morirán.

[25] ¿Quién eres tú? —le preguntaron.

—En primer lugar, ¿qué tengo que explicarles?[n] —contestó Jesús—. [26] Son muchas las cosas que tengo que decir y juzgar de ustedes. Pero el que me envió es veraz, y lo que le he oído decir es lo mismo que le repito al mundo.

[27] Ellos no entendieron que les hablaba de su Padre. [28] Por eso Jesús añadió:

—Cuando hayan levantado al Hijo del hombre, sabrán ustedes que yo soy, y que no hago nada por mi propia cuenta, sino que hablo conforme a lo que el Padre me ha enseñado. [29] El que me envió está conmigo; no me ha dejado solo, porque siempre hago lo que le agrada.

[30] Mientras aún hablaba, muchos creyeron en él.

[31] Jesús se dirigió entonces a los judíos que habían creído en él, y les dijo:

—Si se mantienen fieles a mis enseñanzas, serán realmente mis discípulos; [32] y conocerán la verdad, y la verdad los hará libres.

33 Nosotros somos descendientes de Abraham —le contestaron—, y nunca hemos sido esclavos de nadie. ¿Cómo puedes decir que seremos liberados?

34 Ciertamente les aseguro que todo el que peca es esclavo del pecado —respondió Jesús—. **35** Ahora bien, el esclavo no se queda para siempre en la familia; pero el hijo sí se queda en ella para siempre. **36** Así que si el Hijo los libera, serán ustedes verdaderamente libres. **37** Yo sé que ustedes son descendientes de Abraham. Sin embargo, procuran matarme porque no está en sus planes aceptar mi palabra. **38** Yo hablo de lo que he visto en presencia del Padre; así también ustedes, hagan lo que del Padre han escuchado.

39 Nuestro padre es Abraham —replicaron.

—Si fueran hijos de Abraham, harían lo mismo que él hizo. **40** Ustedes, en cambio, quieren matarme, ¡a mí, que les he expuesto la verdad que he recibido de parte de Dios! Abraham jamás haría tal cosa. **41** Las obras de ustedes son como las de su padre.

—Nosotros no somos hijos nacidos de prostitución —le reclamaron—. Un solo Padre tenemos, y es Dios mismo.

42 Si Dios fuera su Padre —les contestó Jesús—, ustedes me amarían, porque yo he venido de Dios y aquí me tienen. No he venido por mi propia cuenta, sino que él me envió. **43** ¿Por qué no entienden mi modo de hablar? Porque no pueden aceptar mi palabra. **44** Ustedes son de su padre, el diablo, cuyos deseos quieren cumplir. Desde el principio éste ha sido un asesino, y no se mantiene en la verdad, porque no hay verdad en él. Cuando miente, expresa su propia naturaleza, porque es un mentiroso. ¡Es el padre de la mentira! **45** Y sin embargo a mí, que les digo la verdad, no me creen. **46** ¿Quién de ustedes me puede probar que soy culpable de pecado? Si digo la verdad, ¿por qué no me creen? **47** El que es de Dios escucha lo que Dios dice. Pero ustedes no escuchan, porque no son de Dios.

48 ¿No tenemos razón al decir que eres un samaritano, y que estás endemoniado? —replicaron los judíos.

49 No estoy poseído por ningún demonio —contestó Jesús—. Tan sólo honro a mi Padre; pero ustedes me deshonran a mí. **50** Yo no busco mi propia gloria; pero hay uno que la busca, y él es el juez. **51** Ciertamente les aseguro que el que cumple mi palabra, nunca morirá.

52 ¡Ahora estamos convencidos de que estás endemoniado! —exclamaron los judíos—. Abraham murió, y también los profetas, pero tú sales diciendo que si alguno guarda tu palabra, nunca morirá. **53** ¿Acaso eres tú mayor que nuestro padre Abraham? Él murió, y también murieron los profetas. ¿Quién te crees tú?

54 Si yo me glorifico a mí mismo —les respondió Jesús—, mi gloria no significa nada. Pero quien me glorifica es mi Padre, el que ustedes dicen que es su Dios, **55** aunque no lo conocen. Yo, en cambio, sí lo conozco. Si dijera que no lo conozco, sería tan mentiroso como ustedes; pero lo conozco y cumplo su palabra. **56** Abraham, el padre de ustedes, se regocijó al pensar que vería mi día; y lo vio y se alegró.

57 Ni a los cincuenta años llegas —le dijeron los judíos—, ¿y has visto a Abraham?

58 Ciertamente les aseguro que, antes de que Abraham naciera, ¡yo soy!

59 Entonces los judíos tomaron piedras para arrojárselas, pero Jesús se escondió y salió inadvertido del templo.[ñ]

Jn [m] **8:24** *el que afirmo ser.* Alt. aquél; también en v. 28.   [n] **8:25** *En primer ... explicarles?* Alt. Lo que desde el principio he venido diciéndoles.   [ñ] **8:59** *templo.* Var. templo atravesando por en medio de ellos, y así se fue.

E. Conflicto con respecto a la sanación del ciego

§ *102*

Juan 9:1-41

[1] A su paso, Jesús vio a un hombre que era ciego de nacimiento. [2] Y sus discípulos le preguntaron:

—Rabí, para que este hombre haya nacido ciego, ¿quién pecó, él o sus padres?

[3] Ni él pecó, ni sus padres —respondió Jesús—, sino que esto sucedió para que la obra de Dios se hiciera evidente en su vida. [4] Mientras sea de día, tenemos que llevar a cabo la obra del que me envió. Viene la noche cuando nadie puede trabajar. [5] Mientras esté yo en el mundo, luz soy del mundo.

[6] Dicho esto, escupió en el suelo, hizo barro con la saliva y se lo untó en los ojos al ciego, diciéndole:

[7] Ve y lávate en el estanque de Siloé (que significa: Enviado).

El ciego fue y se lavó, y al volver ya veía.

[8] Sus vecinos y los que lo habían visto pedir limosna decían: «¿No es éste el que se sienta a mendigar?» [9] Unos aseguraban: «Sí, es él.» Otros decían: «No es él, sino que se le parece.» Pero él insistía: «Soy yo.»

[10] ¿Cómo entonces se te han abierto los ojos? —le preguntaron.

[11] Ese hombre que se llama Jesús hizo un poco de barro, me lo untó en los ojos y me dijo: "Ve y lávate en Siloé." Así que fui, me lavé, y entonces pude ver.

[12] ¿Y dónde está ese hombre? —le preguntaron.

—No lo sé —respondió.

[13] Llevaron ante los *fariseos al que había sido ciego. [14] Era *sábado cuando Jesús hizo el barro y le abrió los ojos al ciego. [15] Por eso los fariseos, a su vez, le preguntaron cómo había recibido la vista.

—Me untó barro en los ojos, me lavé, y ahora veo —respondió.

[16] Algunos de los fariseos comentaban: «Ese hombre no viene de parte de Dios, porque no respeta el sábado.» Otros objetaban: «¿Cómo puede un pecador hacer semejantes señales?» Y había desacuerdo entre ellos.

[17] Por eso interrogaron de nuevo al ciego:

—¿Y qué opinas tú de él? Fue a ti a quien te abrió los ojos.

—Yo digo que es profeta —contestó.

[18] Pero los judíos no creían que el hombre hubiera sido ciego y que ahora viera, y hasta llamaron a sus padres [19] y les preguntaron:

—¿Es éste su hijo, el que dicen ustedes que nació ciego? ¿Cómo es que ahora puede ver?

[20] Sabemos que éste es nuestro hijo —contestaron los padres—, y sabemos también que nació ciego. [21] Lo que no sabemos es cómo ahora puede ver, ni quién le abrió los ojos. Pregúntenselo a él, que ya es mayor de edad y puede responder por sí mismo.

[22] Sus padres contestaron así por miedo a los judíos, pues ya éstos habían convenido que se expulsara de la sinagoga a todo el que reconociera que Jesús era el *Cristo. [23] Por eso dijeron sus padres: «Pregúntenselo a él, que ya es mayor de edad.»

[24] Por segunda vez llamaron los judíos al que había sido ciego, y le dijeron:

—Júralo por Dios.⁰ A nosotros nos consta que ese hombre es *pecador.

[25] Si es pecador, no lo sé —respondió el hombre—. Lo único que sé es que yo era ciego y ahora veo.

[26] Pero ellos le insistieron:

—¿Qué te hizo? ¿Cómo te abrió los ojos?

[27] Ya les dije y no me hicieron caso. ¿Por qué quieren oírlo de nuevo? ¿Es que también ustedes quieren hacerse sus discípulos?

²⁸ Entonces lo insultaron y le dijeron:

—¡Discípulo de ése lo serás tú! ¡Nosotros somos discípulos de Moisés! ²⁹ Y sabemos que a Moisés le habló Dios; pero de éste no sabemos ni de dónde salió.

³⁰ ¡Allí está lo sorprendente! —respondió el hombre—: que ustedes no sepan de dónde salió, y que a mí me haya abierto los ojos. ³¹ Sabemos que Dios no escucha a los pecadores, pero sí a los piadosos y a quienes hacen su voluntad. ³² Jamás se ha sabido que alguien le haya abierto los ojos a uno que nació ciego. ³³ Si este hombre no viniera de parte de Dios, no podría hacer nada.

³⁴ Ellos replicaron:

—Tú, que naciste sumido en pecado, ¿vas a darnos lecciones?

Y lo expulsaron.

³⁵ Jesús se enteró de que habían expulsado a aquel hombre, y al encontrarlo le preguntó:

—¿Crees en el Hijo del hombre?

³⁶ ¿Quién es, Señor? Dímelo, para que crea en él.

³⁷ Pues ya lo has visto —le contestó Jesús—; es el que está hablando contigo.

³⁸ Creo, Señor —declaró el hombre.

Y, postrándose, lo adoró.

³⁹ Entonces Jesús dijo:

—Yo he venido a este mundo para juzgarlo, para que los ciegos vean, y los que ven se queden ciegos.

⁴⁰ Algunos fariseos que estaban con él, al oírlo hablar así, le preguntaron:

—¿Qué? ¿Acaso también nosotros somos ciegos?

⁴¹ Jesús les contestó:

—Si fueran ciegos, no serían culpables de pecado, pero como afirman que ven, su pecado permanece.

Jn ⁰ 9:24 *Júralo por Dios*. Lit. Da gloria a Dios; véase Jos 7:19.

F. Conflicto con respecto al pastor de ovejas
§ *103*
Juan 10:1-21

¹ »Ciertamente les aseguro que el que no entra por la puerta al redil de las ovejas, sino que trepa y se mete por otro lado, es un ladrón y un bandido. ² El que entra por la puerta es el pastor de las ovejas. ³ El portero le abre la puerta, y las ovejas oyen su voz. Llama por nombre a las ovejas y las saca del redil. ⁴ Cuando ya ha sacado a todas las que son suyas, va delante de ellas, y las ovejas lo siguen porque reconocen su voz. ⁵ Pero a un desconocido jamás lo siguen; más bien, huyen de él porque no reconocen voces extrañas.

⁶ Jesús les puso este ejemplo, pero ellos no captaron el sentido de sus palabras. ⁷ Por eso volvió a decirles: «Ciertamente les aseguro que yo soy la puerta de las ovejas. ⁸ Todos los que vinieron antes de mí eran unos ladrones y unos bandidos, pero las ovejas no les hicieron caso. ⁹ Yo soy la puerta; el que entre por esta puerta, que soy yo, será salvo.ᵖ Se moverá con entera libertad,ᵍ y hallará pastos. ¹⁰ El ladrón no viene más que a robar, matar y destruir; yo he venido para que tengan vida, y la tengan en abundancia.

¹¹ »Yo soy el buen pastor. El buen pastor da su *vida por las ovejas. ¹² El asalariado no es el pastor, y a él no le pertenecen las ovejas. Cuando ve que el lobo se acerca, abandona las ovejas y huye; entonces el lobo ataca al rebaño y lo dispersa. ¹³ Y ese hombre huye porque, siendo asalariado, no le importan las ovejas.

¹⁴ »Yo soy el buen pastor; conozco a mis ovejas, y ellas me conocen a mí, ¹⁵ así como el Padre me conoce a mí y yo lo conozco a él, y doy mi vida por las ovejas. ¹⁶ Tengo otras ovejas que no son de este redil, y también a ellas debo traerlas. Así ellas escucharán mi voz, y habrá un solo rebaño y un solo pastor. ¹⁷ Por eso me ama el Padre: porque entrego mi vida para volver a recibirla. ¹⁸ Nadie me la arrebata, sino que yo la entrego por mi propia voluntad. Tengo autoridad para entregarla, y tengo también autoridad para volver a recibirla. Éste es el mandamiento que recibí de mi Padre.»

¹⁹ De nuevo las palabras de Jesús fueron motivo de disensión entre los judíos. ²⁰ Muchos de ellos decían: «Está endemoniado y loco de remate. ¿Para qué hacerle caso?» ²¹ Pero otros opinaban: «Estas palabras no son de un endemoniado. ¿Puede acaso un demonio abrirles los ojos a los ciegos?»

Jn P **10:9** *será salvo.* Alt. *se mantendrá seguro.* q **10:9** *Se moverá …libertad.* Lit. *Entrará y saldrá.*

G. Testimonio de los setenta y dos

§ 104

Lucas 10:1-24

¹ Después de esto, el Señor escogió a otros setenta y dosᶻ para enviarlos de dos en dos delante de él a todo pueblo y lugar adonde él pensaba ir. ² «Es abundante la cosecha —les dijo—, pero son pocos los obreros. Pídanle, por tanto, al Señor de la cosecha que mande obreros a su campo. ³ ¡Vayan ustedes! Miren que los envío como corderos en medio de lobos. ⁴ No lleven monedero ni bolsa ni sandalias; ni se detengan a saludar a nadie por el camino.

⁵ »Cuando entren en una casa, digan primero: "Paz a esta casa." ⁶ Si hay allí alguien digno de paz, gozará de ella; y si no, la bendición no se cumplirá.ᵃ ⁷ Quédense en esa casa, y coman y beban de lo que ellos tengan, porque el trabajador tiene derecho a su sueldo. No anden de casa en casa.

⁸ »Cuando entren en un pueblo y los reciban, coman lo que les sirvan. ⁹ Sanen a los enfermos que encuentren allí y díganles: "El reino de Dios ya está cerca de ustedes." ¹⁰ Pero cuando entren en un pueblo donde no los reciban, salgan a las plazas y digan: ¹¹ "Aun el polvo de este pueblo, que se nos ha pegado a los pies, nos lo sacudimos en protesta contra ustedes. Pero tengan por seguro que ya está cerca el reino de Dios." ¹² Les digo que en aquel día será más tolerable el castigo para Sodoma que para ese pueblo.

¹³ »¡Ay de ti, Corazín! ¡Ay de ti, Betsaida! Si se hubieran hecho en Tiro y en Sidón los milagros que se hicieron en medio de ustedes, ya hace tiempo que se habrían *arrepentido con grandes lamentos.ᵇ ¹⁴ Pero en el juicio será más tolerable el castigo para Tiro y Sidón que para ustedes. ¹⁵ Y tú, Capernaúm, ¿acaso serás levantada hasta el cielo? No, sino que descenderás hasta el *abismo.

¹⁶ »El que los escucha a ustedes, me escucha a mí; el que los rechaza a ustedes, me rechaza a mí; y el que me rechaza a mí, rechaza al que me envió.»

¹⁷ Cuando los setenta y dos regresaron, dijeron contentos:

—Señor, hasta los demonios se nos someten en tu nombre.

¹⁸ Yo veía a Satanás caer del cielo como un rayo —respondió él—. ¹⁹ Sí, les he dado autoridad a ustedes para pisotear serpientes y escorpiones y vencer todo el poder del enemigo; nada les podrá hacer daño. ²⁰ Sin embargo, no se alegren de que puedan someter a los espíritus, sino alégrense de que sus nombres están escritos en el cielo.

²¹ En aquel momento Jesús, lleno de alegría por el Espíritu Santo, dijo: «Te alabo, Padre, Señor del cielo y de la tierra, porque habiendo escondido estas cosas de los sabios e instruidos, se las has revelado a los que son como niños. Sí, Padre, porque esa fue tu buena voluntad.

²² »Mi Padre me ha entregado todas las cosas. Nadie sabe quién es el Hijo, sino el Padre, y nadie sabe quién es el Padre, sino el Hijo y aquel a quien el Hijo quiera revelárselo.»

²³ Volviéndose a sus discípulos, les dijo aparte: «*Dichosos los ojos que ven lo que ustedes ven. ²⁴ Les digo que muchos profetas y reyes quisieron ver lo que ustedes ven, pero no lo vieron; y oír lo que ustedes oyen, pero no lo oyeron.»

Lc ᶻ **10:1** *setenta y dos.* Var. setenta; también en v. 17.   a **10:6** *Si hay ... se cumplirá.* Lit. Si hay allí un hijo de paz, la paz de ustedes reposará sobre él; y si no, volverá a ustedes.   b **10:13** *con grandes lamentos.* Lit. sentados en saco y ceniza.

H. Conflicto sobre la cuestión de la vida eterna
§ *105*
Lucas 10:25-37

²⁵ En esto se presentó un *experto en la ley y, para poner a prueba a Jesús, le hizo esta pregunta:
—Maestro, ¿qué tengo que hacer para heredar la vida eterna?
²⁶ Jesús replicó:
—¿Qué está escrito en la ley? ¿Cómo la interpretas tú?
²⁷ Como respuesta el hombre citó:
—"Ama al Señor tu Dios con todo tu corazón, con todo tu ser, con todas tus fuerzas y con toda tu mente",ᶜ y: "Ama a tu prójimo como a ti mismo."ᵈ
²⁸ Bien contestado —le dijo Jesús—. Haz eso y vivirás.
²⁹ Pero él quería justificarse, así que le preguntó a Jesús:
—¿Y quién es mi prójimo?
³⁰ Jesús respondió:
—Bajaba un hombre de Jerusalén a Jericó, y cayó en manos de unos ladrones. Le quitaron la ropa, lo golpearon y se fueron, dejándolo medio muerto. ³¹ Resulta que viajaba por el mismo camino un sacerdote quien, al verlo, se desvió y siguió de largo. ³² Así también llegó a aquel lugar un levita, y al verlo, se desvió y siguió de largo. ³³ Pero un samaritano que iba de viaje llegó adonde estaba el hombre y, viéndolo, se compadeció de él. ³⁴ Se acercó, le curó las heridas con vino y aceite, y se las vendó. Luego lo montó sobre su propia cabalgadura, lo llevó a un alojamiento y lo cuidó. ³⁵ Al día siguiente, sacó dos monedas de plataᵉ y se las dio al dueño del alojamiento. "Cuídemelo —le dijo—, y lo que gaste usted de más, se lo pagaré cuando yo vuelva." ³⁶ ¿Cuál de estos tres piensas que demostró ser el prójimo del que cayó en manos de los ladrones?
³⁷ El que se compadeció de él —contestó el experto en la ley.
—Anda entonces y haz tú lo mismo —concluyó Jesús.

Lc ᶜ **10:27** Dt 6:5   d **10:27** Lv 19:18   e **10:35** *monedas de plata.* Lit. **denarios.

I. Ejemplo de comunión
§ *106*
Lucas 10:38-42

³⁸ Mientras iba de camino con sus discípulos, Jesús entró en una aldea, y una mujer llamada Marta lo recibió en su casa. ³⁹ Tenía ella una hermana llamada María que, sentada a los pies del

Señor, escuchaba lo que él decía. [40] Marta, por su parte, se sentía abrumada porque tenía mucho que hacer. Así que se acercó a él y le dijo:

—Señor, ¿no te importa que mi hermana me haya dejado sirviendo sola? ¡Dile que me ayude!

[41] Marta, Marta —le contestó Jesús—, estás inquieta y preocupada por muchas cosas, [42] pero sólo una es necesaria.[f] María ha escogido la mejor, y nadie se la quitará.

Lc [f] **10:42** *sólo una es necesaria*. Var. se necesitan pocas cosas, o una sola.

J. Instrucción en la oración
§ 107
Lucas 11:1-13

[1] Un día estaba Jesús orando en cierto lugar. Cuando terminó, le dijo uno de sus discípulos:
—Señor, enséñanos a orar, así como Juan enseñó a sus discípulos.
[2] Él les dijo:
—Cuando oren, digan:

»"Padre,[g]
*santificado sea tu nombre.
Venga tu reino.[h]
[3] Danos cada día nuestro pan cotidiano.[i]
[4] Perdónanos nuestros pecados,
    porque también nosotros perdonamos a todos los que nos ofenden.[j]
Y no nos metas en *tentación."[k]

[5] »Supongamos —continuó— que uno de ustedes tiene un amigo, y a medianoche va y le dice: "Amigo, préstame tres panes, [6] pues se me ha presentado un amigo recién llegado de viaje, y no tengo nada que ofrecerle." [7] Y el que está adentro le contesta: "No me molestes. Ya está cerrada la puerta, y mis hijos y yo estamos acostados. No puedo levantarme a darte nada." [8] Les digo que, aunque no se levante a darle pan por ser amigo suyo, sí se levantará por su impertinencia y le dará cuanto necesite.

[9] »Así que yo les digo: Pidan, y se les dará; busquen, y encontrarán; llamen, y se les abrirá la puerta. [10] Porque todo el que pide, recibe; el que busca, encuentra; y al que llama, se le abre.

[11] »¿Quién de ustedes que sea padre, si su hijo le pide[l] un pescado, le dará en cambio una serpiente? [12] ¿O si le pide un huevo, le dará un escorpión? [13] Pues si ustedes, aun siendo malos, saben dar cosas buenas a sus hijos, ¡cuánto más el Padre celestial dará el Espíritu Santo a quienes se lo pidan!

Lc [g] **11:2** *Padre*. Var. Padre nuestro que estás en el cielo (véase Mt 6:9).   h **11:2** *reino*. Var. reino. Hágase tu voluntad en la tierra como en el cielo (véase Mt 6:10).   i **11:3** *nuestro pan cotidiano*. Alt. el pan que necesitamos.   j **11:4** *nos ofenden*. Lit. nos deben.   k **11:4** *tentación*. Var. tentación, sino líbranos del maligno (véase Mt 6:13).   l **11:11** *le pide*. Var. le pide pan, le dará una piedra; o si le pide.

K. Conflicto con respecto a la sanación del mudo

§ 108

Lucas 11:14-36

[14] »En otra ocasión Jesús expulsaba de un hombre a un demonio que lo había dejado mudo. Cuando salió el demonio, el mudo habló, y la gente se quedó asombrada. [15] Pero algunos dijeron: «Éste expulsa a los demonios por medio de *Beelzebú, príncipe de los demonios.» [16] Otros, para ponerlo a *prueba, le pedían una señal del cielo.

[17] Como él conocía sus pensamientos, les dijo: «Todo reino dividido contra sí mismo quedará asolado, y una casa dividida contra sí misma se derrumbará.[m] [18] Por tanto, si Satanás está dividido contra sí mismo, ¿cómo puede mantenerse en pie su reino? Lo pregunto porque ustedes dicen que yo expulso a los demonios por medio de Beelzebú. [19] Ahora bien, si yo expulso a los demonios por medio de Beelzebú, ¿los seguidores de ustedes por medio de quién los expulsan? Por eso ellos mismos los juzgarán a ustedes. [20] Pero si expulso a los demonios con el poder[n] de Dios, eso significa que ha llegado a ustedes el reino de Dios.

[21] »Cuando un hombre fuerte y bien armado cuida su hacienda, sus bienes están seguros. [22] Pero si lo ataca otro más fuerte que él y lo vence, le quita las armas en que confiaba y reparte el botín.

[23] »El que no está de mi parte, está contra mí; y el que conmigo no recoge, esparce.

[24] »Cuando un *espíritu maligno sale de una persona, va por lugares áridos buscando un descanso. Y al no encontrarlo, dice: "Volveré a mi casa, de donde salí." [25] Cuando llega, la encuentra barrida y arreglada. [26] Luego va y trae otros siete espíritus más malvados que él, y entran a vivir allí. Así que el estado final de aquella persona resulta peor que el inicial.»

[27] Mientras Jesús decía estas cosas, una mujer de entre la multitud exclamó:

—¡*Dichosa la mujer que te dio a luz y te amamantó![ñ]

[28] Dichosos más bien —contestó Jesús— los que oyen la palabra de Dios y la obedecen.

[29] Como crecía la multitud, Jesús se puso a decirles: «Ésta es una generación malvada. Pide una señal milagrosa, pero no se le dará más señal que la de Jonás. [30] Así como Jonás fue una señal para los habitantes de Nínive, también lo será el Hijo del hombre para esta generación. [31] La reina del Sur se levantará en el día del juicio y condenará a esta gente; porque ella vino desde los confines de la tierra para escuchar la sabiduría de Salomón, y aquí tienen ustedes a uno más grande que Salomón. [32] Los ninivitas se levantarán en el día del juicio y condenarán a esta generación; porque ellos se *arrepintieron al escuchar la predicación de Jonás, y aquí tienen ustedes a uno más grande que Jonás.

[33] »Nadie enciende una lámpara para luego ponerla en un lugar escondido o cubrirla con un cajón, sino para ponerla en una repisa, a fin de que los que entren tengan luz. [34] Tus ojos son la lámpara de tu cuerpo. Si tu visión es clara, todo tu ser disfrutará de la luz; pero si está nublada, todo tu ser estará en la oscuridad.[o] [35] Asegúrate de que la luz que crees tener no sea oscuridad. [36] Por tanto, si todo tu ser disfruta de la luz, sin que ninguna parte quede en la oscuridad, estarás completamente iluminado, como cuando una lámpara te alumbra con su luz.»

Lc   [m] **11:17** *y una casa ... derrumbará.* Alt. y sus casas se derrumbarán unas sobre otras.   n **11:20** *poder.* Lit. dedo.   ñ **11:27** *¡Dichosa ... amamantó!* Lit. ¡Dichoso el vientre que te llevó y los pechos que te criaron!   o **11:34** *Si tu visión ... oscuridad.* Lit. Cuando tu ojo es bueno, todo tu cuerpo está iluminado; pero cuando es malo, también tu cuerpo está oscuro.

L. Conflicto con respecto a los rituales farisaicos

§ *109*

Lucas 11:37-54

37 Cuando Jesús terminó de hablar, un *fariseo lo invitó a comer con él; así que entró en la casa
y se *sentó a la mesa. 38 Pero el fariseo se sorprendió al ver que Jesús no había cumplido con el rito
de lavarse antes de comer.
39 Resulta que ustedes los fariseos —les dijo el Señor—, *limpian el vaso y el plato por fuera, pero
por dentro están ustedes llenos de codicia y de maldad. 40 ¡Necios! ¿Acaso el que hizo lo de afuera no
hizo también lo de adentro? 41 Den más bien a los pobres de lo que está dentro,[p] y así todo quedará
limpio para ustedes.
42 »¡Ay de ustedes, fariseos!, que dan la décima parte de la menta, de la ruda y de toda clase de
legumbres, pero descuidan la justicia y el amor de Dios. Debían haber practicado esto, sin dejar de
hacer aquello.
43 »¡Ay de ustedes, fariseos!, que se mueren por los primeros puestos en las sinagogas y los saludos
en las plazas.
44 »¡Ay de ustedes!, que son como tumbas sin lápida, sobre las que anda la gente sin darse cuenta.
45 Uno de los *expertos en la ley le respondió:
—Maestro, al hablar así nos insultas también a nosotros.
46 Contestó Jesús:
—¡Ay de ustedes también, expertos en la ley! Abruman a los demás con cargas que apenas se
pueden soportar, pero ustedes mismos no levantan ni un dedo para ayudarlos.
47 »¡Ay de ustedes!, que construyen monumentos para los profetas, a quienes los antepasados de
ustedes mataron. 48 En realidad[q] aprueban lo que hicieron sus antepasados; ellos mataron a los profetas, y ustedes les construyen los sepulcros. 49 Por eso dijo Dios en su sabiduría: "Les enviaré profetas y apóstoles, de los cuales matarán a unos y perseguirán a otros." 50 Por lo tanto, a esta generación
se le pedirán cuentas de la sangre de todos los profetas derramada desde el principio del mundo,
51 desde la sangre de Abel hasta la sangre de Zacarías, el que murió entre el altar y el *santuario. Sí,
les aseguro que de todo esto se le pedirán cuentas a esta generación.
52 »¡Ay de ustedes, expertos en la ley!, porque se han adueñado de la llave del conocimiento.
Ustedes mismos no han entrado, y a los que querían entrar les han cerrado el paso.
53 Cuando Jesús salió de allí, los *maestros de la ley y los fariseos, resentidos, se pusieron a aco-
sarlo a preguntas. 54 Estaban tendiéndole trampas para ver si fallaba en algo.

Lc p **11:41** *lo que está dentro.* Alt. lo que tienen. q **11:48** *En realidad.* Lit. Así que ustedes son testigos y.

M. Instrucción a los discípulos

§ *110-118*

1. Hipocresía

§ *110*

Lucas 12:1-12

1 Mientras tanto, se habían reunido millares de personas, tantas que se atropellaban unas a otras.
Jesús comenzó a hablar, dirigiéndose primero a sus discípulos: «Cuídense de la levadura de los

*fariseos, o sea, de la *hipocresía. ² No hay nada encubierto que no llegue a revelarse, ni nada escondido que no llegue a conocerse. ³ Así que todo lo que ustedes han dicho en la oscuridad se dará a conocer a plena luz, y lo que han susurrado a puerta cerrada se proclamará desde las azoteas.

⁴ »A ustedes, mis amigos, les digo que no teman a los que matan el cuerpo pero después no pueden hacer más. ⁵ Les voy a enseñar más bien a quién deben temer: teman al que, después de dar muerte, tiene poder para echarlos al infierno.ʳ Sí, les aseguro que a él deben temerle. ⁶ ¿No se venden cinco gorriones por dos moneditas?ˢ Sin embargo, Dios no se olvida de ninguno de ellos. ⁷ Así mismo sucede con ustedes: aun los cabellos de su cabeza están contados. No tengan miedo; ustedes valen más que muchos gorriones.

⁸ »Les aseguro que a cualquiera que me reconozca delante de la gente, también el Hijo del hombre lo reconocerá delante de los ángeles de Dios. ⁹ Pero al que me desconozca delante de la gente se le desconocerá delante de los ángeles de Dios. ¹⁰ Y todo el que pronuncie alguna palabra contra el Hijo del hombre será perdonado, pero el que *blasfeme contra el Espíritu Santo no tendrá perdón.

¹¹ »Cuando los hagan comparecer ante las sinagogas, los gobernantes y las autoridades, no se preocupen de cómo van a defenderse o de qué van a decir, ¹² porque en ese momento el Espíritu Santo les enseñará lo que deben responder.»

Lc ʳ **12:5** *al infierno.* Lit. a la **Gehenna.   s **12:6** *moneditas.* Lit. asaria.

2. Codicia

§ *111*

Lucas 12:13-34

¹³ Uno de entre la multitud le pidió:

—Maestro, dile a mi hermano que comparta la herencia conmigo.

¹⁴ Hombre —replicó Jesús—, ¿quién me nombró a mí juez o árbitro entre ustedes?

¹⁵ »¡Tengan cuidado! —advirtió a la gente—. Absténganse de toda avaricia; la vida de una persona no depende de la abundancia de sus bienes.

¹⁶ Entonces les contó esta parábola:

—El terreno de un hombre rico le produjo una buena cosecha. ¹⁷ Así que se puso a pensar: "¿Qué voy a hacer? No tengo dónde almacenar mi cosecha." ¹⁸ Por fin dijo: "Ya sé lo que voy a hacer: derribaré mis graneros y construiré otros más grandes, donde pueda almacenar todo mi grano y mis bienes. ¹⁹ Y diré: Alma mía, ya tienes bastantes cosas buenas guardadas para muchos años. Descansa, come, bebe y goza de la vida." ²⁰ Pero Dios le dijo: "¡Necio! Esta misma noche te van a reclamar la *vida. ¿Y quién se quedará con lo que has acumulado?"

²¹ »Así le sucede al que acumula riquezas para sí mismo, en vez de ser rico delante de Dios.

²² Luego dijo Jesús a sus discípulos:

—Por eso les digo: No se preocupen por su *vida, qué comerán; ni por su cuerpo, con qué se vestirán. ²³ La vida tiene más valor que la comida, y el cuerpo más que la ropa. ²⁴ Fíjense en los cuervos: no siembran ni cosechan, ni tienen almacén ni granero; sin embargo, Dios los alimenta. ¡Cuánto más valen ustedes que las aves! ²⁵ ¿Quién de ustedes, por mucho que se preocupe, puede añadir una sola hora al curso de su vida?ᵗ ²⁶ Ya que no pueden hacer algo tan insignificante, ¿por qué se preocupan por lo demás?

²⁷ »Fíjense cómo crecen los lirios. No trabajan ni hilan; sin embargo, les digo que ni siquiera Salomón, con todo su esplendor, se vestía como uno de ellos. ²⁸ Si así viste Dios a la hierba que hoy está en el campo y mañana es arrojada al horno, ¡cuánto más hará por ustedes, gente de poca fe! ²⁹ Así que no se afanen por lo que han de comer o beber; dejen de atormentarse. ³⁰ El mundo

*pagano anda tras todas estas cosas, pero el Padre sabe que ustedes las necesitan. ³¹ Ustedes, por el contrario, busquen el reino de Dios, y estas cosas les serán añadidas.

³² »No tengan miedo, mi rebaño pequeño, porque es la buena voluntad del Padre darles el reino. ³³ Vendan sus bienes y den a los pobres. Provéanse de bolsas que no se desgasten; acumulen un tesoro inagotable en el cielo, donde no hay ladrón que aceche ni polilla que destruya. ³⁴ Pues donde tengan ustedes su tesoro, allí estará también su corazón.

Lc   ᵗ **12:25** *puede añadir ... su vida.* Alt. puede aumentar su estatura siquiera medio metro (lit. un **codo).

3. Estar vigilantes
§ 112
Lucas 12:35-41

³⁵ »Manténganse listos, con la ropa bien ajustadaᵘ y la luz encendida. ³⁶ Pórtense como siervos que esperan a que regrese su señor de un banquete de bodas, para abrirle la puerta tan pronto como él llegue y toque. ³⁷ *Dichosos los *siervos a quienes su señor encuentre pendientes de su llegada. Créanme que se ajustará la ropa, hará que los siervos se sienten a la mesa, y él mismo se pondrá a servirles. ³⁸ Sí, dichosos aquellos siervos a quienes su señor encuentre preparados, aunque llegue a la medianoche o de madrugada. ³⁹ Pero entiendan esto: Si un dueño de casa supiera a qué hora va a llegar el ladrón, estaría pendiente para no dejarlo forzar la entrada. ⁴⁰ Así mismo deben ustedes estar preparados, porque el Hijo del hombre vendrá cuando menos lo esperen.

⁴¹ Señor —le preguntó Pedro—, ¿cuentas esta parábola para nosotros, o para todos?

Lc   ᵘ **12:35** *Manténganse ... ajustada.* Lit. Tengan sus lomos ceñidos.

4. Fidelidad
§ 113
Lucas 12:42-48

⁴² Respondió el Señor:

—¿Dónde se halla un mayordomo fiel y prudente a quien su señor deja encargado de los siervos para repartirles la comida a su debido tiempo? ⁴³ Dichoso el siervo cuyo señor, al regresar, lo encuentra cumpliendo con su deber. ⁴⁴ Les aseguro que lo pondrá a cargo de todos sus bienes. ⁴⁵ Pero ¡qué tal si ese siervo se pone a pensar: "Mi señor tarda en volver", y luego comienza a golpear a los criados y a las criadas, y a comer y beber y emborracharse! ⁴⁶ El señor de ese siervo volverá el día en que el siervo menos lo espere y a la hora menos pensada. Entonces lo castigará severamente y le impondrá la condena que reciben los incrédulos.ᵛ

⁴⁷ »El siervo que conoce la voluntad de su señor, y no se prepara para cumplirla, recibirá muchos golpes. ⁴⁸ En cambio, el que no la conoce y hace algo que merezca castigo, recibirá pocos golpes. A todo el que se le ha dado mucho, se le exigirá mucho; y al que se le ha confiado mucho, se le pedirá aun más.

Lc   ᵛ **12:46** *lo castigará ... incrédulos.* Lit. lo cortará en dos y fijará su porción con los incrédulos.

5. El efecto de Su Venida

§ *114*

Lucas 12:49-53

⁴⁹ »He venido a traer fuego a la tierra, y ¡cómo quisiera que ya estuviera ardiendo! ⁵⁰ Pero tengo que pasar por la prueba de un bautismo, y ¡cuánta angustia siento hasta que se cumpla! ⁵¹ ¿Creen ustedes que vine a traer paz a la tierra? ¡Les digo que no, sino división! ⁵² De ahora en adelante estarán divididos cinco en una familia, tres contra dos, y dos contra tres. ⁵³ Se enfrentarán el padre contra su hijo y el hijo contra su padre, la madre contra su hija y la hija contra su madre, la suegra contra su nuera y la nuera contra su suegra.

6. Señales de los tiempos

§ *115*

Lucas 12:54-59

⁵⁴ Luego añadió Jesús, dirigiéndose a la multitud:
—Cuando ustedes ven que se levanta una nube en el occidente, en seguida dicen: "Va a llover", y así sucede. ⁵⁵ Y cuando sopla el viento del sur, dicen: "Va a hacer calor", y así sucede. ⁵⁶ ¡*Hipócritas! Ustedes saben interpretar la apariencia de la tierra y del cielo. ¿Cómo es que no saben interpretar el tiempo actual?

⁵⁷ »¿Por qué no juzgan por ustedes mismos lo que es justo? ⁵⁸ Si tienes que ir con un adversario al magistrado, procura reconciliarte con él en el camino, no sea que te lleve por la fuerza ante el juez, y el juez te entregue al alguacil, y el alguacil te meta en la cárcel. ⁵⁹ Te digo que no saldrás de allí hasta que pagues el último centavo.ʷ

Lc   ᵂ **12:59** *centavo.* Lit. **lepton.*

7. Con respecto al arrepentimiento

§ *116*

Lucas 13:1-9

¹ En aquella ocasión algunos que habían llegado le contaron a Jesús cómo Pilato había dado muerte a unos galileos cuando ellos ofrecían sus sacrificios.ˣ ² Jesús les respondió: «¿Piensan ustedes que esos galileos, por haber sufrido así, eran más pecadores que todos los demás? ³ ¡Les digo que no! De la misma manera, todos ustedes perecerán, a menos que se *arrepientan. ⁴ ¿O piensan que aquellos dieciocho que fueron aplastados por la torre de Siloé eran más culpables que todos los demás habitantes de Jerusalén? ⁵ ¡Les digo que no! De la misma manera, todos ustedes perecerán, a menos que se arrepientan.»

⁶ Entonces les contó esta parábola: «Un hombre tenía una higuera plantada en su viñedo, pero cuando fue a buscar fruto en ella, no encontró nada. ⁷ Así que le dijo al viñador: "Mira, ya hace tres años que vengo a buscar fruto en esta higuera, y no he encontrado nada. ¡Córtala! ¿Para qué ha de ocupar terreno?" ⁸ "Señor —le contestó el viñador—, déjala todavía por un año más,

para que yo pueda cavar a su alrededor y echarle abono. [9] Así tal vez en adelante dé fruto; si no, córtela." »

Lc   [x] **13:1** *le contaron ... sacrificios.* Lit. le contaron acerca de los galileos cuya sangre Pilato mezcló con sus sacrificios.

8. Con respecto a la necesidad de Israel
§ 117
Lucas 13:10-17

[10] Un *sábado Jesús estaba enseñando en una de las sinagogas, [11] y estaba allí una mujer que por causa de un demonio llevaba dieciocho años enferma. Andaba encorvada y de ningún modo podía enderezarse. [12] Cuando Jesús la vio, la llamó y le dijo:

—Mujer, quedas libre de tu enfermedad.

[13] Al mismo tiempo, puso las manos sobre ella, y al instante la mujer se enderezó y empezó a alabar a Dios. [14] Indignado porque Jesús había sanado en sábado, el jefe de la sinagoga intervino, dirigiéndose a la gente:

—Hay seis días en que se puede trabajar, así que vengan esos días para ser sanados, y no el sábado.

[15] *¡Hipócritas! —le contestó el Señor—. ¿Acaso no desata cada uno de ustedes su buey o su burro en sábado, y lo saca del establo para llevarlo a tomar agua? [16] Sin embargo, a esta mujer, que es hija de Abraham, y a quien Satanás tenía atada durante dieciocho largos años, ¿no se le debía quitar esta cadena en sábado?

[17] Cuando razonó así, quedaron humillados todos sus adversarios, pero la gente estaba encantada de tantas maravillas que él hacía.

9. Con respecto al programa del Reino
§ 118
Lucas 13:18-21

[18] ¿A qué se parece el reino de Dios? —continuó Jesús—. ¿Con qué voy a compararlo? [19] Se parece a un grano de mostaza que un hombre sembró en su huerto. Creció hasta convertirse en un árbol, y las aves anidaron en sus ramas.

[20] Volvió a decir:

—¿Con qué voy a comparar el reino de Dios? [21] Es como la levadura que una mujer tomó y mezcló con una gran cantidad[y] de harina, hasta que fermentó toda la masa.

Lc   [y] **13:21** *una gran cantidad.* Lit. *tres satas* (probablemente unos 22 litros).

N. Conflicto en la fiesta de la Dedicación

§ 119

Juan 10:22-39

22 Por esos días se celebraba en Jerusalén la fiesta de la Dedicación.[r] Era invierno, 23 y Jesús andaba en el *templo, por el pórtico de Salomón. 24 Entonces lo rodearon los judíos y le preguntaron:

—¿Hasta cuándo vas a tenernos en suspenso? Si tú eres el *Cristo, dínoslo con franqueza.

25 Ya se lo he dicho a ustedes, y no lo creen. Las obras que hago en nombre de mi Padre son las que me acreditan, 26 pero ustedes no creen porque no son de mi rebaño. 27 Mis ovejas oyen mi voz; yo las conozco y ellas me siguen. 28 Yo les doy vida eterna, y nunca perecerán, ni nadie podrá arrebatármelas de la mano. 29 Mi Padre, que me las ha dado, es más grande que todos;[s] y de la mano del Padre nadie las puede arrebatar. 30 El Padre y yo somos uno.

31 Una vez más los judíos tomaron piedras para arrojárselas, 32 pero Jesús les dijo:

—Yo les he mostrado muchas obras irreprochables que proceden del Padre. ¿Por cuál de ellas me quieren apedrear?

33 No te apedreamos por ninguna de ellas sino por *blasfemia; porque tú, siendo hombre, te haces pasar por Dios.

34 ¿Y acaso —respondió Jesús— no está escrito en su ley: "Yo he dicho que ustedes son dioses"?[t] 35 Si Dios llamó "dioses" a aquellos para quienes vino la palabra (y la Escritura no puede ser quebrantada), 36 ¿por qué acusan de blasfemia a quien el Padre apartó para sí y envió al mundo? ¿Tan sólo porque dijo: "Yo soy el Hijo de Dios"? 37 Si no hago las obras de mi Padre, no me crean. 38 Pero si las hago, aunque no me crean a mí, crean a mis obras, para que sepan y entiendan que el Padre está en mí, y que yo estoy en el Padre.

39 Nuevamente intentaron arrestarlo, pero él se les escapó de las manos.

Lc   [r] **10:22** Es decir, Hanukkah.   [s] **10:29** *Mi Padre ... todos.* Var. Lo que mi Padre me ha dado es más grande que todo.   [t] **10:34** Sal 82:6

VI. El Rey prepara a los discípulos §§ *120-137*

A. Se retiran de Judea

§ *120*

Juan 10:40-42

40 Volvió Jesús al otro lado del Jordán, al lugar donde Juan había estado bautizando antes; y allí se quedó. **41** Mucha gente acudía a él, y decía: «Aunque Juan nunca hizo ninguna señal milagrosa, todo lo que dijo acerca de este hombre era verdad.» **42** Y muchos en aquel lugar creyeron en Jesús.

B. Instrucción con respecto a la entrada al Reino

§ *121*

Lucas 13:22-35

22 Continuando su viaje a Jerusalén, Jesús enseñaba en los pueblos y aldeas por donde pasaba.

23 Señor, ¿son pocos los que van a salvarse? —le preguntó uno.

24 Esfuércense por entrar por la puerta estrecha —contestó—, porque les digo que muchos tratarán de entrar y no podrán. **25** Tan pronto como el dueño de la casa se haya levantado a cerrar la puerta, ustedes desde afuera se pondrán a golpear la puerta, diciendo: "Señor, ábrenos." Pero él les contestará: "No sé quiénes son ustedes." **26** Entonces dirán: "Comimos y bebimos contigo, y tú enseñaste en nuestras plazas." **27** Pero él les contestará: "Les repito que no sé quiénes son ustedes. ¡Apártense de mí, todos ustedes hacedores de injusticia!"

28 »Allí habrá llanto y rechinar de dientes cuando vean en el reino de Dios a Abraham, Isaac, Jacob y a todos los profetas, mientras a ustedes los echan fuera. **29** Habrá quienes lleguen del oriente y del occidente, del norte y del sur, para *sentarse al banquete en el reino de Dios. **30** En efecto, hay últimos que serán primeros, y primeros que serán últimos.

31 En ese momento se acercaron a Jesús unos *fariseos y le dijeron:

—Sal de aquí y vete a otro lugar, porque Herodes quiere matarte.

32 Él les contestó:

—Vayan y díganle a ese zorro: "Mira, hoy y mañana seguiré expulsando demonios y sanando a la gente, y al tercer día terminaré lo que debo hacer." **33** Tengo que seguir adelante hoy, mañana y pasado mañana, porque no puede ser que muera un profeta fuera de Jerusalén.

³⁴ »¡Jerusalén, Jerusalén, que matas a los profetas y apedreas a los que se te envían! ¡Cuántas veces quise reunir a tus hijos, como reúne la gallina a sus pollitos debajo de sus alas, pero no quisiste! ³⁵ Pues bien, la casa de ustedes va a quedar abandonada. Y les advierto que ya no volverán a verme hasta el día que digan: "¡Bendito el que viene en el nombre del Señor!"ᶻ

Lc   ᶻ **13:35** Sal 118:26

C. Instrucción en la casa de un fariseo
§ 122
Lucas 14:1-24

¹ Un día Jesús fue a comer a casa de un notable de los *fariseos. Era *sábado, así que éstos estaban acechando a Jesús. ² Allí, delante de él, estaba un hombre enfermo de hidropesía. ³ Jesús les preguntó a los *expertos en la ley y a los fariseos:

—¿Está permitido o no sanar en sábado?

⁴ Pero ellos se quedaron callados. Entonces tomó al hombre, lo sanó y lo despidió.

⁵ También les dijo:

—Si uno de ustedes tiene un hijoᵃ o un buey que se le cae en un pozo, ¿no lo saca en seguida aunque sea sábado?

⁶ Y no pudieron contestarle nada.

⁷ Al notar cómo los invitados escogían los lugares de honor en la mesa, les contó esta parábola:

⁸ Cuando alguien te invite a una fiesta de bodas, no te sientes en el lugar de honor, no sea que haya algún invitado más distinguido que tú. ⁹ Si es así, el que los invitó a los dos vendrá y te dirá: "Cédele tu asiento a este hombre." Entonces, avergonzado, tendrás que ocupar el último asiento. ¹⁰ Más bien, cuando te inviten, siéntate en el último lugar, para que cuando venga el que te invitó, te diga: "Amigo, pasa más adelante a un lugar mejor." Así recibirás honor en presencia de todos los demás invitados. ¹¹ Todo el que a sí mismo se enaltece será humillado, y el que se humilla será enaltecido.

¹² También dijo Jesús al que lo había invitado:

—Cuando des una comida o una cena, no invites a tus amigos, ni a tus hermanos, ni a tus parientes, ni a tus vecinos ricos; no sea que ellos, a su vez, te inviten y así seas recompensado. ¹³ Más bien, cuando des un banquete, invita a los pobres, a los inválidos, a los cojos y a los ciegos. ¹⁴ Entonces serás *dichoso, pues aunque ellos no tienen con qué recompensarte, serás recompensado en la resurrección de los justos.

¹⁵ Al oír esto, uno de los que estaban *sentados a la mesa con Jesús le dijo:

—¡*Dichoso el que coma en el banquete del reino de Dios!

¹⁶ Jesús le contestó:

—Cierto hombre preparó un gran banquete e invitó a muchas personas. ¹⁷ A la hora del banquete mandó a su siervo a decirles a los invitados: "Vengan, porque ya todo está listo." ¹⁸ Pero todos, sin excepción, comenzaron a disculparse. El primero le dijo: "Acabo de comprar un terreno y tengo que ir a verlo. Te ruego que me disculpes." ¹⁹ Otro adujo: "Acabo de comprar cinco yuntas de bueyes, y voy a probarlas. Te ruego que me disculpes." ²⁰ Otro alegó: "Acabo de casarme y por eso no puedo ir." ²¹ El siervo regresó y le informó de esto a su señor. Entonces el dueño de la casa se enojó y le mandó a su siervo: "Sal de prisa por las plazas y los callejones del pueblo, y trae acá a los pobres, a los inválidos, a los cojos y a los ciegos." ²² "Señor —le dijo luego el siervo—, ya hice lo que usted me mandó, pero todavía hay lugar." ²³ Entonces el señor le respondió: "Ve por los caminos y las veredas, y oblígalos a entrar para que se llene mi casa. [24] Les digo que ninguno de aquellos invitados disfrutará de mi banquete."

Lc   [a] **14:5** *hijo.* Var. burro.

D. Instrucción con respecto al discipulado

§ *123*

Lucas 14:25-35

[25] Grandes multitudes seguían a Jesús, y él se volvió y les dijo: [26] «Si alguno viene a mí y no sacrifica el amor[b] a su padre y a su madre, a su esposa y a sus hijos, a sus hermanos y a sus hermanas, y aun a su propia *vida, no puede ser mi discípulo. [27] Y el que no carga su cruz y me sigue, no puede ser mi discípulo.

[28] »Supongamos que alguno de ustedes quiere construir una torre. ¿Acaso no se sienta primero a calcular el costo, para ver si tiene suficiente dinero para terminarla? [29] Si echa los cimientos y no puede terminarla, todos los que la vean comenzarán a burlarse de él, [30] y dirán: "Este hombre ya no pudo terminar lo que comenzó a construir."

[31] »O supongamos que un rey está a punto de ir a la guerra contra otro rey. ¿Acaso no se sienta primero a calcular si con diez mil hombres puede enfrentarse al que viene contra él con veinte mil? [32] Si no puede, enviará una delegación mientras el otro está todavía lejos, para pedir condiciones de paz. [33] De la misma manera, cualquiera de ustedes que no renuncie a todos sus bienes, no puede ser mi discípulo.

[34] »La sal es buena, pero si se vuelve insípida, ¿cómo recuperará el sabor? [35] No sirve ni para la tierra ni para el abono; hay que tirarla fuera.

»El que tenga oídos para oír, que oiga.»

Lc   [b] **14:26** *no sacrifica el amor.* Lit. no odia.

E. Instrucción con respecto a la actitud de Dios hacia los pecadores

§ *124*

Lucas 15:1-32

1. Parábola de la oveja perdida

Lucas 15:1-7

[1] Muchos *recaudadores de impuestos y *pecadores se acercaban a Jesús para oírlo, [2] de modo que los *fariseos y los *maestros de la ley se pusieron a murmurar: «Este hombre recibe a los pecadores y come con ellos.»

[3] Él entonces les contó esta parábola: [4] «Supongamos que uno de ustedes tiene cien ovejas y pierde una de ellas. ¿No deja las noventa y nueve en el campo, y va en busca de la oveja perdida hasta

encontrarla? ⁵ Y cuando la encuentra, lleno de alegría la carga en los hombros ⁶ y vuelve a la casa. Al llegar, reúne a sus amigos y vecinos, y les dice: "Alégrense conmigo; ya encontré la oveja que se me había perdido." ⁷ Les digo que así es también en el cielo: habrá más alegría por un solo pecador que se *arrepienta, que por noventa y nueve justos que no necesitan arrepentirse.

2. Parábola de la moneda perdida
Lucas 15:8-10

⁸ »O supongamos que una mujer tiene diez monedas de plataᶜ y pierde una. ¿No enciende una lámpara, barre la casa y busca con cuidado hasta encontrarla? ⁹ Y cuando la encuentra, reúne a sus amigas y vecinas, y les dice: "Alégrense conmigo; ya encontré la moneda que se me había perdido." ¹⁰ Les digo que así mismo se alegra Dios con sus ángelesᵈ por un pecador que se arrepiente.

Lc   ᶜ **15:8** *monedas de plata.* Lit. **dracmas.   d **15:10** *se alegra ... ángeles.* Lit. hay alegría en la presencia de los ángeles de Dios.

3. Parábola del hijo perdido
Lucas 15:11-13

¹¹ »Un hombre tenía dos hijos —continuó Jesús—. ¹² El menor de ellos le dijo a su padre: "Papá, dame lo que me toca de la herencia." Así que el padre repartió sus bienes entre los dos. ¹³ Poco después el hijo menor juntó todo lo que tenía y se fue a un país lejano; allí vivió desenfrenadamente y derrochó su herencia.

F. Instrucción con respecto a la riqueza
§   125
Lucas 16:1-31

¹ Jesús contó otra parábola a sus discípulos: «Un hombre rico tenía un administrador a quien acusaron de derrochar sus bienes. ² Así que lo mandó a llamar y le dijo: "¿Qué es esto que me dicen de ti? Rinde cuentas de tu administración, porque ya no puedes seguir en tu puesto." ³ El administrador reflexionó: "¿Qué voy a hacer ahora que mi patrón está por quitarme el puesto? No tengo fuerzas para cavar, y me da vergüenza pedir limosna. ⁴ Tengo que asegurarme de que, cuando me echen de la administración, haya gente que me reciba en su casa. ¡Ya sé lo que voy a hacer!"

⁵ »Llamó entonces a cada uno de los que le debían algo a su patrón. Al primero le preguntó: "¿Cuánto le debes a mi patrón?" ⁶ "Cien barrilesᶠ de aceite", le contestó él. El administrador le dijo: "Toma tu factura, siéntate en seguida y escribe cincuenta." ⁷ Luego preguntó al segundo: "Y tú, ¿cuánto debes?" "Cien bultosᵍ de trigo", contestó. El administrador le dijo: "Toma tu factura y escribe ochenta."

⁸ »Pues bien, el patrón elogió al administrador de riquezas mundanasʰ por haber actuado con astucia. Es que los de este mundo, en su trato con los que son como ellos, son más astutos que los que han recibido la luz. ⁹ Por eso les digo que se valgan de las riquezas mundanas para ganar amigos,ⁱ a fin de que cuando éstas se acaben haya quienes los reciban a ustedes en las viviendas eternas.

[10] »El que es honrado[j] en lo poco, también lo será en lo mucho; y el que no es íntegro[k] en lo poco, tampoco lo será en lo mucho. [11] Por eso, si ustedes no han sido honrados en el uso de las riquezas mundanas,[l] ¿quién les confiará las verdaderas? [12] Y si con lo ajeno no han sido honrados, ¿quién les dará a ustedes lo que les pertenece?

[13] »Ningún sirviente puede servir a dos patrones. Menospreciará a uno y amará al otro, o querrá mucho a uno y despreciará al otro. Ustedes no pueden servir a la vez a Dios y a las riquezas.»

[14] Oían todo esto los *fariseos, a quienes les encantaba el dinero, y se burlaban de Jesús. [15] Él les dijo: «Ustedes se hacen los buenos ante la gente, pero Dios conoce sus corazones. Dense cuenta de que aquello que la gente tiene en gran estima es detestable delante de Dios.

[16] »La ley y los profetas se proclamaron hasta Juan. Desde entonces se anuncian las buenas *nuevas del reino de Dios, y todos se esfuerzan por entrar en él.[m] [17] Es más fácil que desaparezcan el cielo y la tierra, que caiga una sola tilde de la ley.

[18] »Todo el que se divorcia de su esposa y se casa con otra, comete adulterio; y el que se casa con la divorciada, comete adulterio.

[19] »Había un hombre rico que se vestía lujosamente[n] y daba espléndidos banquetes todos los días. [20] A la puerta de su casa se tendía un mendigo llamado Lázaro, que estaba cubierto de llagas [21] y que hubiera querido llenarse el estómago con lo que caía de la mesa del rico. Hasta los perros se acercaban y le lamían las llagas.

[22] »Resulta que murió el mendigo, y los ángeles se lo llevaron para que estuviera al lado de Abraham. También murió el rico, y lo sepultaron. [23] En el infierno,[ñ] en medio de sus tormentos, el rico levantó los ojos y vio de lejos a Abraham, y a Lázaro junto a él. [24] Así que alzó la voz y lo llamó: "Padre Abraham, ten compasión de mí y manda a Lázaro que moje la punta del dedo en agua y me refresque la lengua, porque estoy sufriendo mucho en este fuego." [25] Pero Abraham le contestó: "Hijo, recuerda que durante tu vida te fue muy bien, mientras que a Lázaro le fue muy mal; pero ahora a él le toca recibir consuelo aquí, y a ti, sufrir terriblemente. [26] Además de eso, hay un gran abismo entre nosotros y ustedes, de modo que los que quieren pasar de aquí para allá no pueden, ni tampoco pueden los de allá para acá."

[27] »Él respondió: "Entonces te ruego, padre, que mandes a Lázaro a la casa de mi padre, [28] para que advierta a mis cinco hermanos y no vengan ellos también a este lugar de tormento." [29] Pero Abraham le contestó: "Ya tienen a Moisés y a los profetas; ¡que les hagan caso a ellos!" [30] "No les harán caso, padre Abraham —replicó el rico—; en cambio, si se les presentara uno de entre los muertos, entonces sí se *arrepentirían." [31] Abraham le dijo: "Si no les hacen caso a Moisés y a los profetas, tampoco se convencerán aunque alguien se *levante de entre los muertos." »

Lc [f] **16:6** *cien barriles*. Lit. cien **batos (unos 3.700 litros). [g] **16:7** *cien bultos*. Lit. cien **coros (unos 37.000 litros). [h] **16:8** *administrador de riquezas mundanas*. Alt. administrador deshonesto. Lit. administrador de injusticia. [i] **16:9** *se valgan ... amigos*. Lit. se hagan amigos por medio del dinero de injusticia. [j] **16:10** *honrado*. Alt. digno de confianza. Lit. fiel; también en vv. 11,12. [k] **16:10** *el que no es íntegro*. Lit. el que es injusto. [l] **16:11** *las riquezas mundanas*. Lit. el dinero injusto. [m] **16:16** *se esfuerzan por entrar en él*. Alt. hacen violencia por entrar en él, o hacen violencia contra él. [n] **16:19** *lujosamente*. Lit. con púrpura y tela fina. [ñ] **16:23** *infierno*. Lit. **Hades.

G. Instrucción con respecto al perdón

§ 126

Lucas 17:1-6

[1] Luego dijo Jesús a sus discípulos:

—Los *tropiezos son inevitables, pero ¡ay de aquel que los ocasiona! [2] Más le valdría ser arrojado al mar con una piedra de molino atada al cuello, que servir de tropiezo a uno solo de estos pequeños. [3] Así que, ¡cuídense!

»Si tu hermano peca, repréndelo; y si se *arrepiente, perdónalo. ⁴ Aun si peca contra ti siete veces en un día, y siete veces regresa a decirte "Me arrepiento", perdónalo.

⁵ Entonces los apóstoles le dijeron al Señor:

—¡Aumenta nuestra fe!

⁶ Si ustedes tuvieran una fe tan pequeña como un grano de mostaza —les respondió el Señor—, podrían decirle a este árbol: "Desarráigate y plántate en el mar", y les obedecería.

H. Instrucción con respecto al servicio

§ 127

Lucas 17:7-10

⁷ »Supongamos que uno de ustedes tiene un *siervo que ha estado arando el campo o cuidando las ovejas. Cuando el siervo regresa del campo, ¿acaso se le dice: "Ven en seguida a sentarte a la mesa"? ⁸ ¿No se le diría más bien: "Prepárame la comida y cámbiate de ropa para atenderme mientras yo ceno; después tú podrás cenar"? ⁹ ¿Acaso se le darían las gracias al siervo por haber hecho lo que se le mandó? ¹⁰ Así también ustedes, cuando hayan hecho todo lo que se les ha mandado, deben decir: "Somos siervos inútiles; no hemos hecho más que cumplir con nuestro deber."

I. Jesús resucita a Lázaro

§ 128

Juan 11:1-54

1. El milagro de la restauración

Juan 11:1-44

¹ Había un hombre enfermo llamado Lázaro, que era de Betania, el pueblo de María y Marta, sus hermanas. ² María era la misma que ungió con perfume al Señor, y le secó los pies con sus cabellos. ³ Las dos hermanas mandaron a decirle a Jesús: «Señor, tu amigo querido está enfermo.»

⁴ Cuando Jesús oyó esto, dijo: «Esta enfermedad no terminará en muerte, sino que es para la gloria de Dios, para que por ella el Hijo de Dios sea glorificado.»

⁵ Jesús amaba a Marta, a su hermana y a Lázaro. ⁶ A pesar de eso, cuando oyó que Lázaro estaba enfermo, se quedó dos días más donde se encontraba. ⁷ Después dijo a sus discípulos:

—Volvamos a Judea.

⁸ Rabí —objetaron ellos—, hace muy poco los judíos intentaron apedrearte, ¿y todavía quieres volver allá?

⁹ ¿Acaso el día no tiene doce horas? —respondió Jesús—. El que anda de día no tropieza, porque tiene la luz de este mundo. ¹⁰ Pero el que anda de noche sí tropieza, porque no tiene luz.

¹¹ Dicho esto, añadió:

—Nuestro amigo Lázaro duerme, pero voy a despertarlo.

¹² Señor —respondieron sus discípulos—, si duerme, es que va a recuperarse.

¹³ Jesús les hablaba de la muerte de Lázaro, pero sus discípulos pensaron que se refería al sueño natural. ¹⁴ Por eso les dijo claramente:

—Lázaro ha muerto, ¹⁵ y por causa de ustedes me alegro de no haber estado allí, para que crean. Pero vamos a verlo.

¹⁶ Entonces Tomás, apodado el Gemelo,ᵘ dijo a los otros discípulos:

—Vayamos también nosotros, para morir con él.

¹⁷ A su llegada, Jesús se encontró con que Lázaro llevaba ya cuatro días en el sepulcro. ¹⁸ Betania estaba cerca de Jerusalén, como a tres kilómetrosᵛ de distancia, ¹⁹ y muchos judíos habían ido a casa de Marta y de María, a darles el pésame por la muerte de su hermano. ²⁰ Cuando Marta supo que Jesús llegaba, fue a su encuentro; pero María se quedó en la casa.

²¹ Señor —le dijo Marta a Jesús—, si hubieras estado aquí, mi hermano no habría muerto. ²² Pero yo sé que aun ahora Dios te dará todo lo que le pidas.

²³ Tu hermano resucitará —le dijo Jesús.

²⁴ Yo sé que resucitará en la resurrección, en el día final —respondió Marta.

²⁵ Entonces Jesús le dijo:

—Yo soy la resurrección y la vida. El que cree en mí vivirá, aunque muera; ²⁶ y todo el que vive y cree en mí no morirá jamás. ¿Crees esto?

²⁷ Sí, Señor; yo creo que tú eres el *Cristo, el Hijo de Dios, el que había de venir al mundo.

²⁸ Dicho esto, Marta regresó a la casa y, llamando a su hermana María, le dijo en privado:

—El Maestro está aquí y te llama.

²⁹ Cuando María oyó esto, se levantó rápidamente y fue a su encuentro. ³⁰ Jesús aún no había entrado en el pueblo, sino que todavía estaba en el lugar donde Marta se había encontrado con él. ³¹ Los judíos que habían estado con María en la casa, dándole el pésame, al ver que se había levantado y había salido de prisa, la siguieron, pensando que iba al sepulcro a llorar.

³² Cuando María llegó adonde estaba Jesús y lo vio, se arrojó a sus pies y le dijo:

—Señor, si hubieras estado aquí, mi hermano no habría muerto.

³³ Al ver llorar a María y a los judíos que la habían acompañado, Jesús se turbó y se conmovió profundamente.

³⁴ ¿Dónde lo han puesto? —preguntó.

—Ven a verlo, Señor —le respondieron.

³⁵ Jesús lloró.

³⁶ ¡Miren cuánto lo quería! —dijeron los judíos.

³⁷ Pero algunos de ellos comentaban:

—Éste, que le abrió los ojos al ciego, ¿no podría haber impedido que Lázaro muriera?

³⁸ Conmovido una vez más, Jesús se acercó al sepulcro. Era una cueva cuya entrada estaba tapada con una piedra.

³⁹ Quiten la piedra —ordenó Jesús.

Marta, la hermana del difunto, objetó:

—Señor, ya debe oler mal, pues lleva cuatro días allí.

⁴⁰ ¿No te dije que si crees verás la gloria de Dios? —le contestó Jesús.

⁴¹ Entonces quitaron la piedra. Jesús, alzando la vista, dijo:

—Padre, te doy gracias porque me has escuchado. ⁴² Ya sabía yo que siempre me escuchas, pero lo dije por la gente que está aquí presente, para que crean que tú me enviaste.

⁴³ Dicho esto, gritó con todas sus fuerzas:

—¡Lázaro, sal fuera!

⁴⁴ El muerto salió, con vendas en las manos y en los pies, y el rostro cubierto con un sudario.

—Quítenle las vendas y dejen que se vaya —les dijo Jesús.

Jn   ᵘ **11:16** *apodado el Gemelo.* Lit. llamado Dídimos.   ᵛ **11:18** *tres kilómetros.* Lit. quince **estadios.

2. Conflicto en torno al milagro

Juan 11:45-54

[45] Muchos de los judíos que habían ido a ver a María y que habían presenciado lo hecho por Jesús, creyeron en él. [46] Pero algunos de ellos fueron a ver a los *fariseos y les contaron lo que Jesús había hecho. [47] Entonces los jefes de los sacerdotes y los fariseos convocaron a una reunión del *Consejo.

—¿Qué vamos a hacer? —dijeron—. Este hombre está haciendo muchas señales milagrosas. [48] Si lo dejamos seguir así, todos van a creer en él, y vendrán los romanos y acabarán con nuestro lugar sagrado, e incluso con nuestra nación.

[49] Uno de ellos, llamado Caifás, que ese año era el sumo sacerdote, les dijo:

—¡Ustedes no saben nada en absoluto! [50] No entienden que les conviene más que muera un solo hombre por el pueblo, y no que perezca toda la nación.

[51] Pero esto no lo dijo por su propia cuenta sino que, como era sumo sacerdote ese año, profetizó que Jesús moriría por la nación judía, [52] y no sólo por esa nación sino también por los hijos de Dios que estaban dispersos, para congregarlos y unificarlos. [53] Así que desde ese día convinieron en quitarle la vida.

[54] Por eso Jesús ya no andaba en público entre los judíos. Se retiró más bien a una región cercana al desierto, a un pueblo llamado Efraín, donde se quedó con sus discípulos.

J. Instrucción con respecto a la gratitud

§ 129

Lucas 17:11-19

[11] Un día, siguiendo su viaje a Jerusalén, Jesús pasaba por Samaria y Galilea. [12] Cuando estaba por entrar en un pueblo, salieron a su encuentro diez hombres enfermos de *lepra. Como se habían quedado a cierta distancia, [13] gritaron:

—¡Jesús, Maestro, ten compasión de nosotros!

[14] Al verlos, les dijo:

—Vayan a presentarse a los sacerdotes.

Resultó que, mientras iban de camino, quedaron *limpios.

[15] Uno de ellos, al verse ya sano, regresó alabando a Dios a grandes voces. [16] Cayó rostro en tierra a los pies de Jesús y le dio las gracias, no obstante que era samaritano.

[17] ¿Acaso no quedaron limpios los diez? —preguntó Jesús—. ¿Dónde están los otros nueve? [18] ¿No hubo ninguno que regresara a dar gloria a Dios, excepto este extranjero? [19] Levántate y vete —le dijo al hombre—; tu fe te ha *sanado.

K. Instrucción con respecto a Su Venida

§ 130

Lucas 17:20-37

[20] Los *fariseos le preguntaron a Jesús cuándo iba a venir el reino de Dios, y él les respondió:

—La venida del reino de Dios no se puede someter a cálculos.[o] [21] No van a decir: "¡Mírenlo acá! ¡Mírenlo allá!" Dense cuenta de que el reino de Dios está entre[p] ustedes.

[22] A sus discípulos les dijo:

—Llegará el tiempo en que ustedes anhelarán vivir siquiera uno de los días del Hijo del hombre, pero no podrán. [23] Les dirán: "¡Mírenlo allá! ¡Mírenlo acá!" No vayan; no los sigan. [24] Porque en su día[q] el Hijo del hombre será como el relámpago que fulgura e ilumina el cielo de uno a otro extremo. [25] Pero antes él tiene que sufrir muchas cosas y ser rechazado por esta generación.

[26] »Tal como sucedió en tiempos de Noé, así también será cuando venga el Hijo del hombre. [27] Comían, bebían, y se casaban y daban en casamiento, hasta el día en que Noé entró en el arca; entonces llegó el diluvio y los destruyó a todos.

[28] »Lo mismo sucedió en tiempos de Lot: comían y bebían, compraban y vendían, sembraban y edificaban. [29] Pero el día en que Lot salió de Sodoma, llovió del cielo fuego y azufre y acabó con todos.

[30] »Así será el día en que se manifieste el Hijo del hombre. [31] En aquel día, el que esté en la azotea y tenga sus cosas dentro de la casa, que no baje a buscarlas. Así mismo el que esté en el campo, que no regrese por lo que haya dejado atrás. [32] ¡Acuérdense de la esposa de Lot! [33] El que procure conservar su *vida, la perderá; y el que la pierda, la conservará. [34] Les digo que en aquella noche estarán dos personas en una misma cama: una será llevada y la otra será dejada. [35] Dos mujeres estarán moliendo juntas: una será llevada y la otra será dejada.[r]

[37] ¿Dónde, Señor? —preguntaron.

—Donde esté el cadáver, allí se reunirán los buitres —respondió él.

Lc [o] **17:20** *La venida ... cálculos*. Lit. El reino de Dios no viene con observación. p **17:21** *entre*. Alt. dentro de. q **17:24** Var. no incluye: *en su día*. r **17:35** *dejada*. Var. dejada. Estarán dos hombres en el campo: uno será llevado y el otro será dejado (véase Mt 24:40).

L. Instrucción con respecto a la oración

§ 131

Lucas 18:1-14

[1] Jesús les contó a sus discípulos una parábola para mostrarles que debían orar siempre, sin desanimarse. [2] Les dijo: «Había en cierto pueblo un juez que no tenía temor de Dios ni consideración de nadie. [3] En el mismo pueblo había una viuda que insistía en pedirle: "Hágame usted justicia contra mi adversario." [4] Durante algún tiempo él se negó, pero por fin concluyó: "Aunque no temo a Dios ni tengo consideración de nadie, [5] como esta viuda no deja de molestarme, voy a tener que hacerle justicia, no sea que con sus visitas me haga la vida imposible." »

[6] Continuó el Señor: «Tengan en cuenta lo que dijo el juez injusto. [7] ¿Acaso Dios no hará justicia a sus escogidos, que claman a él día y noche? ¿Se tardará mucho en responderles? [8] Les digo que sí les hará justicia, y sin demora. No obstante, cuando venga el Hijo del hombre, ¿encontrará fe en la tierra?»

[9] A algunos que, confiando en sí mismos, se creían justos y que despreciaban a los demás, Jesús les contó esta parábola: [10] «Dos hombres subieron al *templo a orar; uno era *fariseo, y el otro, *recaudador de impuestos. [11] El fariseo se puso a orar consigo mismo: "Oh Dios, te doy gracias porque no soy como otros hombres —ladrones, malhechores, adúlteros— ni mucho menos como ese recaudador de impuestos. [12] Ayuno dos veces a la semana y doy la décima parte de todo lo que recibo." [13] En cambio, el recaudador de impuestos, que se había quedado a cierta distancia, ni siquiera se atrevía a alzar la vista al cielo, sino que se golpeaba el pecho y decía: "¡Oh Dios, ten compasión de mí, que soy pecador!"

[14] »Les digo que éste, y no aquél, volvió a su casa *justificado ante Dios. Pues todo el que a sí mismo se enaltece será humillado, y el que se humilla será enaltecido.»

M. Instrucción con respecto al divorcio
§ 132
Mateo 19:1-12; Marcos 10:1-12

Mateo

[1] Cuando Jesús acabó de decir estas cosas, salió de Galilea y se fue a la región de Judea, al otro lado del Jordán. [2] Lo siguieron grandes multitudes, y sanó allí a los enfermos.

[3] Algunos fariseos se le acercaron y, para ponerlo a *prueba, le preguntaron:

—¿Está permitido que un hombre se divorcie de su esposa por cualquier motivo?

[4] ¿No han leído —replicó Jesús— que en el principio el Creador "los hizo hombre y mujer",[v] [5] y dijo: "Por eso dejará el hombre a su padre y a su madre, y se unirá a su esposa, y los dos llegarán a ser un solo cuerpo"?[w] [6] Así que ya no son dos, sino uno solo. Por tanto, lo que Dios ha unido, que no lo separe el hombre.

[7] Le replicaron:

—¿Por qué, entonces, mandó Moisés que un hombre le diera a su esposa un certificado de divorcio y la despidiera?

[8] Moisés les permitió divorciarse de su esposa por lo obstinados que son[x] —respondió Jesús—. Pero no fue así desde el principio. [9] Les digo que, excepto en caso de infidelidad conyugal, el que se divorcia de su esposa, y se casa con otra, comete adulterio.

[10] Si tal es la situación entre esposo y esposa —comentaron los discípulos—, es mejor no casarse.

[11] No todos pueden comprender este asunto —respondió Jesús—, sino sólo aquellos a quienes se les ha concedido entenderlo. [12] Pues algunos son *eunucos porque nacieron así; a otros los hicieron así los hombres; y otros se han hecho así por causa del reino de los cielos. El que pueda aceptar esto, que lo acepte.

Marcos

[1] Jesús partió de aquel lugar y se fue a la región de Judea y al otro lado del Jordán. Otra vez se le reunieron las multitudes, y como era su costumbre, les enseñaba.

[2] En eso, unos *fariseos se le acercaron y, para ponerlo a *prueba, le preguntaron:

—¿Está permitido que un hombre se divorcie de su esposa?

[3] ¿Qué les mandó Moisés? —replicó Jesús.

[4] Moisés permitió que un hombre le escribiera un certificado de divorcio y la despidiera —contestaron ellos.

[5] Esa ley la escribió Moisés para ustedes por lo obstinados que son[f] —aclaró Jesús—. [6] Pero al principio de la creación Dios "los hizo hombre y mujer".[g] [7] "Por eso dejará el hombre a su padre y a su madre, y se unirá a su esposa,[h] [8] y los dos llegarán a ser un solo cuerpo."[i] Así que ya no son dos, sino uno solo. [9] Por tanto, lo que Dios ha unido, que no lo separe el hombre.

[10] Vueltos a casa, los discípulos le preguntaron a Jesús sobre este asunto.

[11] El que se divorcia de su esposa y se casa con otra, comete adulterio contra la primera —respondió—. [12] Y si la mujer se divorcia de su esposo y se casa con otro, comete adulterio.

Mt [v] 19:4 Gn 1:27 [w] 19:5 Gn 2:24 [x] 19:8 *por lo obstinados que son*. Lit. por su dureza de corazón.
Mc [f] 10:5 *por lo obstinados que son*. Lit. por su dureza de corazón. [g] 10:6 Gn 1:27 [h] 10:7 Var. no incluye: *y se unirá a su esposa*. [i] 10:8 Gn 2:24

N. Instrucción con respecto a la entrada al Reino

§ 133

Mateo 19:13-15; Marcos 10:13-16; Lucas 18:15-17

Mateo

13 Llevaron unos niños a Jesús para que les impusiera las manos y orara por ellos, pero los discípulos reprendían a quienes los llevaban.

14 Jesús dijo: «Dejen que los niños vengan a mí, y no se lo impidan, porque el reino de los cielos es de quienes como ellos.» 15 Después de poner las manos sobre ellos, se fue de allí.

Marcos

13 Empezaron a llevarle niños a Jesús para que los tocara, pero los discípulos reprendían a quienes los llevaban. 14 Cuando Jesús se dio cuenta, se indignó y les dijo: «Dejen que los niños vengan a mí, y no se lo impidan, porque el reino de Dios es de quienes son como ellos. 15 Les aseguro que el que no reciba el reino de Dios como un niño, de ninguna manera entrará en él.» 16 Y después de abrazarlos, los bendecía poniendo las manos sobre ellos.

Lucas

15 También le llevaban niños pequeños a Jesús para que los tocara. Al ver esto, los discípulos reprendían a quienes los llevaban. 16 Pero Jesús llamó a los niños y dijo: «Dejen que los niños vengan a mí, y no se lo impidan, porque el reino de Dios es de quienes son como ellos. 17 Les aseguro que el que no reciba el reino de Dios como un niño, de ninguna manera entrará en él.»

O. Instrucción con respecto a la vida eterna

§ 134

Mateo 19:16–20:16; Marcos 10:17-31; Lucas 18:18-30

Mateo

16 Sucedió que un hombre se acercó a Jesús y le preguntó:

—Maestro, ¿qué de bueno tengo que hacer para obtener la vida eterna?

17 ¿Por qué me preguntas sobre lo que es bueno? —respondió Jesús—. Solamente hay uno que es bueno. Si quieres entrar en la vida, obedece los mandamientos.

18 ¿Cuáles? —preguntó el hombre.

Contestó Jesús:

—"No mates, no cometas adulterio, no robes, no presentes falso testimonio, 19 honra a tu padre y a tu madre",*y* y "ama a tu prójimo como a ti mismo"*z*.

Marcos

17 Cuando Jesús estaba ya para irse, un hombre llegó corriendo y se postró delante de él.

—Maestro bueno —le preguntó—, ¿qué debo hacer para heredar la vida eterna?

18 ¿Por qué me llamas bueno? —respondió Jesús—. Nadie es bueno sino sólo Dios. 19 Ya sabes los mandamientos: "No mates, no cometas adulterio, no robes, no presentes falso testimonio, no defraudes, honra a tu padre y a tu madre."*j*

20 Maestro —dijo el hombre—, todo eso lo he cumplido desde que era joven.

21 Jesús lo miró con amor y añadió:

Lucas

18 Cierto dirigente le preguntó:

—Maestro bueno, ¿qué tengo que hacer para heredar la vida eterna?

19 ¿Por qué me llamas bueno? —respondió Jesús—. Nadie es bueno sino solo Dios. 20 Ya sabes los mandamientos: "No cometas adulterio, no mates, no robes, no presentes falso testimonio, honra a tu padre y a tu madre."*s*

21 Todo eso lo he cumplido desde que era joven —dijo el hombre.

22 Al oír esto, Jesús añadió:

—Todavía te falta una cosa: vende todo lo que tienes y repártelo entre los pobres, y tendrás

Mateo (Cont.)

20 Todos ésos los he cumplido —dijo el joven—. ¿Qué más me falta?

21 Si quieres ser *perfecto, anda, vende lo que tienes y dáselo a los pobres, y tendrás tesoro en el cielo. Luego ven y sígueme.

22 Cuando el joven oyó esto, se fue triste porque tenía muchas riquezas.

23 Les aseguro —comentó Jesús a sus discípulos— que es difícil para un rico entrar en el reino de los cielos. 24 De hecho, le resulta más fácil a un camello pasar por el ojo de una aguja, que a un rico entrar en el reino de Dios.

25 Al oír esto, los discípulos quedaron desconcertados y decían:

—En ese caso, ¿quién podrá salvarse?

26 Para los hombres es imposible —aclaró Jesús, mirándolos fijamente—, mas para Dios todo es posible.

27 ¡Mira, nosotros lo hemos dejado todo por seguirte! —le reclamó Pedro—. ¿Y qué ganamos con eso?

28 Les aseguro —respondió Jesús— que en la renovación de todas las cosas, cuando el Hijo del hombre se siente en su trono glorioso, ustedes que me han seguido se sentarán también en doce tronos para gobernar a las doce tribus de Israel. 29 Y todo el que por mi causa haya dejado casas, hermanos, hermanas, padre, madre,[a] hijos o terrenos, recibirá cien veces más y heredará la vida eterna. 30 Pero muchos de los primeros serán últimos, y muchos de los últimos serán primeros.

Marcos (Cont.)

—Una sola cosa te falta: anda, vende todo lo que tienes y dáselo a los pobres, y tendrás tesoro en el cielo. Luego ven y sígueme.

22 Al oír esto, el hombre se desanimó y se fue triste porque tenía muchas riquezas.

23 Jesús miró alrededor y les comentó a sus discípulos:

—¡Qué difícil es para los ricos entrar en el reino de Dios!

24 Los discípulos se asombraron de sus palabras.

—Hijos, ¡qué difícil es entrar[k] en el reino de Dios! —repitió Jesús—. 25 Le resulta más fácil a un camello pasar por el ojo de una aguja, que a un rico entrar en el reino de Dios.

26 Los discípulos se asombraron aún más, y decían entre sí: «Entonces, ¿quién podrá salvarse?»

27 Para los hombres es imposible —aclaró Jesús, mirándolos fijamente—, pero no para Dios; de hecho, para Dios todo es posible.

28 ¿Qué de nosotros, que lo hemos dejado todo y te hemos seguido? —comenzó a reclamarle Pedro.

29 Les aseguro —respondió Jesús— que todo el que por mi causa y la del *evangelio haya dejado casa, hermanos, hermanas, madre, padre, hijos o terrenos, 30 recibirá cien veces más ahora en este tiempo (casas, hermanos, hermanas, madres, hijos y terrenos, aunque con persecuciones); y en la edad venidera, la vida eterna. 31 Pero muchos de los primeros serán últimos, y los últimos, primeros.

Lucas (Cont.)

tesoro en el cielo. Luego ven y sígueme.

23 Cuando el hombre oyó esto, se entristeció mucho, pues era muy rico. 24 Al verlo tan afligido, Jesús comentó:

—¡Qué difícil es para los ricos entrar en el reino de Dios! 25 En realidad, le resulta más fácil a un camello pasar por el ojo de una aguja, que a un rico entrar en el reino de Dios.

26 Los que lo oyeron preguntaron:

—Entonces, ¿quién podrá salvarse?

27 Lo que es imposible para los hombres es posible para Dios —aclaró Jesús.

28 Mira —le dijo Pedro—, nosotros hemos dejado todo lo que teníamos para seguirte.

29 Les aseguro —respondió Jesús— que todo el que por causa del reino de Dios haya dejado casa, esposa, hermanos, padres o hijos, 30 recibirá mucho más en este tiempo; y en la edad venidera, la vida eterna.

Mateo (Cont.)

¹ »Así mismo el reino de los cielos se parece a un propietario que salió de madrugada a contratar obreros para su viñedo. ² Acordó darles la paga de un día de trabajo*ᵇ* y los envió a su viñedo. ³ Cerca de las nueve de la mañana,*ᶜ* salió y vio a otros que estaban desocupados en la plaza. ⁴ Les dijo: "Vayan también ustedes a trabajar en mi viñedo, y les pagaré lo que sea justo." ⁵ Así que fueron. Salió de nuevo a eso del mediodía y a la media tarde, e hizo lo mismo. ⁶ Alrededor de las cinco de la tarde, salió y encontró a otros más que estaban sin trabajo. Les preguntó: "¿Por qué han estado aquí desocupados todo el día?" ⁷ "Porque nadie nos ha contratado", contestaron. Él les dijo: "Vayan también ustedes a trabajar en mi viñedo."

⁸ »Al atardecer, el dueño del viñedo le ordenó a su capataz: "Llama a los obreros y págales su jornal, comenzando por los últimos contratados hasta llegar a los primeros." ⁹ Se presentaron los obreros que habían sido contratados cerca de las cinco de la tarde, y cada uno recibió la paga de un día. ¹⁰ Por eso cuando llegaron los que fueron contratados primero, esperaban que recibirían más. Pero cada uno de ellos recibió también la paga de un día. ¹¹ Al recibirla, comenzaron a murmurar contra el propietario. ¹² "Estos que fueron los últimos en ser contratados trabajaron una sola hora —dijeron—, y usted los ha tratado como a nosotros que hemos soportado el peso del trabajo y el calor del día." ¹³ Pero él le contestó a uno de ellos: "Amigo, no estoy cometiendo ninguna injusticia contigo. ¿Acaso no aceptaste trabajar por esa paga? ¹⁴ Tómala y vete. Quiero darle al último obrero contratado lo mismo que te di a ti. ¹⁵ ¿Es que no tengo derecho a hacer lo que quiera con mi dinero? ¿O te da envidia de que yo sea generoso?"*ᵈ*

¹⁶ »Así que los últimos serán primeros, y los primeros, últimos.

Mt   ʸ **19:19** Éx 20:12-16; Dt 5:16-20   ᶻ **19:19** Lv 19:18   ᵃ **19:29** *madre*. Var. madre, esposa.   ᵇ **20:2** *la paga de un día de trabajo*. Lit. un **denario por el día; también en vv. 9,10,13.   ᶜ **20:3** *las nueve de la mañana*. Lit. la hora tercera; en v. 5 la hora sexta y novena; en vv. 6 y 9 la hora undécima.   ᵈ **20:15** *¿O ... generoso?* Lit. ¿O es tu ojo malo porque yo soy bueno?
Mc   ʲ **10:19** Éx 20:12-16; Dt 5:16-20   ᵏ **10:24** *es entrar*. Var. es para los que confían en las riquezas entrar.
Lc   ˢ **18:20** Éx 20:12-16; Dt 5:16-20

P. Instrucción con respecto a su muerte

§   *135*

Mateo 20:17-28; Marcos 10:32-45; Lucas 18:31-34

Mateo

¹⁷ Mientras subía Jesús rumbo a Jerusalén, tomó aparte a los doce discípulos y les dijo: ¹⁸ «Ahora vamos rumbo a Jerusalén, y el Hijo del hombre será entregado a los jefes de los sacerdotes y a los *maestros de la ley. Ellos lo condenarán a muerte ¹⁹ y lo entregarán a los *gentiles para que se burlen de él, lo azoten y lo crucifiquen. Pero al tercer día resucitará.»

²⁰ Entonces la madre de *Jacobo y de Juan,*ᵉ* junto con

Marcos

³² Iban de camino subiendo a Jerusalén, y Jesús se les adelantó. Los discípulos estaban asombrados, y los otros que venían detrás tenían miedo. De nuevo tomó aparte a los doce y comenzó a decirles lo que le iba a suceder. ³³ «Ahora vamos rumbo a Jerusalén, y el Hijo del hombre será entregado a los jefes de los sacerdotes y a los *maestros de la ley. Ellos lo condenarán a muerte y lo entregarán a los *gentiles. ³⁴ Se burlarán de él, le escupirán, lo

Lucas

³¹ Entonces Jesús tomó aparte a los doce y les dijo: «Ahora vamos rumbo a Jerusalén, donde se cumplirá todo lo que escribieron los profetas acerca del Hijo del hombre. ³² En efecto, será entregado a los *gentiles. Se burlarán de él, lo insultarán, le escupirán; ³³ y después de azotarlo, lo matarán. Pero al tercer día resucitará.»

³⁴ Los discípulos no entendieron nada de esto. Les era incomprensible, pues no captaban el sentido de lo que les hablaba.

Mateo (Cont.)

ellos, se acercó a Jesús y, arrodillándose, le pidió un favor.

²¹ ¿Qué quieres? —le preguntó Jesús.

—Ordena que en tu reino uno de estos dos hijos míos se siente a tu *derecha y el otro a tu izquierda.

²² No saben lo que están pidiendo —les replicó Jesús—. ¿Pueden acaso beber el trago amargo de la copa que yo voy a beber?

—Sí, podemos.

²³ Ciertamente beberán de mi copa —les dijo Jesús—, pero el sentarse a mi derecha o a mi izquierda no me corresponde concederlo. Eso ya lo ha decididoᶠ mi Padre.

²⁴ Cuando lo oyeron los otros diez, se indignaron contra los dos hermanos. ²⁵ Jesús los llamó y les dijo:

—Como ustedes saben, los gobernantes de las *naciones oprimen a los súbditos, y los altos oficiales abusan de su autoridad. ²⁶ Pero entre ustedes no debe ser así. Al contrario, el que quiera hacerse grande entre ustedes deberá ser su servidor, ²⁷ y el que quiera ser el primero deberá ser *esclavo de los demás; ²⁸ así como el Hijo del hombre no vino para que le sirvan, sino para servir y para dar su *vida en rescate por muchos.

Marcos (Cont.)

azotarán y lo matarán. Pero a los tres días resucitará.»

³⁵ Se le acercaron *Jacobo y Juan, hijos de Zebedeo.

—Maestro —le dijeron—, queremos que nos concedas lo que te vamos a pedir.

³⁶ ¿Qué quieren que haga por ustedes?

³⁷ Concédenos que en tu glorioso reino uno de nosotros se siente a tu *derecha y el otro a tu izquierda.

³⁸ No saben lo que están pidiendo —les replicó Jesús—. ¿Pueden acaso beber el trago amargo de la copa que yo bebo, o pasar por la prueba del bautismo con el que voy a ser probado?ˡ

³⁹ Sí, podemos.

—Ustedes beberán de la copa que yo bebo —les respondió Jesús— y pasarán por la prueba del bautismo con el que voy a ser probado, ⁴⁰ pero el sentarse a mi derecha o a mi izquierda no me corresponde a mí concederlo. Eso ya está decidido.ᵐ

⁴¹ Los otros diez, al oír la conversación, se indignaron contra Jacobo y Juan. ⁴² Así que Jesús los llamó y les dijo:

—Como ustedes saben, los que se consideran jefes de las *naciones oprimen a los súbditos, y los altos oficiales abusan de su autoridad. ⁴³ Pero entre ustedes no debe ser así. Al contrario, el que quiera hacerse grande entre ustedes deberá ser su servidor, ⁴⁴ y el que quiera ser el primero deberá ser *esclavo de todos. ⁴⁵ Porque ni aun el Hijo del hombre vino para que le sirvan, sino para servir y para dar su *vida en rescate por muchos.

Lucas (Cont.)

Mt ᵉ **20:20** *de Jacobo y de Juan.* Lit. de los hijos de Zebedeo. ᶠ **20:23** *concederlo. Eso ya lo ha decidido.* Lit. concederlo, sino para quienes lo ha preparado.

Mc ˡ **10:38** *beber ... probado?* Lit. beber la copa que yo bebo, o ser bautizados con el bautismo con que yo soy bautizado? ᵐ **10:40** *concederlo. Eso ya está decidido.* Lit. concederlo, sino para quienes está preparado.

Q. Instrucción con respecto a la necesidad de Israel
§ 136
Mateo 20:29-34; Marcos 10:46-52; Lucas 18:35-43

Mateo	Marcos	Lucas

Mateo

29 Una gran multitud seguía a Jesús cuando él salía de Jericó con sus discípulos. 30 Dos ciegos que estaban sentados junto al camino, al oír que pasaba Jesús, gritaron:

—¡Señor, Hijo de David, ten compasión de nosotros!

31 La multitud los reprendía para que se callaran, pero ellos gritaban con más fuerza:

—¡Señor, Hijo de David, ten compasión de nosotros!

32 Jesús se detuvo y los llamó.

—¿Qué quieren que haga por ustedes?

33 Señor, queremos recibir la vista.

34 Jesús se compadeció de ellos y les tocó los ojos. Al instante recobraron la vista y lo siguieron.

Marcos

46 Después llegaron a Jericó. Más tarde, salió Jesús de la ciudad acompañado de sus discípulos y de una gran multitud. Un mendigo ciego llamado Bartimeo (el hijo de Timeo) estaba sentado junto al camino. 47 Al oír que el que venía era Jesús de Nazaret, se puso a gritar:

—¡Jesús, Hijo de David, ten compasión de mí!

48 Muchos lo reprendían para que se callara, pero él se puso a gritar aún más:

—¡Hijo de David, ten compasión de mí!

49 Jesús se detuvo y dijo:

—Llámenlo.

Así que llamaron al ciego.

—¡Ánimo! —le dijeron—. ¡Levántate! Te llama.

50 Él, arrojando la capa, dio un salto y se acercó a Jesús.

51 ¿Qué quieres que haga por ti? —le preguntó.

—Rabí, quiero ver —respondió el ciego.

52 Puedes irte —le dijo Jesús—; tu fe te ha *sanado.

Al momento recobró la vista y empezó a seguir a Jesús por el camino.

Lucas

35 Sucedió que al acercarse Jesús a Jericó, estaba un ciego sentado junto al camino pidiendo limosna. 36 Cuando oyó a la multitud que pasaba, preguntó qué acontecía.

37 Jesús de Nazaret está pasando por aquí —le respondieron.

38 ¡Jesús, Hijo de David, ten compasión de mí! —gritó el ciego.

39 Los que iban delante lo reprendían para que se callara, pero él se puso a gritar aún más fuerte:

—¡Hijo de David, ten compasión de mí!

40 Jesús se detuvo y mandó que se lo trajeran. Cuando el ciego se acercó, le preguntó Jesús:

41 ¿Qué quieres que haga por ti?

—Señor, quiero ver.

42 ¡Recibe la vista! —le dijo Jesús—. Tu fe te ha *sanado.

43 Al instante recobró la vista. Entonces, glorificando a Dios, comenzó a seguir a Jesús, y todos los que lo vieron daban alabanza a Dios.

R. Instrucción con respecto al programa del Reino

§ 137

Lucas 19:1-28

1. Una lección sobre la fe personal

Lucas 19:1-10

[1] Jesús llegó a Jericó y comenzó a cruzar la ciudad. [2] Resulta que había allí un hombre llamado Zaqueo, jefe de los *recaudadores de impuestos, que era muy rico. [3] Estaba tratando de ver quién era Jesús, pero la multitud se lo impedía, pues era de baja estatura. [4] Por eso se adelantó corriendo y se subió a un árbol para poder verlo, ya que Jesús iba a pasar por allí.

[5] Llegando al lugar, Jesús miró hacia arriba y le dijo:

—Zaqueo, baja en seguida. Tengo que quedarme hoy en tu casa.

[6] Así que se apresuró a bajar y, muy contento, recibió a Jesús en su casa.

[7] Al ver esto, todos empezaron a murmurar: «Ha ido a hospedarse con un *pecador.»

[8] Pero Zaqueo dijo resueltamente:

—Mira, Señor: Ahora mismo voy a dar a los pobres la mitad de mis bienes, y si en algo he defraudado a alguien, le devolveré cuatro veces la cantidad que sea.

[9] Hoy ha llegado la salvación a esta casa —le dijo Jesús—, ya que éste también es hijo de Abraham. [10] Porque el Hijo del hombre vino a buscar y a salvar lo que se había perdido.

2. Instrucción con respecto al Reino postergado

Lucas 19:11-28

[11] Como la gente lo escuchaba, pasó a contarles una parábola, porque estaba cerca de Jerusalén y la gente pensaba que el reino de Dios iba a manifestarse en cualquier momento. [12] Así que les dijo: «Un hombre de la nobleza se fue a un país lejano para ser coronado rey y luego regresar. [13] Llamó a diez de sus *siervos y entregó a cada cual una buena cantidad de dinero.ᵗ Les instruyó: "Hagan negocio con este dinero hasta que yo vuelva." [14] Pero sus súbditos lo odiaban y mandaron tras él una delegación a decir: "No queremos a éste por rey."

[15] »A pesar de todo, fue nombrado rey. Cuando regresó a su país, mandó llamar a los siervos a quienes había entregado el dinero, para enterarse de lo que habían ganado. [16] Se presentó el primero y dijo: "Señor, su dineroᵘ ha producido diez veces más." [17] "¡Hiciste bien, siervo bueno! —le respondió el rey—. Puesto que has sido fiel en tan poca cosa, te doy el gobierno de diez ciudades." [18] Se presentó el segundo y dijo: "Señor, su dinero ha producido cinco veces más." [19] El rey le respondió: "A ti te pongo sobre cinco ciudades."

[20] »Llegó otro siervo y dijo: "Señor, aquí tiene su dinero; lo he tenido guardado, envuelto en un pañuelo. [21] Es que le tenía miedo a usted, que es un hombre muy exigente: toma lo que no depositó y cosecha lo que no sembró." [22] El rey le contestó: "Siervo malo, con tus propias palabras te voy a juzgar. ¿Así que sabías que soy muy exigente, que tomo lo que no deposité y cosecho lo que no sembré? [23] Entonces, ¿por qué no pusiste mi dinero en el banco, para que al regresar pudiera reclamar los intereses?" [24] Luego dijo a los presentes: "Quítenle el dinero y dénselo al que recibió diez veces más." [25] "Señor —protestaron—, ¡él ya tiene diez veces más!" [26] El rey contestó: "Les aseguro

que a todo el que tiene, se le dará más, pero al que no tiene, se le quitará hasta lo que tiene. [27] Pero en cuanto a esos enemigos míos que no me querían por rey, tráiganlos acá y mátenlos delante de mí." »

[28] Dicho esto, Jesús siguió adelante, subiendo hacia Jerusalén.

Lc [t] **19:13** *y entregó ... de dinero.* Lit. y les entregó diez **minas (una mina equivalía al salario de unos tres meses).   u **19:16** *dinero.* Lit. mina; también en vv. 18,20,24.

VII. Presentación oficial del Rey §§ *138-149*

A. Llegada a Betania

§ *138*

Juan 11:55–12:1, 9-11

⁵⁵ Faltaba poco para la Pascua judía, así que muchos subieron del campo a Jerusalén para su *purificación ceremonial antes de la Pascua. ⁵⁶ Andaban buscando a Jesús, y mientras estaban en el *templo comentaban entre sí: «¿Qué les parece? ¿Acaso no vendrá a la fiesta?» ⁵⁷ Por su parte, los jefes de los sacerdotes y los fariseos habían dado la orden de que si alguien llegaba a saber dónde estaba Jesús, debía denunciarlo para que lo arrestaran.

¹ Seis días antes de la Pascua llegó Jesús a Betania, donde vivía Lázaro, a quien Jesús había *resucitado.

⁹ Mientras tanto, muchos de los judíos se enteraron de que Jesús estaba allí, y fueron a ver no sólo a Jesús sino también a Lázaro, a quien Jesús había resucitado. ¹⁰ Entonces los jefes de los sacerdotes resolvieron matar también a Lázaro, ¹¹ pues por su causa muchos se apartaban de los judíos y creían en Jesús.

B. Entrada triunfal

§ *139*

Mateo 21:1-11; 14-17; Marcos 11:1-11; Lucas 19:29-44; Juan 12:12-19

Mateo	*Marcos*	*Lucas*	*Juan*
¹ Cuando se acercaban a Jerusalén y llegaron a Betfagué, al monte de los Olivos, Jesús envió a dos discípulos ² con este encargo: «Vayan a la aldea que tienen enfrente, y ahí mismo encontrarán una burra atada, y un burrito con ella. Desátenlos y tráiganmelos.	¹ Cuando se acercaban a Jerusalén y llegaron a Betfagué y a Betania, junto al monte de los Olivos, Jesús envió a dos de sus discípulos ² con este encargo: «Vayan a la aldea que tienen enfrente. Tan pronto como entren en ella, encontrarán atado un burrito,	²⁹ Cuando se acercó a Betfagué y a Betania, junto al monte llamado de los Olivos, envió a dos de sus discípulos con este encargo: ³⁰ «Vayan a la aldea que está enfrente y, al entrar en ella, encontrarán atado a un burrito en el que nadie se ha montado. Desátenlo	¹² Al día siguiente muchos de los que habían ido a la fiesta se enteraron de que Jesús se dirigía a Jerusalén;

Mateo (Cont.)

[3] Si alguien les dice algo, díganle que el Señor los necesita, pero que ya los devolverá.»

[4] Esto sucedió para que se cumpliera lo dicho por el profeta:

[5] «Digan a la hija
        de Sión:
    "Mira, tu rey
        viene hacia
        ti,
    humilde y
        montado
        en un
        burro,
    en un burrito,
        cría de una
        bestia de
        carga." »[g]

[6] Los discípulos fueron e hicieron como les había mandado Jesús. [7] Llevaron la burra y el burrito, y pusieron encima sus mantos, sobre los cuales se sentó Jesús. [8] Había mucha gente que tendía sus mantos sobre el camino; otros cortaban ramas de los árboles y las esparcían en el camino. [9] Tanto la gente que iba delante de él como la que iba detrás, gritaba:

—¡Hosanna[b]
    al Hijo de
    David!

—¡Bendito
    el que
    viene en el
    nombre del
    Señor![i]

Marcos (Cont.)

en el que nunca se ha montado nadie. Desátenlo y tráiganlo acá. [3] Y si alguien les dice: "¿Por qué hacen eso?", díganle: "El Señor lo necesita, y en seguida lo devolverá." »

[4] Fueron, encontraron un burrito afuera en la calle, atado a un portón, y lo desataron. [5] Entonces algunos de los que estaban allí les preguntaron: «¿Qué hacen desatando el burrito?» [6] Ellos contestaron como Jesús les había dicho, y les dejaron desatarlo. [7] Le llevaron, pues, el burrito a Jesús. Luego pusieron encima sus mantos, y él se montó. [8] Muchos tendieron sus mantos sobre el camino; otros usaron ramas que habían cortado en los campos. [9] Tanto los que iban delante como los que iban detrás, gritaban:

—¡Hosanna![n]

—¡Bendito
    el que
    viene en el
    nombre del
    Señor![ñ]

[10] ¡Bendito
    el reino
    venidero
    de nuestro
    padre
    David!

Lucas (Cont.)

y tráiganlo acá. [31] Y si alguien les pregunta: "¿Por qué lo desatan?", díganle: "El Señor lo necesita." »

[32] Fueron y lo encontraron tal como él les había dicho. [33] Cuando estaban desatando el burrito, los dueños les preguntaron:

—¿Por qué desatan el burrito?

[34] El Señor lo necesita —contestaron.

[35] Se lo llevaron, pues, a Jesús. Luego pusieron sus mantos encima del burrito y ayudaron a Jesús a montarse. [36] A medida que avanzaba, la gente tendía sus mantos sobre el camino.

[37] Al acercarse él a la bajada del monte de los Olivos, todos los discípulos se entusiasmaron y comenzaron a alabar a Dios por tantos milagros que habían visto. Gritaban:

[38] ¡Bendito el
    Rey que
    viene en el
    nombre del
    Señor![v]

—¡Paz en el
    cielo y
    gloria en
    las alturas!

[39] Algunos de los *fariseos que estaban entre la gente le reclamaron a Jesús:

—¡Maestro, reprende a tus discípulos!

Juan (Cont.)

[13] tomaron ramas de palma y salieron a recibirlo, gritando a voz en cuello:

—¡Hosanna!

—¡Bendito
    el que
    viene en el
    nombre del
    Señor![y]

—¡Bendito el
    Rey de
    Israel!

[14] Jesús encontró un burrito y se montó en él, como dice la Escritura:

Mateo (Cont.)

—¡Hosanna en
las alturas!

[10] Cuando Jesús entró en Jerusalén, toda la ciudad se conmovió.
—¿Quién es éste? —preguntaban.
[11] Éste es el profeta Jesús, de Nazaret de Galilea —contestaba la gente.
[14] Se le acercaron en el templo ciegos y cojos, y los sanó. [15] Pero cuando los jefes de los sacerdotes y los *maestros de la ley vieron que hacía cosas maravillosas, y que los niños gritaban en el templo: «¡Hosanna al Hijo de David!», se indignaron.
[16] ¿Oyes lo que ésos están diciendo? —protestaron.
—Claro que sí —respondió Jesús—; ¿no han leído nunca:

»"En los labios
de los
pequeños
y de los niños
de pecho
has puesto la
perfecta
alabanza"?[m]

[17] Entonces los dejó y, saliendo de la ciudad, se fue a pasar la noche en Betania.

Marcos (Cont.)

—¡Hosanna en
las alturas!

[11] Jesús entró en Jerusalén y fue al *templo. Después de observarlo todo, como ya era tarde, salió para Betania con los doce.

Lucas (Cont.)

[40] Pero él respondió:
—Les aseguro que si ellos se callan, gritarán las piedras.
[41] Cuando se acercaba a Jerusalén, Jesús vio la ciudad y lloró por ella. [42] Dijo:
—¡Cómo quisiera que hoy supieras lo que te puede traer paz! Pero eso ahora está oculto a tus ojos. [43] Te sobrevendrán días en que tus enemigos levantarán un muro y te rodearán, y te encerrarán por todos lados. [44] Te derribarán a ti y a tus hijos dentro de tus murallas. No dejarán ni una piedra sobre otra, porque no reconociste el tiempo en que Dios vino a salvarte.[w]

Juan (Cont.)

[15] «No temas,
oh hija de
Sión;
mira, que aquí
viene tu
rey,
montado
sobre un
burrito.»[z]

[16] Al principio, sus discípulos no entendieron lo que sucedía. Sólo después de que Jesús fue glorificado se dieron cuenta de que se había cumplido en él lo que de él ya estaba escrito.
[17] La gente que había estado con Jesús cuando él llamó a Lázaro del sepulcro y lo resucitó de entre los muertos, seguía difundiendo la noticia. [18] Muchos que se habían enterado de la señal realizada por Jesús salían a su encuentro. [19] Por eso los *fariseos comentaban entre sí: «Como pueden ver, así no vamos a lograr nada. ¡Miren cómo lo sigue todo el mundo!»

Mt   [g] **21:5** Zac 9:9   [h] **21:9** Expresión hebrea que significa «¡Salva!», y que llegó a ser una exclamación de alabanza; también en v. 15.
      [i] **21:9** Sal 118:26   [m] **21:16** Sal 8:2
Mc   [n] **11:9** Expresión hebrea que significa «¡Salva!», y que llegó a ser una exclamación de alabanza; también en v. 10.   [ñ] **11:9** Sal 118:25,26
Lc   [v] **19:38** Sal 118:26   [w] **19:44** *el tiempo ... salvarte.* Lit. el tiempo de tu visitación.
Jn   [y] **12:13** Sal 118:25,26   [z] **12:15** Zac 9:9

C. La autoridad del rey

§ 140

Mateo 21:12-13, 18-19; Marcos 11:12-18; Lucas 19:45-48

Mateo	Marcos	Lucas
12 Jesús entró en el *templo[j] y echó de allí a todos los que compraban y vendían. Volcó las mesas de los que cambiaban dinero y los puestos de los que vendían palomas. 13 «Escrito está —les dijo—: "Mi casa será llamada casa de oración";[k] pero ustedes la están convirtiendo en "cueva de ladrones".[l]»	12 Al día siguiente, cuando salían de Betania, Jesús tuvo hambre. 13 Viendo a lo lejos una higuera que tenía hojas, fue a ver si hallaba algún fruto. Cuando llegó a ella sólo encontró hojas, porque no era tiempo de higos. 14 «¡Nadie vuelva jamás a comer fruto de ti!», le dijo a la higuera. Y lo oyeron sus discípulos.	
	15 Llegaron, pues, a Jerusalén. Jesús entró en el *templo[o] y comenzó a echar de allí a los que compraban y vendían. Volcó las mesas de los que cambiaban dinero y los puestos de los que vendían palomas, 16 y no permitía que nadie atravesara el templo llevando mercancías. 17 También les enseñaba con estas palabras: «¿No está escrito:	45 Luego entró en el *templo[x] y comenzó a echar de allí a los que estaban vendiendo. 46 «Escrito está —les dijo—: "Mi casa será casa de oración";[y] pero ustedes la han convertido en "cueva de ladrones".[z]»
18 Muy de mañana, cuando volvía a la ciudad, tuvo hambre. 19 Al ver una higuera junto al camino, se acercó a ella, pero no encontró nada más que hojas.		47 Todos los días enseñaba en el templo, y los jefes de los sacerdotes, los *maestros de la ley y los dirigentes del pueblo procuraban matarlo. 48 Sin embargo, no encontraban la manera de hacerlo, porque todo el pueblo lo escuchaba con gran interés.
	»"Mi casa será llamada casa de oración para todas las *naciones"?[p]	
	Pero ustedes la han convertido en "cueva de ladrones".»[q] 18 Los jefes de los sacerdotes y los *maestros de la ley lo oyeron y comenzaron a buscar la manera de matarlo, pues le temían, ya que toda la gente se maravillaba de sus enseñanzas.	

Mt [j] 21:12 Es decir, en el área general del templo; también en vv. 14,15,23. [k] 21:13 Is 56:7 [l] 21:13 Jer 7:11

Mc [o] 11:15 Es decir, en el área general del templo; también en v. 16. [p] 11:17 Is 56:7 [q] 11:17 Jer 7:11

Lc [x] 19:45 Es decir, en el área general del templo. [y] 19:46 Is 56:7 [z] 19:46 Jer 7:11

D. Invitación del rey

§ *141*

Juan 12:20-50

20 Entre los que habían subido a adorar en la fiesta había algunos *griegos. 21 Éstos se acercaron a Felipe, que era de Betsaida de Galilea, y le pidieron:

—Señor, queremos ver a Jesús.

22 Felipe fue a decírselo a Andrés, y ambos fueron a decírselo a Jesús.

23 Ha llegado la hora de que el Hijo del hombre sea glorificado —les contestó Jesús—. 24 Ciertamente les aseguro que si el grano de trigo no cae en tierra y muere, se queda solo. Pero si muere, produce mucho fruto. 25 El que se apega a su *vida la pierde; en cambio, el que aborrece su vida en este mundo, la conserva para la vida eterna. 26 Quien quiera servirme, debe seguirme; y donde yo esté, allí también estará mi siervo. A quien me sirva, mi Padre lo honrará.

27 »Ahora todo mi ser está angustiado, ¿y acaso voy a decir: "Padre, sálvame de esta hora difícil"? ¡Si precisamente para afrontarla he venido! 28 ¡Padre, glorifica tu nombre!

Se oyó entonces, desde el cielo, una voz que decía: «Ya lo he glorificado, y volveré a glorificarlo.» 29 La multitud que estaba allí, y que oyó la voz, decía que había sido un trueno; otros decían que un ángel le había hablado.

30 Esa voz no vino por mí sino por ustedes —dijo Jesús—. 31 El juicio de este mundo ha llegado ya, y el príncipe de este mundo va a ser expulsado. 32 Pero yo, cuando sea levantado de la tierra, atraeré a todos a mí mismo.

33 Con esto daba Jesús a entender de qué manera iba a morir.

34 De la ley hemos sabido —le respondió la gente— que el *Cristo permanecerá para siempre; ¿cómo, pues, dices que el Hijo del hombre tiene que ser levantado? ¿Quién es ese Hijo del hombre?

35 Ustedes van a tener la luz sólo un poco más de tiempo —les dijo Jesús—. Caminen mientras tienen la luz, antes de que los envuelvan las tinieblas. El que camina en las tinieblas no sabe a dónde va. 36 Mientras tienen la luz, crean en ella, para que sean hijos de la luz.

Cuando terminó de hablar, Jesús se fue y se escondió de ellos.

37 A pesar de haber hecho Jesús todas estas señales en presencia de ellos, todavía no creían en él. 38 Así se cumplió lo dicho por el profeta Isaías:

«Señor, ¿quién ha creído a nuestro mensaje,
    y a quién se le ha revelado el poder del Señor?»*a*

39 Por eso no podían creer, pues también había dicho Isaías:

40 «Les ha cegado los ojos
    y endurecido el corazón,
para que no vean con los ojos,
    ni entiendan con el corazón
    ni se conviertan; y yo los sane.»*b*

41 Esto lo dijo Isaías porque vio la gloria de Jesús y habló de él.

42 Sin embargo, muchos de ellos, incluso de entre los jefes, creyeron en él, pero no lo confesaban porque temían que los *fariseos los expulsaran de la sinagoga. 43 Preferían recibir honores de los hombres más que de parte de Dios.

44 «El que cree en mí —clamó Jesús con voz fuerte—, cree no sólo en mí sino en el que me envió. 45 Y el que me ve a mí, ve al que me envió. 46 Yo soy la luz que ha venido al mundo, para que todo el que crea en mí no viva en tinieblas.

[47] »Si alguno escucha mis palabras, pero no las obedece, no seré yo quien lo juzgue; pues no vine a juzgar al mundo sino a salvarlo. [48] El que me rechaza y no acepta mis palabras tiene quien lo juzgue. La palabra que yo he proclamado lo condenará en el día final. [49] Yo no he hablado por mi propia cuenta; el Padre que me envió me ordenó qué decir y cómo decirlo. [50] Y sé muy bien que su mandato es vida eterna. Así que todo lo que digo es lo que el Padre me ha ordenado decir.»

Jn ᵃ **12:38** Is 53:1 ᵇ **12:40** Is 6:10

E. Prueba de la autoridad del Rey
§ 142
Mateo 21:20-22; Marcos 11:19-25; Lucas 21:37-38

Mateo

[20] Los discípulos se asombraron al ver esto.

—¿Cómo es que se secó la higuera tan pronto? —preguntaron ellos.

[21] Les aseguro que si tienen fe y no dudan —les respondió Jesús—, no sólo harán lo que he hecho con la higuera, sino que podrán decirle a este monte: "¡Quítate de ahí y tírate al mar!", y así se hará. [22] Si ustedes creen, recibirán todo lo que pidan en oración.

Marcos

[19] Cuando cayó la tarde, salieronʳ de la ciudad.

[20] Por la mañana, al pasar junto a la higuera, vieron que se había secado de raíz. [21] Pedro, acordándose, le dijo a Jesús:

—¡Rabí, mira, se ha secado la higuera que maldijiste!

[22] Tengan fe en Dios —respondió Jesús—. [23] Les aseguroˢ que si alguno le dice a este monte: "Quítate de ahí y tírate al mar", creyendo, sin abrigar la menor duda de que lo que dice sucederá, lo obtendrá. [24] Por eso les digo: Crean que ya han recibido todo lo que estén pidiendo en oración, y lo obtendrán. [25] Y cuando estén orando, si tienen algo contra alguien, perdónenlo, para que también su Padre que está en el cielo les perdone a ustedes sus pecados.ᵗ

Lucas

[37] De día Jesús enseñaba en el templo, pero salía a pasar la noche en el monte llamado de los Olivos, [38] y toda la gente madrugaba para ir al templo a oírlo.

Mc ʳ **11:19** *salieron*. Var. salió. ˢ **11:22-23** *Tengan fe ... Les aseguro*. Var. Si tienen fe ... les aseguro. ᵗ **11:25** *pecados*. Var. pecados. Pero si ustedes no perdonan, tampoco su Padre que está en el cielo les perdonará a ustedes sus pecados.

F. Desafío a la autoridad del Rey
§§ 143-146
1. De parte de los sacerdotes y ancianos
§ 143

Mateo 21:23-46; 22:14; Marcos 11:27-33; 12:1-12; Lucas 20:1-19

Mateo

23 Jesús entró en el *templo y, mientras enseñaba, se le acercaron los jefes de los sacerdotes y los *ancianos del pueblo.

—¿Con qué autoridad haces esto? —lo interrogaron—. ¿Quién te dio esa autoridad?

24 Yo también voy a hacerles una pregunta. Si me la contestan, les diré con qué autoridad hago esto. 25 El bautismo de Juan, ¿de dónde procedía? ¿Del cielo o de la tierra?[n]

Ellos se pusieron a discutir entre sí: «Si respondemos: "Del cielo", nos dirá: "Entonces, ¿por qué no le creyeron?" 26 Pero si decimos: "De la tierra"... tememos al pueblo, porque todos consideran que Juan era un profeta.» Así que le respondieron a Jesús:

27 No lo sabemos.

—Pues yo tampoco les voy a decir con qué autoridad hago esto.

28 »¿Qué les parece? —continuó Jesús—. Había un hombre que tenía dos hijos. Se dirigió al primero y le pidió: "Hijo, ve a trabajar hoy en el viñedo."

29 "No quiero", contestó, pero después se *arrepintió y fue.

30 Luego el padre se dirigió al otro hijo y le pidió lo mismo. Éste contestó: "Sí, señor"; pero no fue. 31 ¿Cuál de los dos hizo lo que su padre quería?

—El primero —contestaron ellos.

Marcos

27 Llegaron de nuevo a Jerusalén, y mientras Jesús andaba por el *templo, se le acercaron los jefes de los sacerdotes, los *maestros de la ley y los *ancianos.

28 ¿Con qué autoridad haces esto? —lo interrogaron—. ¿Quién te dio autoridad para actuar así?

29 Yo voy a hacerles una pregunta a ustedes —replicó él—. Contéstenmela, y les diré con qué autoridad hago esto: 30 El bautismo de Juan, ¿procedía del cielo o de la tierra?[u] Respóndanme.

31 Ellos se pusieron a discutir entre sí: «Si respondemos: "Del cielo", nos dirá: "Entonces, ¿por qué no le creyeron?" 32 Pero si decimos: "De la tierra" ... » Es que temían al pueblo, porque todos consideraban que Juan era realmente un profeta. 33 Así que le respondieron a Jesús:

—No lo sabemos.

—Pues yo tampoco les voy a decir con qué autoridad hago esto.

Lucas

1 Un día, mientras Jesús enseñaba al pueblo en el *templo y les predicaba el *evangelio, se acercaron los jefes de los sacerdotes y los *maestros de la ley, junto con los *ancianos.

2 Dinos con qué autoridad haces esto —lo interrogaron—. ¿Quién te dio esa autoridad?

3 Yo también voy a hacerles una pregunta a ustedes —replicó él—. Díganme: 4 El bautismo de Juan, ¿procedía del cielo o de la tierra?[a]

5 Ellos, pues, lo discutieron entre sí: «Si respondemos: "Del cielo", nos dirá: "¿Por qué no le creyeron?" 6 Pero si decimos: "De la tierra", todo el pueblo nos apedreará, porque están convencidos de que Juan era un profeta.»

Así que le respondieron:

7 No sabemos de dónde era.

8 Pues yo tampoco les voy a decir con qué autoridad hago esto.

Mateo (Cont.)

Jesús les dijo:

—Les aseguro que los *recaudadores de impuestos y las prostitutas van delante de ustedes hacia el reino de Dios. [32] Porque Juan fue enviado a ustedes a señalarles el camino de la justicia, y no le creyeron, pero los recaudadores de impuestos y las prostitutas sí le creyeron. E incluso después de ver esto, ustedes no se arrepintieron para creerle.

[33] »Escuchen otra parábola: Había un propietario que plantó un viñedo. Lo cercó, cavó un lagar y construyó una torre de vigilancia. Luego arrendó el viñedo a unos labradores y se fue de viaje. [34] Cuando se acercó el tiempo de la cosecha, mandó sus *siervos a los labradores para recibir de éstos lo que le correspondía. [35] Los labradores agarraron a esos siervos; golpearon a uno, mataron a otro y apedrearon a un tercero. [36] Después les mandó otros siervos, en mayor número que la primera vez, y también los maltrataron.

[37] »Por último, les mandó a su propio hijo, pensando: "¡A mi hijo sí lo respetarán!" [38] Pero cuando los labradores vieron al hijo, se dijeron unos a otros: "Éste es el heredero. Matémoslo, para quedarnos con su herencia." [39] Así que le echaron mano, lo arrojaron fuera del viñedo y lo mataron.

[40] »Ahora bien, cuando vuelva el dueño, ¿qué hará con esos labradores?

[41] Hará que esos malvados tengan un fin miserable —respondieron—, y arrendará el viñedo a otros labradores que le den lo que le corresponde

Marcos (Cont.)

[1] Entonces comenzó Jesús a hablarles en parábolas: «Un hombre plantó un viñedo. Lo cercó, cavó un lagar y construyó una torre de vigilancia. Luego arrendó el viñedo a unos labradores y se fue de viaje. [2] Llegada la cosecha, mandó un *siervo a los labradores para recibir de ellos una parte del fruto. [3] Pero ellos lo agarraron, lo golpearon y lo despidieron con las manos vacías. [4] Entonces les mandó otro siervo; a éste le rompieron la cabeza y lo humillaron. [5] Mandó a otro, y a éste lo mataron. Mandó a otros muchos; a unos los golpearon; a otros los mataron.

[6] »Le quedaba todavía uno, su hijo amado. Por último, lo mandó a él, pensando: "¡A mi hijo sí lo respetarán!" [7] Pero aquellos labradores se dijeron unos a otros: "Éste es el heredero. Matémoslo, y la herencia será nuestra." [8] Así que le echaron mano y lo mataron, y lo arrojaron fuera del viñedo.

[9] »¿Qué hará el dueño? Volverá, acabará con los labradores, y dará el viñedo a otros. [10] ¿No han leído ustedes esta Escritura:

Lucas (Cont.)

[9] Pasó luego a contarle a la gente esta parábola:

—Un hombre plantó un viñedo, se lo arrendó a unos labradores y se fue de viaje por largo tiempo. [10] Llegada la cosecha, mandó un *siervo a los labradores para que le dieran parte de la cosecha. Pero los labradores lo golpearon y lo despidieron con las manos vacías. [11] Les envió otro siervo, pero también a éste lo golpearon, lo humillaron y lo despidieron con las manos vacías. [12] Entonces envió un tercero, pero aun a éste lo hirieron y lo expulsaron.

[13] »Entonces pensó el dueño del viñedo: "¿Qué voy a hacer? Enviaré a mi hijo amado; seguro que a él sí lo respetarán." [14] Pero cuando lo vieron los labradores, trataron el asunto. "Éste es el heredero —dijeron—. Matémoslo, y la herencia será nuestra." [15] Así que lo arrojaron fuera del viñedo y lo mataron.

»¿Qué les hará el dueño? [16] Volverá, acabará con esos labradores y dará el viñedo a otros.

Al oír esto, la gente exclamó:

—¡Dios no lo quiera!

Mateo (Cont.)

cuando llegue el tiempo de la cosecha.

[42] Les dijo Jesús:

—¿No han leído nunca en las Escrituras:

»"La piedra que
        desecharon los
        constructores
    ha llegado a ser la
        piedra angular;
    esto es obra del Señor,
        y nos deja
        maravillados"?[ñ]

[43] »Por eso les digo que el reino de Dios se les quitará a ustedes y se le entregará a un pueblo que produzca los frutos del reino. [44] El que caiga sobre esta piedra quedará despedazado, y si ella cae sobre alguien, lo hará polvo.[o]

Marcos (Cont.)

»"La piedra que
        desecharon los
        constructores
    ha llegado a ser la
        piedra angular;
[11] esto es obra del Señor,
        y nos deja
        maravillados"?»[v]

[12] Cayendo en cuenta que la parábola iba dirigida contra ellos, buscaban la manera de arrestarlo. Pero temían a la multitud; así que lo dejaron y se fueron.

Lucas (Cont.)

[17] Mirándolos fijamente, Jesús les dijo:

—Entonces, ¿qué significa esto que está escrito:

»"La piedra que
        desecharon los
        constructores
    ha llegado a ser la
        piedra angular"?[b]

[18] Todo el que caiga sobre esa piedra quedará despedazado, y si ella cae sobre alguien, lo hará polvo.

[19] Los maestros de la ley y los jefes de los sacerdotes, cayendo en cuenta que la parábola iba dirigida contra ellos, buscaron la manera de echarle mano en aquel mismo momento. Pero temían al pueblo.

---

[45] Cuando los jefes de los sacerdotes y los fariseos oyeron las parábolas de Jesús, se dieron cuenta de que hablaba de ellos. [46] Buscaban la manera de arrestarlo, pero temían a la gente porque ésta lo consideraba un profeta.

[1] Jesús volvió a hablarles en parábolas, y les dijo: [2] «El reino de los cielos es como un rey que preparó un banquete de bodas para su hijo. [3] Mandó a sus *siervos que llamaran a los invitados, pero éstos se negaron a asistir al banquete. [4] Luego mandó a otros siervos y les ordenó: "Digan a los invitados que ya he preparado mi comida: Ya han matado mis bueyes y mis reses cebadas, y todo está listo. Vengan al banquete de bodas." [5] Pero ellos no hicieron caso y se fueron: uno a su campo, otro a su negocio. [6] Los demás agarraron a los siervos, los maltrataron y los mataron. [7] El rey se enfureció. Mandó su ejército a destruir a los asesinos y a incendiar su ciudad. [8] Luego dijo a sus siervos: "El banquete de bodas está preparado, pero los que invité no merecían venir. [9] Vayan al cruce de los caminos e inviten al banquete a todos los que encuentren." [10] Así que los siervos salieron a los caminos y reunieron a todos los que pudieron encontrar, buenos y malos, y se llenó de invitados el salón de bodas.

[11] »Cuando el rey entró a ver a los invitados, notó que allí había un hombre que no estaba vestido con el traje de boda. [12] "Amigo, ¿cómo entraste aquí sin el traje de boda?", le dijo. El hombre se quedó callado. [13] Entonces el rey dijo a los sirvientes: "Átenlo de pies y manos, y échenlo afuera, a la oscuridad, donde habrá llanto y rechinar de dientes." [14] Porque muchos son los invitados, pero pocos los escogidos.»

Mt   [n] **21:25** *la tierra.* Lit. los hombres; también en v. 26.   [ñ] **21:42** Sal 118:22,23   [o] **21:44** Var. no incluye v. 44.
Mc   [u] **11:30** *la tierra.* Lit. los hombres; también en v. 32.   [v] **12:11** Sal 118:22,23
Lc   [b] **20:17** Sal 118:22

2. De parte de los fariseos y herodianos
§ 144
Mateo 22:15-22; Marcos 12:13-17; Lucas 20:20-26

Mateo

15 Entonces salieron los fariseos y tramaron cómo tenderle a Jesús una trampa con sus mismas palabras. 16 Enviaron algunos de sus discípulos junto con los herodianos, los cuales le dijeron:

—Maestro, sabemos que eres un hombre íntegro y que enseñas el camino de Dios de acuerdo con la verdad. No te dejas influir por nadie porque no te fijas en las apariencias. 17 Danos tu opinión: ¿Está permitido pagar impuestos al *césar o no?

18 Conociendo sus malas intenciones, Jesús replicó:

—¡*Hipócritas! ¿Por qué me tienden *trampas? 19 Muéstrenme la moneda para el impuesto.

Y se la enseñaron.*ᴾ

20 ¿De quién son esta imagen y esta inscripción? —les preguntó.

21 Del césar —respondieron.

—Entonces denle al césar lo que es del césar y a Dios lo que es de Dios.

22 Al oír esto, se quedaron asombrados. Así que lo dejaron y se fueron.

Marcos

13 Luego enviaron a Jesús algunos de los *fariseos y de los herodianos para tenderle una trampa con sus mismas palabras. 14 Al llegar le dijeron:

—Maestro, sabemos que eres un hombre íntegro. No te dejas influir por nadie porque no te fijas en las apariencias, sino que de verdad enseñas el camino de Dios. ¿Está permitido pagar impuestos al *césar o no? 15 ¿Debemos pagar o no?

Pero Jesús, sabiendo que fingían, les replicó:

—¿Por qué me tienden *trampas? Tráiganme una moneda romanaʷ para verla.

16 Le llevaron la moneda, y él les preguntó:

—¿De quién son esta imagen y esta inscripción?

—Del césar —contestaron.

17 Denle, pues, al césar lo que es del césar, y a Dios lo que es de Dios.

Y se quedaron admirados de él.

Lucas

20 Entonces, para acecharlo, enviaron espías que fingían ser gente honorable. Pensaban atrapar a Jesús en algo que él dijera, y así poder entregarlo a la jurisdicción del gobernador. 21 Maestro —dijeron los espías—, sabemos que lo que dices y enseñas es correcto. No juzgas por las apariencias, sino que de verdad enseñas el camino de Dios. 22 ¿Nos está permitido pagar impuestos al *césar o no?

23 Pero Jesús, dándose cuenta de sus malas intenciones, replicó:

24 Muéstrenme una moneda romana.ᶜ ¿De quién son esta imagen y esta inscripción?

—Del césar —contestaron.

25 Entonces denle al césar lo que es del césar, y a Dios lo que es de Dios.

26 No pudieron atraparlo en lo que decía en público. Así que, admirados de su respuesta, se callaron.

Mt ᴾ **22:19** *se la enseñaron.* Lit. le trajeron un **denario.
Mc ʷ **12:15** *una moneda romana.* Lit. un **denario.
Lc ᶜ **20:24** *una moneda romana.* Lit. un **denario.

3. De parte de los saduceos

§ *145*

Mateo 22:23-33; Marcos 12:18-27; Lucas 20:27-40

Mateo

23 Ese mismo día los saduceos, que decían que no hay resurrección, se le acercaron y le plantearon un problema:

24 Maestro, Moisés nos enseñó que si un hombre muere sin tener hijos, el hermano de ese hombre tiene que casarse con la viuda para que su hermano tenga descendencia. 25 Pues bien, había entre nosotros siete hermanos. El primero se casó y murió y, como no tuvo hijos, dejó la esposa a su hermano. 26 Lo mismo les pasó al segundo y al tercer hermano, y así hasta llegar al séptimo. 27 Por último, murió la mujer. 28 Ahora bien, en la resurrección, ¿de cuál de los siete será esposa esta mujer, ya que todos estuvieron casados con ella?

29 Jesús les contestó:

—Ustedes andan equivocados porque desconocen las Escrituras y el poder de Dios. 30 En la resurrección, las personas no se casarán ni serán dadas en casamiento, sino que serán como los ángeles que están en el cielo. 31 Pero en cuanto a la resurrección de los muertos, ¿no han leído lo que Dios les dijo a ustedes: 32 "Yo soy el Dios de Abraham, de Isaac y de Jacob"?[q] Él no es Dios de muertos, sino de vivos.

33 Al oír esto, la gente quedó admirada de su enseñanza.

Marcos

18 Entonces los saduceos, que dicen que no hay resurrección, fueron a verlo y le plantearon un problema:

19 Maestro, Moisés nos enseñó en sus escritos que si un hombre muere y deja a la viuda sin hijos, el hermano de ese hombre tiene que casarse con la viuda para que su hermano tenga descendencia. 20 Ahora bien, había siete hermanos. El primero se casó y murió sin dejar descendencia. 21 El segundo se casó con la viuda, pero también murió sin dejar descendencia. Lo mismo le pasó al tercero. 22 En fin, ninguno de los siete dejó descendencia. Por último, murió también la mujer. 23 Cuando resuciten, ¿de cuál será esposa esta mujer, ya que los siete estuvieron casados con ella?

24 ¿Acaso no andan ustedes equivocados? —les replicó Jesús—. ¡Es que desconocen las Escrituras y el poder de Dios! 25 Cuando resuciten los muertos, no se casarán ni serán dados en casamiento, sino que serán como los ángeles que están en el cielo. 26 Pero en cuanto a que los muertos resucitan, ¿no han leído en el libro de Moisés, en el pasaje sobre la zarza, cómo Dios le dijo: "Yo soy el Dios de Abraham, de Isaac y de Jacob"?[x] 27 Él no es Dios de muertos, sino de vivos. ¡Ustedes andan muy equivocados!

Lucas

27 Luego, algunos de los saduceos, que decían que no hay resurrección, se acercaron a Jesús y le plantearon un problema:

28 Maestro, Moisés nos enseñó en sus escritos que si un hombre muere y deja a la viuda sin hijos, el hermano de ese hombre tiene que casarse con la viuda para que su hermano tenga descendencia. 29 Pues bien, había siete hermanos. El primero se casó y murió sin dejar hijos. 30 Entonces el segundo 31 y el tercero se casaron con ella, y así sucesivamente murieron los siete sin dejar hijos. 32 Por último, murió también la mujer. 33 Ahora bien, en la resurrección, ¿de cuál será esposa esta mujer, ya que los siete estuvieron casados con ella?

34 La gente de este mundo se casa y se da en casamiento —les contestó Jesús—. 35 Pero en cuanto a los que sean dignos de tomar parte en el mundo venidero por la resurrección: ésos no se casarán ni serán dados en casamiento, 36 ni tampoco podrán morir, pues serán como los ángeles. Son hijos de Dios porque toman parte en la resurrección. 37 Pero que los muertos resucitan lo dio a entender Moisés mismo en el pasaje sobre la zarza, pues llama al Señor "el Dios de Abraham, de Isaac y de Jacob".[d] 38 Él no es Dios de muertos, sino de vivos; en efecto, para él todos ellos viven.

39 Algunos de los *maestros de la ley le respondieron:

—¡Bien dicho, Maestro!

40 Y ya no se atrevieron a hacerle más preguntas.

Mt [q] **22:32** Éx 3:6
Mc [x] **12:26** Éx 3:6
Lc [d] **20:37** Éx 3:6

4. De parte de los fariseos

§ 146

Mateo 22:34-40; Marcos 12:28-34

Mateo

34 Los fariseos se reunieron al oír que Jesús había hecho callar a los saduceos. **35** Uno de ellos, *experto en la ley, le tendió una *trampa con esta pregunta:

36 Maestro, ¿cuál es el mandamiento más importante de la ley?

37 "Ama al Señor tu Dios con todo tu corazón, con todo tu ser y con toda tu mente"*r* —le respondió Jesús—. **38** Éste es el primero y el más importante de los mandamientos. **39** El segundo se parece a éste: "Ama a tu prójimo como a ti mismo."*s* **40** De estos dos mandamientos dependen toda la ley y los profetas.

Marcos

28 Uno de los *maestros de la ley se acercó y los oyó discutiendo. Al ver lo bien que Jesús les había contestado, le preguntó:

—De todos los mandamientos, ¿cuál es el más importante?

29 El más importante es: "Oye, Israel. El Señor nuestro Dios es el único Señor*y* —contestó Jesús—. **30** Ama al Señor tu Dios con todo tu corazón, con toda tu alma, con toda tu mente y con todas tus fuerzas."*z* **31** El segundo es: "Ama a tu prójimo como a ti mismo."*a* No hay otro mandamiento más importante que éstos.

32 Bien dicho, Maestro —respondió el hombre—. Tienes razón al decir que Dios es uno solo y que no hay otro fuera de él. **33** Amarlo con todo el corazón, con todo el entendimiento y con todas las fuerzas, y amar al prójimo como a uno mismo, es más importante que todos los holocaustos y sacrificios.

34 Al ver Jesús que había respondido con inteligencia, le dijo:

—No estás lejos del reino de Dios.

Y desde entonces nadie se atrevió a hacerle más preguntas.

Mt   *q* **22:32** Éx 3:6   *r* **22:37** Dt 6:5   *s* **22:39** Lv 19:18
Mc   *y* **12:29** *Dios es el único Señor.* Alt. Dios, el Señor es uno.   *z* **12:30** Dt 6:4,5   *a* **12:31** Lv 19:18

G. Desafío del Rey

§ 147

Mateo 22:41-46; Marcos 12:35-37; Lucas 20:41-44

Mateo

41 Mientras estaban reunidos los fariseos, Jesús les preguntó:

Marcos

35 Mientras enseñaba en el *templo, Jesús les propuso:

Lucas

41 Pero Jesús les preguntó:

—¿Cómo es que dicen que el *Cristo es el Hijo de David?

42 ¿Qué piensan ustedes acerca del *Cristo? ¿De quién es hijo?

—De David —le respondieron ellos.

43 Entonces, ¿cómo es que David, hablando por el Espíritu, lo llama "Señor"? Él afirma:

44 »"Dijo el Señor a mi
Señor:
'Siéntate a mi
*derecha,
hasta que ponga a tus
enemigos
debajo de tus pies.' "*t*

45 Si David lo llama "Señor", ¿cómo puede entonces ser su hijo?

46 Nadie pudo responderle ni una sola palabra, y desde ese día ninguno se atrevía a hacerle más preguntas.

—¿Cómo es que los *maestros de la ley dicen que el *Cristo es hijo de David? 36 David mismo, hablando por el Espíritu Santo, declaró:

»"Dijo el Señor a mi
Señor:
'Siéntate a mi
*derecha,
hasta que ponga a tus
enemigos
debajo de tus pies.' "*b*

37 Si David mismo lo llama "Señor", ¿cómo puede ser su hijo?

La muchedumbre lo escuchaba con agrado.

42 David mismo declara en el libro de los Salmos:

»"Dijo el Señor a mi
Señor:
'Siéntate a mi
*derecha,
43 hasta que ponga a tus
enemigos
por estrado de tus
pies.' "*e*

44 David lo llama "Señor". ¿Cómo puede entonces ser su hijo?

Mt *t* **22:44** Sal 110:1
Mc *b* **12:36** Sal 110:1
Lc *e* **20:43** Sal 110:1

H. Juicio del Rey

§   148

Mateo 23:1-39; Marcos 12:38-40; Lucas 20:45-47

Mateo

1 Después de esto, Jesús dijo a la gente y a sus discípulos: 2 «Los *maestros de la ley y los fariseos tienen la responsabilidad de interpretar a Moisés.*u* 3 Así que ustedes deben obedecerlos y hacer todo lo que les digan. Pero no hagan lo que hacen ellos, porque no practican lo que predican. 4 Atan cargas pesadas y las ponen sobre la

Marcos

38 Como parte de su enseñanza Jesús decía:
—Tengan cuidado de los *maestros de la ley.

Lucas

45 Mientras todo el pueblo lo escuchaba, Jesús les dijo a sus discípulos:
46 Cuídense de los *maestros de la ley.

Mateo (Cont.)	Marcos (Cont.)	Lucas (Cont.)
espalda de los demás, pero ellos mismos no están dispuestos a mover ni un dedo para levantarlas. ⁵ »Todo lo hacen para que la gente los vea: Usan filacterias grandes y adornan sus ropas con borlas vistosas;ᵛ ⁶ se mueren por el lugar de honor en los banquetes y los primeros asientos en las sinagogas, ⁷ y porque la gente los salude en las plazas y los llame "Rabí". ⁸ »Pero no permitan que a ustedes se les llame "Rabí", porque tienen un solo Maestro y todos ustedes son hermanos. ⁹ Y no llamen "padre" a nadie	Les gusta pasearse con ropas ostentosas y que los saluden en las plazas, ³⁹ ocupar los primeros asientos en las sinagogas y los lugares de honor en los banquetes. ⁴⁰ Se apoderan de los bienes de las viudas y a la vez hacen largas plegarias para impresionar a los demás. Éstos recibirán peor castigo.	Les gusta pasearse con ropas ostentosas y les encanta que los saluden en las plazas, y ocupar el primer puesto en las sinagogas y los lugares de honor en los banquetes. ⁴⁷ Devoran los bienes de las viudas y a la vez hacen largas plegarias para impresionar a los demás. Éstos recibirán peor castigo.

en la tierra, porque ustedes tienen un solo Padre, y él está en el cielo. ¹⁰ Ni permitan que los llamen "maestro", porque tienen un solo Maestro, el *Cristo. ¹¹ El más importante entre ustedes será siervo de los demás. ¹² Porque el que a sí mismo se enaltece será humillado, y el que se humilla será enaltecido.

¹³ »¡Ay de ustedes, maestros de la ley y fariseos, *hipócritas! Les cierran a los demás el reino de los cielos, y ni entran ustedes ni dejan entrar a los que intentan hacerlo.ʷ

¹⁵ »¡Ay de ustedes, maestros de la ley y fariseos, hipócritas! Recorren tierra y mar para ganar un solo adepto, y cuando lo han logrado lo hacen dos veces más merecedor del infiernoˣ que ustedes.

¹⁶ »¡Ay de ustedes, guías ciegos!, que dicen: "Si alguien jura por el templo, no significa nada; pero si jura por el oro del templo, queda obligado por su juramento." ¹⁷ ¡Ciegos insensatos! ¿Qué es más importante: el oro, o el templo que hace sagrado al oro? ¹⁸ También dicen ustedes: "Si alguien jura por el altar, no significa nada; pero si jura por la ofrenda que está sobre él, queda obligado por su juramento." ¹⁹ ¡Ciegos! ¿Qué es más importante: la ofrenda, o el altar que hace sagrada la ofrenda? ²⁰ Por tanto, el que jura por el altar, jura no sólo por el altar sino por todo lo que está sobre él. ²¹ El que jura por el templo, jura no sólo por el templo sino por quien habita en él. ²² Y el que jura por el cielo, jura por el trono de Dios y por aquel que lo ocupa.

²³ »¡Ay de ustedes, maestros de la ley y fariseos, hipócritas! Dan la décima parte de sus especias: la menta, el anís y el comino. Pero han descuidado los asuntos más importantes de la ley, tales como la justicia, la misericordia y la *fidelidad. Debían haber practicado esto sin descuidar aquello. ²⁴ ¡Guías ciegos! Cuelan el mosquito pero se tragan el camello.

²⁵ »¡Ay de ustedes, maestros de la ley y fariseos, hipócritas! *Limpian el exterior del vaso y del plato, pero por dentro están llenos de robo y de desenfreno. ²⁶ ¡Fariseo ciego! Limpia primero por dentro el vaso y el plato, y así quedará limpio también por fuera.

²⁷ »¡Ay de ustedes, maestros de la ley y fariseos, hipócritas!, que son como sepulcros blanqueados. Por fuera lucen hermosos pero por dentro están llenos de huesos de muertos y de podredumbre. ²⁸ Así también ustedes, por fuera dan la impresión de ser justos pero por dentro están llenos de hipocresía y de maldad.

²⁹ »¡Ay de ustedes, maestros de la ley y fariseos, hipócritas! Construyen sepulcros para los profetas y adornan los monumentos de los justos. ³⁰ Y dicen: "Si hubiéramos vivido nosotros en los días de nuestros antepasados, no habríamos sido cómplices de ellos para derramar la sangre de los profetas."

³¹ Pero así quedan implicados ustedes al declararse descendientes de los que asesinaron a los profetas. ³² ¡Completen de una vez por todas lo que sus antepasados comenzaron!

³³ »¡Serpientes! ¡Camada de víboras! ¿Cómo escaparán ustedes de la condenación del infierno?ʸ ³⁴ Por eso yo les voy a enviar profetas, sabios y maestros. A algunos de ellos ustedes los matarán y crucificarán; a otros los azotarán en sus sinagogas y los perseguirán de pueblo en pueblo. ³⁵ Así recaerá sobre ustedes la culpa de toda la sangre justa que ha sido derramada sobre la tierra, desde la sangre del justo Abel hasta la de Zacarías, hijo de Berequías, a quien ustedes asesinaron entre el *santuario y el altar de los sacrificios. ³⁶ Les aseguro que todo esto vendrá sobre esta generación.

³⁷ »¡Jerusalén, Jerusalén, que matas a los profetas y apedreas a los que se te envían! ¡Cuántas veces quise reunir a tus hijos, como reúne la gallina a sus pollitos debajo de sus alas, pero no quisiste! ³⁸ Pues bien, la casa de ustedes va a quedar abandonada. ³⁹ Y les advierto que ya no volverán a verme hasta que digan: "¡Bendito el que viene en el nombre del Señor!"ᶻ»

Mt   ᵘ **23:2** *tienen ... Moisés.* Lit. se sientan en la cátedra de Moisés.   ᵛ **23:5** *Usan ... vistosas.* Lit. Ensanchan sus filacterias y engrandecen las borlas. Las filacterias eran pequeñas cajas en las que llevaban textos de las Escrituras en la frente y en los brazos; las borlas simbolizaban obediencia a los mandamientos (véanse Nm 15:38-39; Dt 6:8; 11:18).   ʷ **23:13** *hacerlo.* Var. hacerlo. **14** ¡Ay de ustedes, maestros de la ley y fariseos, hipócritas! Ustedes devoran las casas de las viudas y por las apariencias hacen largas plegarias. Por esto se les castigará con más severidad.   ˣ **23:15** *merecedor del infierno.* Lit. hijo de la **Gehenna.   ʸ **23:33** *del infierno.* Lit. de la **Gehenna.   ᶻ **23:39** Sal 118:26

I. Instrucción en el tesoro

§ 149

Marcos 12:41-44; Lucas 21:1-4

Marcos

⁴¹ Jesús se sentó frente al lugar donde se depositaban las ofrendas, y estuvo observando cómo la gente echaba sus monedas en las alcancías del *templo. Muchos ricos echaban grandes cantidades. ⁴² Pero una viuda pobre llegó y echó dos moneditas de muy poco valor.ᶜ

⁴³ Jesús llamó a sus discípulos y les dijo: «Les aseguro que esta viuda pobre ha echado en el tesoro más que todos los demás. ⁴⁴ Éstos dieron de lo que les sobraba; pero ella, de su pobreza, echó todo lo que tenía, todo su sustento.»

Lucas

¹ Jesús se detuvo a observar y vio a los ricos que echaban sus ofrendas en las alcancías del *templo. ² También vio a una viuda pobre que echaba dos moneditas de cobre.ᶠ

³ Les aseguro —dijo— que esta viuda pobre ha echado más que todos los demás. ⁴ Todos ellos dieron sus ofrendas de lo que les sobraba; pero ella, de su pobreza, echó todo lo que tenía para su sustento.

Mc   ᶜ **12:42** *dos moneditas de muy poco valor.* Lit. dos **lepta, que es un cuadrante.
Lc   ᶠ **21:2** *dos moneditas de cobre.* Lit. dos **lepta.

VIII. Preparativos antes de la muerte del Rey §§ 150-167

A. Predicciones de Cristo
§ 150
Mateo 24:1-25:46; Marcos 13:1-37; Lucas 21:5-36

1. La pregunta
Mateo 24:1-3; Marcos 13:1-4; Lucas 21:5-7

Mateo

¹ Jesús salió del *templo y, mientras caminaba, se le acercaron sus discípulos y le mostraron los edificios del templo. ² Pero él les dijo:

—¿Ven todo esto? Les aseguro que no quedará piedra sobre piedra, pues todo será derribado.

³ Más tarde estaba Jesús sentado en el monte de los Olivos, cuando llegaron los discípulos y le preguntaron en privado:

—¿Cuándo sucederá eso, y cuál será la señal de tu venida y del fin del mundo?

Marcos

¹ Cuando salía Jesús del *templo, le dijo uno de sus discípulos:

—¡Mira, Maestro! ¡Qué piedras! ¡Qué edificios!

² ¿Ves todos estos grandiosos edificios? —contestó Jesús—. No quedará piedra sobre piedra; todo será derribado.

³ Más tarde estaba Jesús sentado en el monte de los Olivos, frente al templo. Y Pedro, *Jacobo, Juan y Andrés le preguntaron en privado:

⁴ Dinos, ¿cuándo sucederá eso? ¿Y cuál será la señal de que todo está a punto de cumplirse?

Lucas

⁵ Algunos de sus discípulos comentaban acerca del *templo, de cómo estaba adornado con hermosas piedras y con ofrendas dedicadas a Dios. Pero Jesús dijo:

⁶ En cuanto a todo esto que ven ustedes, llegará el día en que no quedará piedra sobre piedra; todo será derribado.

⁷ Maestro —le preguntaron—, ¿cuándo sucederá eso, y cuál será la señal de que está a punto de suceder?

2. La tribulación

Mateo 24:4-26; Marcos 13:5-23; Lucas 21:8-26

a. La primera mitad

Mateo 24:4-8; Marcos 13:5-8; Lucas 21:8-11

Mateo

4 Tengan cuidado de que nadie los engañe —les advirtió Jesús—. 5 Vendrán muchos que, usando mi nombre, dirán: "Yo soy el *Cristo", y engañarán a muchos. 6 Ustedes oirán de guerras y de rumores de guerras, pero procuren no alarmarse. Es necesario que eso suceda, pero no será todavía el fin. 7 Se levantará nación contra nación, y reino contra reino. Habrá hambres y terremotos por todas partes. 8 Todo esto será apenas el comienzo de los dolores.

Marcos

5 Tengan cuidado de que nadie los engañe —comenzó Jesús a advertirles—. 6 Vendrán muchos que, usando mi nombre, dirán: "Yo soy", y engañarán a muchos. 7 Cuando sepan de guerras y de rumores de guerras, no se alarmen. Es necesario que eso suceda, pero no será todavía el fin. 8 Se levantará nación contra nación, y reino contra reino. Habrá terremotos por todas partes; también habrá hambre. Esto será apenas el comienzo de los dolores.

Lucas

8 Tengan cuidado; no se dejen engañar —les advirtió Jesús—. Vendrán muchos que usando mi nombre dirán: "Yo soy", y: "El tiempo está cerca." No los sigan ustedes. 9 Cuando sepan de guerras y de revoluciones, no se asusten. Es necesario que eso suceda primero, pero el fin no vendrá en seguida.

10 »Se levantará nación contra nación, y reino contra reino —continuó—. 11 Habrá grandes terremotos, hambre y epidemias por todas partes, cosas espantosas y grandes señales del cielo.

b. La segunda mitad

Mateo 24:9-14; Marcos 13:9-13; Lucas 21:12-19

Mateo

9 »Entonces los entregarán a ustedes para que los persigan y los maten, y los odiarán todas las *naciones por causa de mi nombre. 10 En aquel tiempo muchos se apartarán de la fe; unos a otros se traicionarán y se odiarán; 11 y surgirá un gran número de falsos profetas que engañarán a muchos. 12 Habrá tanta maldad que el amor de muchos se enfriará, 13 pero el que se mantenga firme hasta el fin será salvo. 14 Y este *evangelio del reino se predicará en

Marcos

9 »Pero ustedes cuídense. Los entregarán a los tribunales y los azotarán en las sinagogas. Por mi causa comparecerán ante gobernadores y reyes para dar testimonio ante ellos.

10 Pero primero tendrá que predicarse el *evangelio a todas

Lucas

12 »Pero antes de todo esto, echarán mano de ustedes y los perseguirán. Los entregarán a las sinagogas y a las cárceles, y por causa de mi nombre los llevarán ante reyes y gobernadores. 13 Así tendrán ustedes la oportunidad de dar testimonio ante ellos.

Mateo (Cont.)
todo el mundo como testimonio a todas las naciones, y entonces vendrá el fin.

Marcos (Cont.)
las *naciones. [11] Y cuando los arresten y los sometan a juicio, no se preocupen de antemano por lo que van a decir. Sólo declaren lo que se les dé a decir en ese momento, porque no serán ustedes los que hablen, sino el Espíritu Santo.

[12] »El hermano entregará a la muerte al hermano, y el padre al hijo. Los hijos se rebelarán contra sus padres y les darán muerte. [13] Todo el mundo los odiará a ustedes por causa de mi nombre, pero el que se mantenga firme hasta el fin será salvo.

Lucas (Cont.)
[14] Pero tengan en cuenta que no hay por qué preparar una defensa de antemano, [15] pues yo mismo les daré tal elocuencia y sabiduría para responder, que ningún adversario podrá resistirles ni contradecirles. [16] Ustedes serán traicionados aun por sus padres, hermanos, parientes y amigos, y a algunos de ustedes se les dará muerte. [17] Todo el mundo los odiará por causa de mi nombre. [18] Pero no se perderá ni un solo cabello de su cabeza. [19] Si se mantienen firmes, se salvarán.[g]

Lc [g] **21:19** *Si ... salvarán*. Lit. Por su perseverancia obtendrán sus almas.

c. Repetición y explicación
Mateo 24:15-26; Marcos 13:14-23; Lucas 21:20-26

Mateo

Marcos

Lucas
[20] »Ahora bien, cuando vean a Jerusalén rodeada de ejércitos, sepan que su desolación ya está cerca. [21] Entonces los que estén en Judea huyan a las montañas, los que estén en la ciudad salgan de ella, y los que estén en el campo no entren en la ciudad. [22] Ése será el tiempo del juicio cuando se cumplirá todo lo que está escrito. [23] ¡Ay de las que estén embarazadas o amamantando en aquellos días! Porque habrá gran aflicción en la tierra, y castigo contra este pueblo. [24] Caerán a filo de espada y los llevarán cautivos a todas las naciones. Los *gentiles pisotearán a Jerusalén, hasta que se cumplan los tiempos señalados para ellos.

¹⁵ »Así que cuando vean en el lugar santo "el horrible sacrilegio",ᵃ de la que habló el profeta Daniel (el que lee, que lo entienda), ¹⁶ los que estén en Judea huyan a las montañas. ¹⁷ El que esté en la azotea no baje a llevarse nada de su casa. ¹⁸ Y el que esté en el campo no regrese para buscar su capa. ¹⁹ ¡Qué terrible será en aquellos días para las que estén embarazadas o amamantando! ²⁰ Oren para que su huida no suceda en invierno ni en *sábado. ²¹ Porque habrá una gran tribulación, como no la ha habido desde el principio del mundo hasta ahora, ni la habrá jamás. ²² Si no se acortaran esos días, nadie sobreviviría, pero por causa de los elegidos se acortarán. ²³ Entonces, si alguien les dice a ustedes: "¡Miren, aquí está el Cristo!" o "¡Allí está!", no lo crean. ²⁴ Porque surgirán falsos Cristos y falsos profetas que harán grandes señales y milagros para engañar, de ser posible, aun a los elegidos. ²⁵ Fíjense que se lo he dicho a ustedes de antemano.

²⁶ »Por eso, si les dicen: "¡Miren que está en el desierto!", no salgan; o: "¡Miren que está en la casa!", no lo crean.

¹⁴ »Ahora bien, cuando vean "el horrible sacrilegio"ᵈ donde no debe estar (el que lee, que lo entienda), entonces los que estén en Judea huyan a las montañas. ¹⁵ El que esté en la azotea no baje ni entre en casa para llevarse nada. ¹⁶ Y el que esté en el campo no regrese para buscar su capa. ¹⁷ ¡Ay de las que estén embarazadas o amamantando en aquellos días! ¹⁸ Oren para que esto no suceda en invierno, ¹⁹ porque serán días de tribulación como no la ha habido desde el principio, cuando Dios creó el mundo,ᵉ ni la habrá jamás. ²⁰ Si el Señor no hubiera acortado esos días, nadie sobreviviría. Pero por causa de los que él ha elegido, los ha acortado. ²¹ Entonces, si alguien les dice a ustedes: "¡Miren, aquí está el *Cristo!" o "¡Miren, allí está!", no lo crean. ²² Porque surgirán falsos Cristos y falsos profetas que harán señales y milagros para engañar, de ser posible, aun a los elegidos. ²³ Así que tengan cuidado; los he prevenido de todo.

²⁵ »Habrá señales en el sol, la luna y las estrellas. En la tierra, las naciones estarán angustiadas y perplejas por el bramido y la agitación del mar. ²⁶ Se desmayarán de terror los hombres, temerosos por lo que va a sucederle al mundo, porque los cuerpos celestes serán sacudidos.

Mt   ᵃ **24:15** *el horrible sacrilegio*. Lit. la abominación de la desolación; Dn 9:27; 11:31; 12:11.
Mc   ᵈ **13:14** *el horrible sacrilegio*. Lit. la abominación de desolación; Dn 9:27; 11:31; 12:11.   ᵉ **13:19** *desde ... mundo*. Lit. desde el principio de la creación que creó Dios hasta ahora.

3. El segundo advenimiento

Mateo 24:27-30; Marcos 13:24-27; Lucas 21:27-28

Mateo	*Marcos*	*Lucas*
27 Porque así como el relámpago que sale del oriente se ve hasta en el occidente, así será la venida del Hijo del hombre. 28 Donde esté el cadáver, allí se reunirán los buitres.		
29 »Inmediatamente después de la tribulación de aquellos días,	24 »Pero en aquellos días, después de esa tribulación,	
»"se oscurecerá el sol y no brillará más la luna; las estrellas caerán del cielo y los cuerpos celestes serán sacudidos".*b*	»"se oscurecerá el sol y no brillará más la luna; 25 las estrellas caerán del cielo y los cuerpos celestes serán sacudidos" *f*	
30 »La señal del Hijo del hombre aparecerá en el cielo, y se angustiarán todas las razas de la tierra. Verán al Hijo del hombre venir sobre las nubes del cielo con poder y gran gloria.	26 »Verán entonces al Hijo del hombre venir en las nubes con gran poder y gloria. 27 Y él enviará a sus ángeles para reunir de los cuatro vientos a los elegidos, desde los confines de la tierra hasta los confines del cielo.	27 Entonces verán al Hijo del hombre venir en una nube con poder y gran gloria. 28 Cuando comiencen a suceder estas cosas, cobren ánimo y levanten la cabeza, porque se acerca su redención.

Mt b **24:29** Is 13:10; 34:4
Mc f **13:25** Is 13:10; 34:4

4. Reunificación de Israel

Mateo 24:31

31 Y al sonido de la gran trompeta mandará a sus ángeles, y reunirán de los cuatro vientos a los elegidos, de un extremo al otro del cielo.

5. Exhortaciones en parábolas

Mateo 24:32-51; Marcos 13:28-37; Lucas 21:29-36

a. La higuera

Mateo 24:32-44; Marcos 13:28-37; Lucas 21:29-36

Mateo	*Marcos*	*Lucas*
³² »Aprendan de la higuera esta lección: Tan pronto como se ponen tiernas sus ramas y brotan sus hojas, ustedes saben que el verano está cerca. ³³ Igualmente, cuando vean todas estas cosas, sepan que el tiempo está cerca, a las puertas. ³⁴ Les aseguro que no pasará esta generación hasta que todas estas cosas sucedan. ³⁵ El cielo y la tierra pasarán, pero mis palabras jamás pasarán.	²⁸ »Aprendan de la higuera esta lección: Tan pronto como se ponen tiernas sus ramas y brotan sus hojas, ustedes saben que el verano está cerca. ²⁹ Igualmente, cuando vean que suceden estas cosas, sepan que el tiempo está cerca, a las puertas. ³⁰ Les aseguro que no pasará esta generación hasta que todas estas cosas sucedan. ³¹ El cielo y la tierra pasarán, pero mis palabras jamás pasarán.	²⁹ Jesús también les propuso esta comparación: —Fíjense en la higuera y en los demás árboles. ³⁰ Cuando brotan las hojas, ustedes pueden ver por sí mismos y saber que el verano está cerca. ³¹ Igualmente, cuando vean que suceden estas cosas, sepan que el reino de Dios está cerca.
³⁶ »Pero en cuanto al día y la hora, nadie lo sabe, ni siquiera los ángeles en el cielo, ni el Hijo,ᶜ sino sólo el Padre. ³⁷ La venida del Hijo del hombre será como en tiempos de Noé. ³⁸ Porque en los días antes del diluvio comían, bebían y se casaban y daban en casamiento, hasta el día en que Noé entró en el arca; ³⁹ y no supieron nada de lo que sucedería hasta que llegó el diluvio y se los llevó a todos. Así será en la venida del Hijo del hombre. ⁴⁰ Estarán dos hombres en el campo: uno será llevado y el otro será dejado. ⁴¹ Dos mujeres estarán moliendo: una será llevada y la otra será dejada.	³² »Pero en cuanto al día y la hora, nadie lo sabe, ni siquiera los ángeles en el cielo, ni el Hijo, sino sólo el Padre. ³³ ¡Estén alerta! ¡Vigilen!ᵍ Porque ustedes no saben cuándo llegará ese momento. ³⁴ Es como cuando un hombre sale de viaje y deja su casa al cuidado de sus siervos, cada uno con su tarea, y le manda al portero que vigile.	³² »Les aseguro que no pasará esta generación hasta que todas estas cosas sucedan. ³³ El cielo y la tierra pasarán, pero mis palabras jamás pasarán. ³⁴ »Tengan cuidado, no sea que se les endurezca el corazón por el vicio, la embriaguez y las preocupaciones de esta vida. De otra manera, aquel día caerá de improviso sobre ustedes, ³⁵ pues vendrá como una trampa sobre todos los habitantes de la tierra. ³⁶ Estén siempre vigilantes, y oren para que puedan escapar de todo lo que está por suceder, y presentarse delante del Hijo del hombre.
⁴² »Por lo tanto, manténganse despiertos, porque no saben qué día vendrá su Señor. ⁴³ Pero entiendan esto: Si un dueño de casa supiera a qué hora de la noche va a llegar el ladrón, se mantendría despierto para no	³⁵ »Por lo tanto, manténganse despiertos, porque no saben cuándo volverá el dueño de la casa, si al atardecer, o a la medianoche, o al canto del gallo, o al amanecer; ³⁶ no sea que venga de repente y los encuentre dormidos. ³⁷ Lo que les digo a ustedes, se lo digo a todos: ¡Manténganse despiertos!	

Mateo (Cont.)
dejarlo forzar la entrada. ⁴⁴ Por
eso también ustedes deben estar
preparados, porque el Hijo del
hombre vendrá cuando menos
lo esperen.

Mt   ᶜ **24:36** Var. no incluye: *ni el Hijo.*
Mc   ᵍ **13:33** *¡Vigilen!* Var. ¡Vigilen y oren!

b. El siervo fiel

Mateo 24:45-51

⁴⁵ »¿Quién es el *siervo fiel y prudente a quien su señor ha dejado encargado de los sirvientes para darles la comida a su debido tiempo? ⁴⁶ *Dichoso el siervo cuando su señor, al regresar, lo encuentra cumpliendo con su deber. ⁴⁷ Les aseguro que lo pondrá a cargo de todos sus bienes. ⁴⁸ Pero ¿qué tal si ese siervo malo se pone a pensar: "Mi señor se está demorando", ⁴⁹ y luego comienza a golpear a sus compañeros, y a comer y beber con los borrachos? ⁵⁰ El día en que el siervo menos lo espere y a la hora menos pensada el señor volverá. ⁵¹ Lo castigará severamente y le impondrá la condena que reciben los *hipócritas. Y habrá llanto y rechinar de dientes.

6. Juicio sobre Israel

Mateo 25:1-30

a. Las diez vírgenes

Mateo 25:1-13

¹ »El reino de los cielos será entonces como diez jóvenes solteras que tomaron sus lámparas y salieron a recibir al novio. ² Cinco de ellas eran insensatas y cinco prudentes. ³ Las insensatas llevaron sus lámparas, pero no se abastecieron de aceite. ⁴ En cambio, las prudentes llevaron vasijas de aceite junto con sus lámparas. ⁵ Y como el novio tardaba en llegar, a todas les dio sueño y se durmieron. ⁶ A medianoche se oyó un grito: "¡Ahí viene el novio! ¡Salgan a recibirlo!" ⁷ Entonces todas las jóvenes se despertaron y se pusieron a preparar sus lámparas. ⁸ Las insensatas dijeron a las prudentes: "Dennos un poco de su aceite porque nuestras lámparas se están apagando." ⁹ "No —respondieron éstas—, porque así no va a alcanzar ni para nosotras ni para ustedes. Es mejor que vayan a los que venden aceite, y compren para ustedes mismas." ¹⁰ Pero mientras iban a comprar el aceite llegó el novio, y las jóvenes que estaban preparadas entraron con él al banquete de bodas. Y se cerró la puerta. ¹¹ Después llegaron también las otras. "¡Señor! ¡Señor! —suplicaban—. ¡Ábrenos la puerta!" ¹² "No, no las conozco!", respondió él.

¹³ »Por tanto —agregó Jesús—, manténganse despiertos porque no saben ni el día ni la hora.

b. Los talentos

Mateo 25:14-30

[14] »El reino de los cielos será también como un hombre que, al emprender un viaje, llamó a sus *siervos y les encargó sus bienes. [15] A uno le dio cinco mil monedas de oro,[d] a otro dos mil y a otro sólo mil, a cada uno según su capacidad. Luego se fue de viaje. [16] El que había recibido las cinco mil fue en seguida y negoció con ellas y ganó otras cinco mil. [17] Así mismo, el que recibió dos mil ganó otras dos mil. [18] Pero el que había recibido mil fue, cavó un hoyo en la tierra y escondió el dinero de su señor.

[19] »Después de mucho tiempo volvió el señor de aquellos siervos y arregló cuentas con ellos. [20] El que había recibido las cinco mil monedas llegó con las otras cinco mil. "Señor —dijo—, usted me encargó cinco mil monedas. Mire, he ganado otras cinco mil." [21] Su señor le respondió: "¡Hiciste bien, siervo bueno y fiel! En lo poco has sido fiel; te pondré a cargo de mucho más. ¡Ven a compartir la felicidad de tu señor!" [22] Llegó también el que recibió dos mil monedas. "Señor —informó—, usted me encargó dos mil monedas. Mire, he ganado otras dos mil." [23] Su señor le respondió: "¡Hiciste bien, siervo bueno y fiel! Has sido fiel en lo poco; te pondré a cargo de mucho más. ¡Ven a compartir la felicidad de tu señor!"

[24] »Después llegó el que había recibido sólo mil monedas. "Señor —explicó—, yo sabía que usted es un hombre duro, que cosecha donde no ha sembrado y recoge donde no ha esparcido. [25] Así que tuve miedo, y fui y escondí su dinero en la tierra. Mire, aquí tiene lo que es suyo." [26] Pero su señor le contestó: "¡Siervo malo y perezoso! ¿Así que sabías que cosecho donde no he sembrado y recojo donde no he esparcido? [27] Pues debías haber depositado mi dinero en el banco, para que a mi regreso lo hubiera recibido con intereses.

[28] » "Quítenle las mil monedas y dénselas al que tiene las diez mil. [29] Porque a todo el que tiene, se le dará más, y tendrá en abundancia. Al que no tiene se le quitará hasta lo que tiene. [30] Y a ese siervo inútil échenlo afuera, a la oscuridad, donde habrá llanto y rechinar de dientes."

Mt   [d] **25:15** *cinco mil monedas de oro*. Lit. cinco **talentos (y así sucesivamente en el resto de este pasaje).

7. Juicio sobre los gentiles

Mateo 25:31-46

[31] »Cuando el Hijo del hombre venga en su gloria, con todos sus ángeles, se sentará en su trono glorioso. [32] Todas las naciones se reunirán delante de él, y él separará a unos de otros, como separa el pastor las ovejas de las cabras. [33] Pondrá las ovejas a su *derecha, y las cabras a su izquierda.

[34] »Entonces dirá el Rey a los que estén a su derecha: "Vengan ustedes, a quienes mi Padre ha bendecido; reciban su herencia, el reino preparado para ustedes desde la creación del mundo. [35] Porque tuve hambre, y ustedes me dieron de comer; tuve sed, y me dieron de beber; fui forastero, y me dieron alojamiento; [36] necesité ropa, y me vistieron; estuve enfermo, y me atendieron; estuve en la cárcel, y me visitaron." [37] Y le contestarán los justos: "Señor, ¿cuándo te vimos hambriento y te alimentamos, o sediento y te dimos de beber? [38] ¿Cuándo te vimos como forastero y te dimos alojamiento, o necesitado de ropa y te vestimos? [39] ¿Cuándo te vimos enfermo o en la cárcel y te visitamos?" [40] El Rey les responderá: "Les aseguro que todo lo que hicieron por uno de mis hermanos, aun por el más pequeño, lo hicieron por mí."

[41] »Luego dirá a los que estén a su izquierda: "Apártense de mí, malditos, al fuego eterno preparado para el diablo y sus ángeles. [42] Porque tuve hambre, y ustedes no me dieron nada de comer; tuve sed, y no me dieron nada de beber; [43] fui forastero, y no me dieron alojamiento; necesité ropa,

y no me vistieron; estuve enfermo y en la cárcel, y no me atendieron." [44] Ellos también le contestarán: "Señor, ¿cuándo te vimos hambriento o sediento, o como forastero, o necesitado de ropa, o enfermo, o en la cárcel, y no te ayudamos?" [45] Él les responderá: "Les aseguro que todo lo que no hicieron por el más pequeño de mis hermanos, tampoco lo hicieron por mí."

[46] »Aquéllos irán al castigo eterno, y los justos a la vida eterna.

B. Preparativos antes de la muerte de Cristo
§§ 151-160
1. Predicción de su muerte
§ 151
Mateo 26:1-2; Marcos 14:1; Lucas 22:1

Mateo

[1] Después de exponer todas estas cosas, Jesús les dijo a sus discípulos: [2] «Como ya saben, faltan dos días para la Pascua, y el Hijo del hombre será entregado para que lo crucifiquen.»

Marcos

[1] Faltaban sólo dos días para la Pascua y para la fiesta de los Panes sin levadura. Los jefes de los sacerdotes y los *maestros de la ley buscaban con artimañas cómo arrestar a Jesús para matarlo.

Lucas

[1] Se aproximaba la fiesta de los Panes sin levadura, llamada la Pascua.

2. El plan de los gobernantes
§ 152
Mateo 26:3-5; Marcos 14:1-2: Lucas 22:2

Mateo

[3] Se reunieron entonces los jefes de los sacerdotes y los *ancianos del pueblo en el palacio de Caifás, el sumo sacerdote, [4] y con artimañas buscaban cómo arrestar a Jesús para matarlo. [5] «Pero no durante la fiesta —decían—, no sea que se amotine el pueblo.»

Marcos

[1] Faltaban sólo dos días para la Pascua y para la fiesta de los Panes sin levadura. Los jefes de los sacerdotes y los *maestros de la ley buscaban con artimañas cómo arrestar a Jesús para matarlo. [2] Por eso decían: «No durante la fiesta, no sea que se amotine el pueblo.»

Lucas

[2] Los jefes de los sacerdotes y los *maestros de la ley buscaban algún modo de acabar con Jesús, porque temían al pueblo.

3. Ungido con perfume

§ 153

Mateo 26:6-13: Marcos 14:3-9; Juan 12:2-8

Mateo

⁶ Estando Jesús en Betania, en casa de Simón llamado el Leproso, ⁷ se acercó una mujer con un frasco de alabastro lleno de un perfume muy caro, y lo derramó sobre la cabeza de Jesús mientras él estaba *sentado a la mesa.

⁸ Al ver esto, los discípulos se indignaron.

—¿Para qué este desperdicio? —dijeron—. ⁹ Podía haberse vendido este perfume por mucho dinero para darlo a los pobres.

¹⁰ Consciente de ello, Jesús les dijo:

—¿Por qué molestan a esta mujer? Ella ha hecho una obra hermosa conmigo. ¹¹ A los pobres siempre los tendrán con ustedes, pero a mí no me van a tener siempre. ¹² Al derramar ella este perfume sobre mi cuerpo, lo hizo a fin de prepararme para la sepultura. ¹³ Les aseguro que en cualquier parte del mundo donde se predique este *evangelio, se contará también, en memoria de esta mujer, lo que ella hizo.

Marcos

³ En Betania, mientras estaba él *sentado a la mesa en casa de Simón llamado el leproso, llegó una mujer con un frasco de alabastro lleno de un perfume muy costoso, hecho de nardo puro. Rompió el frasco y derramó el perfume sobre la cabeza de Jesús.

⁴ Algunos de los presentes comentaban indignados:

—¿Para qué este desperdicio de perfume? ⁵ Podía haberse vendido por muchísimo dineroʰ para darlo a los pobres.

Y la reprendían con severidad.

⁶ Déjenla en paz —dijo Jesús—. ¿Por qué la molestan? Ella ha hecho una obra hermosa conmigo. ⁷ A los pobres siempre los tendrán con ustedes, y podrán ayudarlos cuando quieran; pero a mí no me van a tener siempre. ⁸ Ella hizo lo que pudo. Ungió mi cuerpo de antemano, preparándolo para la sepultura. ⁹ Les aseguro que en cualquier parte del mundo donde se predique el *evangelio, se contará también, en memoria de esta mujer, lo que ella hizo.

Juan

² Allí se dio una cena en honor de Jesús. Marta servía, y Lázaro era uno de los que estaban a la mesa con él. ³ María tomó entonces como medio litro de nardo puro, que era un perfume muy caro, y lo derramó sobre los pies de Jesús, secándoselos luego con sus cabellos. Y la casa se llenó de la fragancia del perfume.

⁴ Judas Iscariote, que era uno de sus discípulos y que más tarde lo traicionaría, objetó:

⁵ ¿Por qué no se vendió este perfume, que vale muchísimo dinero,ʷ para dárselo a los pobres?

⁶ Dijo esto, no porque se interesara por los pobres sino porque era un ladrón y, como tenía a su cargo la bolsa del dinero, acostumbraba robarse lo que echaban en ella.

⁷ Déjala en paz —respondió Jesús—. Ella ha estado guardando este perfume para el día de mi sepultura.ˣ ⁸ A los pobres siempre los tendrán con ustedes, pero a mí no siempre me tendrán.

Mc ʰ **14:5** *muchísimo dinero*. Lit. más de trescientos **denarios.

Jn ʷ **12:5** *perfume ... dinero*. Lit. perfume por trescientos **denarios.   ˣ **12:7** *Jesús—. Ella ... sepultura*. Var. Jesús— para que guarde ((es decir, se acuerde de)) esto el día de mi sepultura.

4. Promesa de traición
§ 154
Mateo 26:14-16; Marcos 14:10-11: Lucas 22:3-6

Mateo

¹⁴ Uno de los doce, el que se llamaba Judas Iscariote, fue a ver a los jefes de los sacerdotes. ¹⁵ ¿Cuánto me dan, y yo les entrego a Jesús? —les propuso.

Decidieron pagarle treinta monedas de plata. ¹⁶ Y desde entonces Judas buscaba una oportunidad para entregarlo.

Marcos

¹⁰ Judas Iscariote, uno de los doce, fue a los jefes de los sacerdotes para entregarles a Jesús. ¹¹ Ellos se alegraron al oírlo, y prometieron darle dinero. Así que él buscaba la ocasión propicia para entregarlo.

Lucas

³ Entonces entró Satanás en Judas, uno de los doce, al que llamaban Iscariote. ⁴ Éste fue a los jefes de los sacerdotes y a los capitanes del *templo para tratar con ellos cómo les entregaría a Jesús. ⁵ Ellos se alegraron y acordaron darle dinero. ⁶ Él aceptó, y comenzó a buscar una oportunidad para entregarles a Jesús cuando no hubiera gente.

5. Preparativos para la Pascua
§ 155
Mateo 26:17-19; Marcos 14:12-16; Lucas 22:7-13

Mateo

¹⁷ El primer día de la fiesta de los Panes sin levadura, se acercaron los discípulos a Jesús y le preguntaron:

—¿Dónde quieres que hagamos los preparativos para que comas la Pascua?

¹⁸ Él les respondió que fueran a la ciudad, a la casa de cierto hombre, y le dijeran: «El Maestro dice: "Mi tiempo está cerca. Voy a celebrar la Pascua en tu casa con mis discípulos."» ¹⁹ Los discípulos hicieron entonces como Jesús les había mandado, y prepararon la Pascua.

Marcos

¹² El primer día de la fiesta de los Panes sin levadura, cuando se acostumbraba sacrificar el cordero de la Pascua, los discípulos le preguntaron a Jesús:

—¿Dónde quieres que vayamos a hacer los preparativos para que comas la Pascua?

¹³ Él envió a dos de sus discípulos con este encargo:

—Vayan a la ciudad y les saldrá al encuentro un hombre que lleva un cántaro de agua. Síganlo, ¹⁴ y allí donde entre díganle al dueño: "El Maestro pregunta: ¿Dónde está la sala en la que pueda comer la Pascua con mis discípulos?" ¹⁵ Él les mostrará en la planta alta una sala amplia, amueblada y arreglada. Preparen allí nuestra cena.

Lucas

⁷ Cuando llegó el día de la fiesta de los Panes sin levadura, en que debía sacrificarse el cordero de la Pascua, ⁸ Jesús envió a Pedro y a Juan, diciéndoles:

—Vayan a hacer los preparativos para que comamos la Pascua.

⁹ ¿Dónde quieres que la preparemos? —le preguntaron.

¹⁰ Miren —contestó él—: al entrar ustedes en la ciudad les saldrá al encuentro un hombre que lleva un cántaro de agua. Síganlo hasta la casa en que entre, ¹¹ y díganle al dueño de la casa: "El Maestro pregunta: ¿Dónde está la sala en la que voy a comer la Pascua con mis discípulos?" ¹² Él les mostrará en la planta alta una sala amplia y amueblada. Preparen allí la cena.

Marcos (Cont.)

16 Los discípulos salieron, entraron en la ciudad y encontraron todo tal y como les había dicho Jesús. Así que prepararon la Pascua.

Lucas (Cont.)

13 Ellos se fueron y encontraron todo tal como les había dicho Jesús. Así que prepararon la Pascua.

6. Observancia de la Pascua
§ 156
Mateo 26:20; Marcos 14:17; Lucas 22:14-16; 24-30

Mateo

20 Al anochecer, Jesús estaba *sentado a la mesa con los doce.

Marcos

17 Al anochecer llegó Jesús con los doce.

Lucas

14 Cuando llegó la hora, Jesús y sus apóstoles se *sentaron a la mesa. 15 Entonces les dijo:

—He tenido muchísimos deseos de comer esta Pascua con ustedes antes de padecer, 16 pues les digo que no volveré a comerla hasta que tenga su pleno cumplimiento en el reino de Dios.

24 Tuvieron además un altercado sobre cuál de ellos sería el más importante. 25 Jesús les dijo:

—Los reyes de las *naciones oprimen a sus súbditos, y los que ejercen autoridad sobre ellos se llaman a sí mismos benefactores. 26 No sea así entre ustedes. Al contrario, el mayor debe comportarse como el menor, y el que manda como el que sirve. 27 Porque, ¿quién es más importante, el que está a la mesa o el que sirve? ¿No lo es el que está sentado a la mesa? Sin embargo, yo estoy entre ustedes como uno que sirve. 28 Ahora bien, ustedes son los que han estado siempre a mi lado en mis *pruebas. 29 Por eso, yo mismo les concedo un reino, así como mi Padre me lo concedió a mí, 30 para que coman y beban a mi mesa en mi reino, y se sienten en tronos para juzgar a las doce tribus de Israel.

7. Jesús da el ejemplo

§ *157*

Juan 13:1-20

[1] Se acercaba la fiesta de la Pascua. Jesús sabía que le había llegado la hora de abandonar este mundo para volver al Padre. Y habiendo amado a los suyos que estaban en el mundo, los amó hasta el fin.[c]

[2] Llegó la hora de la cena. El diablo ya había incitado a Judas Iscariote, hijo de Simón, para que traicionara a Jesús. [3] Sabía Jesús que el Padre había puesto todas las cosas bajo su dominio, y que había salido de Dios y a él volvía; [4] así que se levantó de la mesa, se quitó el manto y se ató una toalla a la cintura. [5] Luego echó agua en un recipiente y comenzó a lavarles los pies a sus discípulos y a secárselos con la toalla que llevaba a la cintura.

[6] Cuando llegó a Simón Pedro, éste le dijo:

—¿Y tú, Señor, me vas a lavar los pies a mí?

[7] Ahora no entiendes lo que estoy haciendo —le respondió Jesús—, pero lo entenderás más tarde.

[8] ¡No! —protestó Pedro—. ¡Jamás me lavarás los pies!

—Si no te los lavo,[d] no tendrás parte conmigo.

[9] Entonces, Señor, ¡no sólo los pies sino también las manos y la cabeza!

[10] El que ya se ha bañado no necesita lavarse más que los pies —le contestó Jesús—; pues ya todo su cuerpo está limpio. Y ustedes ya están limpios, aunque no todos.

[11] Jesús sabía quién lo iba a traicionar, y por eso dijo que no todos estaban limpios.

[12] Cuando terminó de lavarles los pies, se puso el manto y volvió a su lugar. Entonces les dijo:

—¿Entienden lo que he hecho con ustedes? [13] Ustedes me llaman Maestro y Señor, y dicen bien, porque lo soy. [14] Pues si yo, el Señor y el Maestro, les he lavado los pies, también ustedes deben lavarse los pies los unos a los otros. [15] Les he puesto el ejemplo, para que hagan lo mismo que yo he hecho con ustedes. [16] Ciertamente les aseguro que ningún *siervo es más que su amo, y ningún mensajero es más que el que lo envió. [17] ¿Entienden esto? *Dichosos serán si lo ponen en práctica.

[18] »No me refiero a todos ustedes; yo sé a quiénes he escogido. Pero esto es para que se cumpla la Escritura: "El que comparte el pan conmigo me ha puesto la zancadilla."[e]

[19] »Les digo esto ahora, antes de que suceda, para que cuando suceda crean que yo soy. [20] Ciertamente les aseguro que el que recibe al que yo envío me recibe a mí, y el que me recibe a mí recibe al que me envió.

Jn [c] **13:1** *hasta el fin.* Alt. hasta lo sumo. [d] **13:8** *te los lavo.* Lit. te lavo. [e] **13:18** Sal 41:9

8. Predicción de la traición de Judas

§ *158*

Mateo 26:21-25; Marcos 14:18-21: Lucas 22:21-23; Juan 13:21-30

Mateo	*Marcos*	*Lucas*	*Juan*
[21] Mientras comían, les dijo:	[18] Mientras estaban *sentados a la mesa comiendo, dijo:	[21] Pero sepan que la mano del que va a traicionarme está con la mía, sobre la mesa.	[21] Dicho esto, Jesús se angustió profundamente y declaró:

Mateo (Cont.)

—Les aseguro que uno de ustedes me va a traicionar.

²² Ellos se entristecieron mucho, y uno por uno comenzaron a preguntarle:

—¿Acaso seré yo, Señor?

²³ El que mete la mano conmigo en el plato es el que me va a traicionar —respondió Jesús—. ²⁴ A la verdad el Hijo del hombre se irá, tal como está escrito de él, pero ¡ay de aquel que lo traiciona! Más le valdría a ese hombre no haber nacido.

²⁵ ¿Acaso seré yo, Rabí? —le dijo Judas, el que lo iba a traicionar.

—Tú lo has dicho —le contestó Jesús.

Marcos (Cont.)

—Les aseguro que uno de ustedes, que está comiendo conmigo, me va a traicionar.

¹⁹ Ellos se pusieron tristes, y uno tras otro empezaron a preguntarle:

—¿Acaso seré yo?

²⁰ Es uno de los doce —contestó—, uno que moja el pan conmigo en el plato. ²¹ A la verdad, el Hijo del hombre se irá tal como está escrito de él, pero ¡ay de aquel que lo traiciona! Más le valdría a ese hombre no haber nacido.

Lucas (Cont.)

²² A la verdad el Hijo del hombre se irá según está decretado, pero ¡ay de aquel que lo traiciona!

²³ Entonces comenzaron a preguntarse unos a otros quién de ellos haría esto.

Juan (Cont.)

—Ciertamente les aseguro que uno de ustedes me va a traicionar.

²² Los discípulos se miraban unos a otros sin saber a cuál de ellos se refería. ²³ Uno de ellos, el discípulo a quien Jesús amaba, estaba a su lado. ²⁴ Simón Pedro le hizo señas a ese discípulo y le dijo:

—Pregúntale a quién se refiere.

²⁵ Señor, ¿quién es? —preguntó él, reclinándose sobre Jesús.

²⁶ Aquel a quien yo le dé este pedazo de pan que voy a mojar en el plato —le contestó Jesús.

Acto seguido, mojó el pedazo de pan y se lo dio a Judas Iscariote, hijo de Simón. ²⁷ Tan pronto como Judas tomó el pan, Satanás entró en él.

—Lo que vas a hacer, hazlo pronto —le dijo Jesús.

²⁸ Ninguno de los que estaban a la mesa entendió por qué le dijo eso Jesús. ²⁹ Como Judas era el encargado del dinero, algunos pensaron que Jesús le estaba diciendo que comprara lo necesario para la fiesta, o que diera algo a los pobres. ³⁰ En cuanto Judas tomó el pan, salió de allí. Ya era de noche.

9. Predicción de la negación de Pedro

§ *159*

Mateo 26:31-35; Marcos 14:27-31; Lucas 22:31-38; Juan 13:37-38

Mateo	*Marcos*	*Lucas*	*Juan*

Mateo

31 Esta misma noche —les dijo Jesús— todos ustedes me abandonarán, porque está escrito:

»"Heriré al
        pastor,
y se dispersarán
    las ovejas
        del
        rebaño."*f*

32 Pero después de que yo resucite, iré delante de ustedes a Galilea.
33 Aunque todos te abandonen —declaró Pedro—, yo jamás lo haré.
34 Te aseguro —le contestó Jesús— que esta misma noche, antes de que cante el gallo, me negarás tres veces.
35 Aunque tenga que morir contigo —insistió Pedro—, jamás te negaré.
Y los demás discípulos dijeron lo mismo.

Marcos

27 Todos ustedes me abandonarán —les dijo Jesús—, porque está escrito:

»"Heriré al
        pastor,
y se dispersarán
        las ovejas."*j*

28 Pero después de que yo resucite, iré delante de ustedes a Galilea.
29 Aunque todos te abandonen, yo no —declaró Pedro.
30 Te aseguro —le contestó Jesús— que hoy, esta misma noche, antes de que el gallo cante por segunda vez,*k* me negarás tres veces.
31 Aunque tenga que morir contigo —insistió Pedro con vehemencia—, jamás te negaré.
Y los demás dijeron lo mismo.

Lucas

31 »Simón, Simón, mira que Satanás ha pedido zarandearlos a ustedes como si fueran trigo. **32** Pero yo he orado por ti, para que no falle tu fe. Y tú, cuando te hayas vuelto a mí, fortalece a tus hermanos.
33 Señor —respondió Pedro—, estoy dispuesto a ir contigo tanto a la cárcel como a la muerte.
34 Pedro, te digo que hoy mismo, antes de que cante el gallo, tres veces negarás que me conoces.
35 Luego Jesús dijo a todos:
—Cuando los envié a ustedes sin monedero ni bolsa ni sandalias, ¿acaso les faltó algo?
—Nada —respondieron.
36 Ahora, en cambio, el que tenga un monedero, que lo lleve; así mismo, el que tenga una bolsa. Y el que nada tenga, que venda su manto y compre una espada. **37** Porque les digo que tiene que cumplirse en mí aquello que está escrito: "Y fue contado entre los transgresores."*h* En efecto, lo que se ha

Juan

37 Señor —insistió Pedro—, ¿por qué no puedo seguirte ahora? Por ti daré hasta la *vida.
38 ¿Tú darás la vida por mí? ¡De veras te aseguro que antes de que cante el gallo, me negarás tres veces!

Lucas (Cont.)

escrito de mí se está cumpliendo.*ⁱ*

38 Mira, Señor —le señalaron los discípulos—, aquí hay dos espadas.

—¡Basta! —les contestó.

Mt ᶠ **26:31** Zac 13:7
Mc ʲ **14:27** Zac 13:7   ᵏ **14:30** Var. no incluye: *por segunda vez.*
Lc ʰ **22:37** Is 53:12   ⁱ **22:37** *En efecto ... cumpliendo.* Lit. Porque lo que es acerca de mí tiene fin.

10. Institución de un recordatorio

§ 160

Mateo 26:26-30; Marcos 14:22-26; Lucas 22:17-20

Mateo	*Marcos*	*Lucas*
26 Mientras comían, Jesús tomó pan y lo bendijo. Luego lo partió y se lo dio a sus discípulos, diciéndoles: —Tomen y coman; esto es mi cuerpo. **27** Después tomó la copa, dio gracias, y se la ofreció diciéndoles: —Beban de ella todos ustedes. **28** Esto es mi sangre del pacto,ᵉ que es derramada por muchos para el perdón de pecados. **29** Les digo que no beberé de este fruto de la vid desde ahora en adelante, hasta el día en que beba con ustedes el vino nuevo en el reino de mi Padre. **30** Después de cantar los salmos, salieron al monte de los Olivos.	**22** Mientras comían, Jesús tomó pan y lo bendijo. Luego lo partió y se lo dio a ellos, diciéndoles: —Tomen; esto es mi cuerpo. **23** Después tomó una copa, dio gracias y se la dio a ellos, y todos bebieron de ella. **24** Esto es mi sangre del pacto,ⁱ que es derramada por muchos —les dijo—. **25** Les aseguro que no volveré a beber del fruto de la vid hasta aquel día en que beba el vino nuevo en el reino de Dios. **26** Después de cantar los salmos, salieron al monte de los Olivos.	**17** Luego tomó la copa, dio gracias y dijo: —Tomen esto y repártanlo entre ustedes. **18** Les digo que no volveré a beber del fruto de la vid hasta que venga el reino de Dios. **19** También tomó pan y, después de dar gracias, lo partió, se lo dio a ellos y dijo: —Este pan es mi cuerpo, entregado por ustedes; hagan esto en memoria de mí. **20** De la misma manera tomó la copa después de la cena, y dijo: —Esta copa es el nuevo pacto en mi sangre, que es derramada por ustedes.

Mt ᵍ **26:28** *del pacto.* Var. del nuevo pacto (véase Lc 22:20).
Mc ⁱ **14:24** *del pacto.* Var. del nuevo pacto (véase Lc 22:20).

C. Preceptos de Cristo

§ 161-165

Juan 13:31—16:33

1. Prólogo

§ 161

Juan 13:31-35

[31] Cuando Judas hubo salido, Jesús dijo:

—Ahora es glorificado el Hijo del hombre, y Dios es glorificado en él. [32] Si Dios es glorificado en él,*f* Dios glorificará al Hijo en sí mismo, y lo hará muy pronto.

[33] »Mis queridos hijos, poco tiempo me queda para estar con ustedes. Me buscarán, y lo que antes les dije a los judíos, ahora se lo digo a ustedes: Adonde yo voy, ustedes no pueden ir.

[34] »Este mandamiento nuevo les doy: que se amen los unos a los otros. Así como yo los he amado, también ustedes deben amarse los unos a los otros. [35] De este modo todos sabrán que son mis discípulos, si se aman los unos a los otros.

Jn f **13:32** Var. no incluye: *Si Dios es glorificado en él.*

2. Problemas

§ 162

Juan 13:36-14:24

[36] ¿Y a dónde vas, Señor ? —preguntó Simón Pedro.

—Adonde yo voy, no puedes seguirme ahora, pero me seguirás más tarde.

[1] »No se angustien. Confíen en Dios, y confíen también en mí.*g* [2] En el hogar de mi Padre hay muchas viviendas; si no fuera así, ya se lo habría dicho a ustedes. Voy a prepararles un lugar. [3] Y si me voy y se lo preparo, vendré para llevármelos conmigo. Así ustedes estarán donde yo esté. [4] Ustedes ya conocen el camino para ir adonde yo voy.

[5] Dijo entonces Tomás:

—Señor, no sabemos a dónde vas, así que ¿cómo podemos conocer el camino?

[6] Yo soy el camino, la verdad y la vida —le contestó Jesús—. Nadie llega al Padre sino por mí. [7] Si ustedes realmente me conocieran, conocerían*h* también a mi Padre. Y ya desde este momento lo conocen y lo han visto.

[8] Señor —dijo Felipe—, muéstranos al Padre y con eso nos basta.

[9] ¡Pero, Felipe! ¿Tanto tiempo llevo ya entre ustedes, y todavía no me conoces? El que me ha visto a mí, ha visto al Padre. ¿Cómo puedes decirme: "Muéstranos al Padre"? [10] ¿Acaso no crees que yo estoy en el Padre, y que el Padre está en mí? Las palabras que yo les comunico, no las hablo como cosa mía, sino que es el Padre, que está en mí, el que realiza sus obras. [11] Créanme cuando les digo que yo estoy en el Padre y que el Padre está en mí; o al menos créanme por las obras mismas.

Juan (Cont.)

[12] Ciertamente les aseguro que el que cree en mí las obras que yo hago también él las hará, y aun las hará mayores, porque yo vuelvo al Padre. [13] Cualquier cosa que ustedes pidan en mi nombre, yo la haré; así será glorificado el Padre en el Hijo. [14] Lo que pidan en mi nombre, yo lo haré.

[15] »Si ustedes me aman, obedecerán mis mandamientos. [16] Y yo le pediré al Padre, y él les dará otro *Consolador para que los acompañe siempre: [17] el Espíritu de verdad, a quien el mundo no puede aceptar porque no lo ve ni lo conoce. Pero ustedes sí lo conocen, porque vive con ustedes y estará[i] en ustedes. [18] No los voy a dejar huérfanos; volveré a ustedes. [19] Dentro de poco el mundo ya no me verá más, pero ustedes sí me verán. Y porque yo vivo, también ustedes vivirán. [20] En aquel día ustedes se darán cuenta de que yo estoy en mi Padre, y ustedes en mí, y yo en ustedes. [21] ¿Quién es el que me ama? El que hace suyos mis mandamientos y los obedece. Y al que me ama, mi Padre lo amará, y yo también lo amaré y me manifestaré a él.

[22] Judas (no el Iscariote) le dijo:

—¿Por qué, Señor, estás dispuesto a manifestarte a nosotros, y no al mundo?

[23] Le contestó Jesús:

—El que me ama, obedecerá mi palabra, y mi Padre lo amará, y haremos nuestra vivienda en él. [24] El que no me ama, no obedece mis palabras. Pero estas palabras que ustedes oyen no son mías sino del Padre, que me envió.

Jn [g] **14:1** *Confíen ... en mí.* Alt. Ustedes confían en Dios; confíen también en mí. [h] **14:7** *me conocieran, conocerían.* Var. me han conocido, conocerán. [i] **14:17** *estará.* Var. está.

3. Promesas
§ *163*
Juan 14:25-31

[25] »Todo esto lo digo ahora que estoy con ustedes. [26] Pero el Consolador, el Espíritu Santo, a quien el Padre enviará en mi nombre, les enseñará todas las cosas y les hará recordar todo lo que les he dicho. [27] La paz les dejo; mi paz les doy. Yo no se la doy a ustedes como la da el mundo. No se angustien ni se acobarden.

[28] »Ya me han oído decirles: "Me voy, pero vuelvo a ustedes." Si me amaran, se alegrarían de que voy al Padre, porque el Padre es más grande que yo. [29] Y les he dicho esto ahora, antes de que suceda, para que cuando suceda, crean. [30] Ya no hablaré más con ustedes, porque viene el príncipe de este mundo. Él no tiene ningún dominio sobre mí, [31] pero el mundo tiene que saber que amo al Padre, y que hago exactamente lo que él me ha ordenado que haga.

»¡Levántense, vámonos de aquí!

4. Instrucción respecto de su experiencia presente

§ 164

Juan 15:1-16:4

a. Dar frutos

Juan 15:1-17

¹ »Yo soy la vid verdadera, y mi Padre es el labrador. ² Toda rama que en mí no da fruto, la corta; pero toda rama que da fruto la poda[j] para que dé más fruto todavía. ³ Ustedes ya están limpios por la palabra que les he comunicado. ⁴ Permanezcan en mí, y yo permaneceré en ustedes. Así como ninguna rama puede dar fruto por sí misma, sino que tiene que permanecer en la vid, así tampoco ustedes pueden dar fruto si no permanecen en mí.

⁵ »Yo soy la vid y ustedes son las ramas. El que permanece en mí, como yo en él, dará mucho fruto; separados de mí no pueden ustedes hacer nada. ⁶ El que no permanece en mí es desechado y se seca, como las ramas que se recogen, se arrojan al fuego y se queman. ⁷ Si permanecen en mí y mis palabras permanecen en ustedes, pidan lo que quieran, y se les concederá. ⁸ Mi Padre es glorificado cuando ustedes dan mucho fruto y muestran así que son mis discípulos.

⁹ »Así como el Padre me ha amado a mí, también yo los he amado a ustedes. Permanezcan en mi amor. ¹⁰ Si obedecen mis mandamientos, permanecerán en mi amor, así como yo he obedecido los mandamientos de mi Padre y permanezco en su amor. ¹¹ Les he dicho esto para que tengan mi alegría y así su alegría sea completa. ¹² Y éste es mi mandamiento: que se amen los unos a los otros, como yo los he amado. ¹³ Nadie tiene amor más grande que el dar la *vida por sus amigos. ¹⁴ Ustedes son mis amigos si hacen lo que yo les mando. ¹⁵ Ya no los llamo *siervos, porque el siervo no está al tanto de lo que hace su amo; los he llamado amigos, porque todo lo que a mi Padre le oí decir se lo he dado a conocer a ustedes. ¹⁶ No me escogieron ustedes a mí, sino que yo los escogí a ustedes y los comisioné para que vayan y den fruto, un fruto que perdure. Así el Padre les dará todo lo que le pidan en mi nombre. ¹⁷ Éste es mi mandamiento: que se amen los unos a los otros.

Jn ʲ **15:2** *poda*. Alt. limpia.

b. El enemigo de los discípulos

Juan 15:18—16:4

¹⁸ »Si el mundo los aborrece, tengan presente que antes que a ustedes, me aborreció a mí. ¹⁹ Si fueran del mundo, el mundo los querría como a los suyos. Pero ustedes no son del mundo, sino que yo los he escogido de entre el mundo. Por eso el mundo los aborrece. ²⁰ Recuerden lo que les dije: "Ningún *siervo es más que su amo."[k] Si a mí me han perseguido, también a ustedes los perseguirán. Si han obedecido mis enseñanzas, también obedecerán las de ustedes. ²¹ Los tratarán así por causa de mi nombre, porque no conocen al que me envió. ²² Si yo no hubiera venido ni les hubiera hablado, no serían culpables de pecado. Pero ahora no tienen excusa por su pecado. ²³ El que me aborrece a mí, también aborrece a mi Padre. ²⁴ Si yo no hubiera hecho entre ellos las obras que ningún otro antes ha realizado, no serían culpables de pecado. Pero ahora las han visto, y sin embargo a mí y a mi Padre nos han aborrecido. ²⁵ Pero esto sucede para que se cumpla lo que está escrito en la ley de ellos: "Me odiaron sin motivo."[l]

Juan (Cont.)

[26] »Cuando venga el *Consolador, que yo les enviaré de parte del Padre, el Espíritu de verdad que procede del Padre, él testificará acerca de mí. [27] Y también ustedes darán testimonio porque han estado conmigo desde el principio.

[1] »Todo esto les he dicho para que no flaquee su fe. [2] Los expulsarán de las sinagogas; y hasta viene el día en que cualquiera que los mate pensará que le está prestando un servicio a Dios. [3] Actuarán de este modo porque no nos han conocido ni al Padre ni a mí. [4] Y les digo esto para que cuando llegue ese día se acuerden de que ya se lo había advertido. Sin embargo, no les dije esto al principio porque yo estaba con ustedes.

Jn [k] **15:20** Jn 13:16 [l] **15:25** Sal 35:19; 69:4

5. Instrucción con respecto al futuro
§ *165*
Juan 16:5-33

a. El ministerio del Espíritu Santo
Juan 16:5-15

[5] »Ahora vuelvo al que me envió, pero ninguno de ustedes me pregunta: "¿A dónde vas?" [6] Al contrario, como les he dicho estas cosas, se han entristecido mucho. [7] Pero les digo la verdad: Les conviene que me vaya porque, si no lo hago, el *Consolador no vendrá a ustedes; en cambio, si me voy, se lo enviaré a ustedes. [8] Y cuando él venga, convencerá al mundo de su error[m] en cuanto al pecado, a la justicia y al juicio; [9] en cuanto al pecado, porque no creen en mí; [10] en cuanto a la justicia, porque voy al Padre y ustedes ya no podrán verme; [11] y en cuanto al juicio, porque el príncipe de este mundo ya ha sido juzgado.

[12] »Muchas cosas me quedan aún por decirles, que por ahora no podrían soportar. [13] Pero cuando venga el Espíritu de la verdad, él los guiará a toda la verdad, porque no hablará por su propia cuenta sino que dirá sólo lo que oiga y les anunciará las cosas por venir. [14] Él me glorificará porque tomará de lo mío y se lo dará a conocer a ustedes. [15] Todo cuanto tiene el Padre es mío. Por eso les dije que el Espíritu tomará de lo mío y se lo dará a conocer a ustedes.

Jn [m] **16:8** *convencerá ... error.* Alt. pondrá en evidencia la culpa del mundo.

b. El resultado de la resurrección
Juan 16:16-28

[16] »Dentro de poco ya no me verán; pero un poco después volverán a verme.

[17] Algunos de sus discípulos comentaban entre sí:

«¿Qué quiere decir con eso de que "dentro de poco ya no me verán", y "un poco después volverán a verme", y "porque voy al Padre"?» [18] E insistían: «¿Qué quiere decir con eso de "dentro de poco"? No sabemos de qué habla.»

[19] Jesús se dio cuenta de que querían hacerle preguntas acerca de esto, así que les dijo:

—¿Se están preguntando qué quise decir cuando dije: "Dentro de poco ya no me verán", y "un poco después volverán a verme"? [20] Ciertamente les aseguro que ustedes llorarán de dolor, mientras que el mundo se alegrará. Se pondrán tristes, pero su tristeza se convertirá en alegría. [21] La mujer que está por dar a luz siente dolores porque ha llegado su momento, pero en cuanto nace la criatura se olvida de su angustia por la alegría de haber traído al mundo un nuevo ser. [22] Lo mismo les pasa a ustedes: Ahora están tristes, pero cuando vuelva a verlos se alegrarán, y nadie les va a quitar esa alegría. [23] En aquel día ya no me preguntarán nada. Ciertamente les aseguro que mi Padre les dará todo lo que le pidan en mi nombre. [24] Hasta ahora no han pedido nada en mi nombre. Pidan y recibirán, para que su alegría sea completa.

[25] »Les he dicho todo esto por medio de comparaciones, pero viene la hora en que ya no les hablaré así, sino que les hablaré claramente acerca de mi Padre. [26] En aquel día pedirán en mi nombre. Y no digo que voy a rogar por ustedes al Padre, [27] ya que el Padre mismo los ama porque me han amado y han creído que yo he venido de parte de Dios. [28] Salí del Padre y vine al mundo; ahora dejo de nuevo el mundo y vuelvo al Padre.

c. Conclusión

Juan 16:29-33

[29] Ahora sí estás hablando directamente, sin vueltas ni rodeos —le dijeron sus discípulos—. [30] Ya podemos ver que sabes todas las cosas, y que ni siquiera necesitas que nadie te haga preguntas. Por esto creemos que saliste de Dios.

[31] ¿Hasta ahora me creen?[n] —contestó Jesús—. [32] Miren que la hora viene, y ya está aquí, en que ustedes serán dispersados, y cada uno se irá a su propia casa y a mí me dejarán solo. Sin embargo, solo no estoy, porque el Padre está conmigo. [33] Yo les he dicho estas cosas para que en mí hallen paz. En este mundo afrontarán aflicciones, pero ¡anímense! Yo he vencido al mundo.

Jn [n] **16:31** *¿Hasta... creen?* Alt. *¿Ahora creen?*

D. Cristo ora por los creyentes
§ *166*
Juan 17:1-26

1. Cristo ora por sí mismo
Juan 17:1-5

[1] Después de que Jesús dijo esto, dirigió la mirada al cielo y oró así:

«Padre, ha llegado la hora. Glorifica a tu Hijo, para que tu Hijo te glorifique a ti, [2] ya que le has conferido autoridad sobre todo *mortal para que él les conceda vida eterna a todos los que le has dado. [3] Y ésta es la vida eterna: que te conozcan a ti, el único Dios verdadero, y a *Jesucristo, a quien tú has enviado. [4] Yo te he glorificado en la tierra, y he llevado a cabo la obra que me encomendaste. [5] Y ahora, Padre, glorifícame en tu presencia con la gloria que tuve contigo antes de que el mundo existiera.

2. Su oración por sus discípulos
Juan 17:6-19

⁶ »A los que me diste del mundo les he revelado quién eres.ⁿ Eran tuyos; tú me los diste y ellos han obedecido tu palabra. ⁷ Ahora saben que todo lo que me has dado viene de ti, ⁸ porque les he entregado las palabras que me diste, y ellos las aceptaron; saben con certeza que salí de ti, y han creído que tú me enviaste. ⁹ Ruego por ellos. No ruego por el mundo, sino por los que me has dado, porque son tuyos. ¹⁰ Todo lo que yo tengo es tuyo, y todo lo que tú tienes es mío; y por medio de ellos he sido glorificado. ¹¹ Ya no voy a estar por más tiempo en el mundo, pero ellos están todavía en el mundo, y yo vuelvo a ti.

»Padre santo, protégelos con el poder de tu nombre, el nombre que me diste, para que sean uno, lo mismo que nosotros. ¹² Mientras estaba con ellos, los protegía y los preservaba mediante el nombre que me diste, y ninguno se perdió sino aquel que nació para perderse, a fin de que se cumpliera la Escritura.

¹³ »Ahora vuelvo a ti, pero digo estas cosas mientras todavía estoy en el mundo, para que tengan mi alegría en plenitud. ¹⁴ Yo les he entregado tu palabra, y el mundo los ha odiado porque no son del mundo, como tampoco yo soy del mundo. ¹⁵ No te pido que los quites del mundo, sino que los protejas del maligno. ¹⁶ Ellos no son del mundo, como tampoco lo soy yo. ¹⁷ *Santifícalos en la verdad; tu palabra es la verdad. ¹⁸ Como tú me enviaste al mundo, yo los envío también al mundo. ¹⁹ Y por ellos me santifico a mí mismo, para que también ellos sean santificados en la verdad.

Jn ⁿ **17:6** *quién eres.* Lit. tu nombre; también en v. 26.

3. Su oración por la familia de creyentes
Juan 17:20-26

²⁰ »No ruego sólo por éstos. Ruego también por los que han de creer en mí por el mensaje de ellos, ²¹ para que todos sean uno. Padre, así como tú estás en mí y yo en ti, permite que ellos también estén en nosotros, para que el mundo crea que tú me has enviado. ²² Yo les he dado la gloria que me diste, para que sean uno, así como nosotros somos uno: ²³ yo en ellos y tú en mí. Permite que alcancen la *perfección en la unidad, y así el mundo reconozca que tú me enviaste y que los has amado a ellos tal como me has amado a mí.

²⁴ »Padre, quiero que los que me has dado estén conmigo donde yo estoy. Que vean mi gloria, la gloria que me has dado porque me amaste desde antes de la creación del mundo.

²⁵ »Padre justo, aunque el mundo no te conoce, yo sí te conozco, y éstos reconocen que tú me enviaste. ²⁶ Yo les he dado a conocer quién eres, y seguiré haciéndolo, para que el amor con que me has amado esté en ellos, y yo mismo esté en ellos.»

E. Oración en el Jardín

§ 167

Mateo 26:36-46; Marcos 14:32-42; Lucas 22:39-46; Juan 18:1

Mateo

³⁶ Luego fue Jesús con sus discípulos a un lugar llamado Getsemaní, y les dijo: «Siéntense aquí mientras voy más allá a orar.» ³⁷ Se llevó a Pedro y a los dos hijos de Zebedeo, y comenzó a sentirse triste y angustiado. ³⁸ «Es tal la angustia que me invade, que me siento morir —les dijo—. Quédense aquí y manténganse despiertos conmigo.» ³⁹ Yendo un poco más allá, se postró sobre su rostro y oró: «Padre mío, si es posible, no me hagas beber este trago amargo.ᵍ Pero no sea lo que yo quiero, sino lo que quieres tú.» ⁴⁰ Luego volvió adonde estaban sus discípulos y los encontró dormidos. «¿No pudieron mantenerse despiertos conmigo ni una hora? —le dijo a Pedro—. ⁴¹ Estén alerta y oren para que no caigan en *tentación. El espíritu está dispuesto, pero el cuerpoʰ es débil.» ⁴² Por segunda vez se retiró y oró: «Padre mío, si no es posible evitar que yo beba este trago amargo,ⁱ hágase tu voluntad.»

Marcos

³² Fueron a un lugar llamado Getsemaní, y Jesús les dijo a sus discípulos: «Siéntense aquí mientras yo oro.» ³³ Se llevó a Pedro, a *Jacobo y a Juan, y comenzó a sentir temor y tristeza. ³⁴ «Es tal la angustia que me invade que me siento morir —les dijo—. Quédense aquí y vigilen.» ³⁵ Yendo un poco más allá, se postró en tierra y empezó a orar que, de ser posible, no tuviera él que pasar por aquella hora. ³⁶ Decía: «*Abba, Padre, todo es posible para ti. No me hagas beber este trago amargo,ˡ pero no sea lo que yo quiero, sino lo que quieres tú.» ³⁷ Luego volvió a sus discípulos y los encontró dormidos. «Simón —le dijo a Pedro—, ¿estás dormido? ¿No pudiste mantenerte despierto ni una hora? ³⁸ Vigilen y oren para que no caigan en *tentación. El espíritu está dispuesto, pero el cuerpoᵐ es débil.» ³⁹ Una vez más se retiró e hizo la misma oración. ⁴⁰ Cuando volvió, los encontró dormidos otra vez, porque se

Lucas

³⁹ Jesús salió de la ciudad y, como de costumbre, se dirigió al monte de los Olivos, y sus discípulos lo siguieron. ⁴⁰ Cuando llegaron al lugar, les dijo: «Oren para que no caigan en *tentación.» ⁴¹ Entonces se separó de ellos a una buena distancia,ʲ se arrodilló y empezó a orar: ⁴² «Padre, si quieres, no me hagas beber este trago amargo;ᵏ pero no se cumpla mi voluntad, sino la tuya.» ⁴³ Entonces se le apareció un ángel del cielo para fortalecerlo. ⁴⁴ Pero, como estaba angustiado, se puso a orar con más fervor, y su sudor era como gotas de sangre que caían a tierra.ˡ ⁴⁵ Cuando terminó de orar y volvió a los discípulos, los encontró dormidos, agotados por la tristeza. ⁴⁶ «¿Por qué están durmiendo? —les exhortó—. Levántense y oren para que no caigan en tentación.»

Juan

¹ Cuando Jesús terminó de orar, salió con sus discípulos y cruzó el arroyo de Cedrón. Al otro lado había un huerto en el que entró con sus discípulos.

Mateo (Cont.)

⁴³ Cuando volvió, otra vez los encontró dormidos, porque se les cerraban los ojos de sueño. ⁴⁴ Así que los dejó y se retiró a orar por tercera vez, diciendo lo mismo.

⁴⁵ Volvió de nuevo a los discípulos y les dijo: «¿Siguen durmiendo y descansando? Miren, se acerca la hora, y el Hijo del hombre va a ser entregado en manos de *pecadores. ⁴⁶ ¡Levántense! ¡Vámonos! ¡Ahí viene el que me traiciona!»

Marcos (Cont.)

les cerraban los ojos de sueño. No sabían qué decirle. ⁴¹ Al volver por tercera vez, les dijo: «¿Siguen durmiendo y descansando? ¡Se acabó! Ha llegado la hora. Miren, el Hijo del hombre va a ser entregado en manos de *pecadores. ⁴² ¡Levántense! ¡Vámonos! ¡Ahí viene el que me traiciona!»

Mt ᵍ **26:39** *no … amargo.* Lit. que pase de mí esta copa. ʰ **26:41** *el cuerpo.* Lit. la **carne. ⁱ **26:42** *evitar … amargo.* Lit. que esto pase de mí.

Mc ˡ **14:36** *No … amargo.* Lit. Quita de mí esta copa. ᵐ **14:38** *el cuerpo.* Lit. la **carne.

Lc ʲ **22:41** *a una buena distancia.* Lit. como a un tiro de piedra. k **22:42** *no … amargo.* Lit. quita de mí esta copa. l **22:44** Var. no incluye vv. 43 y 44.

IX. El Rey es rechazado §§ *168-183*

A. El arresto

§ *168*

Mateo 26:47-56; Marcos 14:43-52; Lucas 22:47-53; Juan 18:2-12

Mateo

⁴⁷ Todavía estaba hablando Jesús cuando llegó Judas, uno de los doce. Lo acompañaba una gran turba armada con espadas y palos, enviada por los jefes de los sacerdotes y los *ancianos del pueblo. ⁴⁸ El traidor les había dado esta contraseña: «Al que le dé un beso, ése es; arréstenlo.» ⁴⁹ En seguida Judas se acercó a Jesús y lo saludó.

—¡Rabí! —le dijo, y lo besó.

⁵⁰ Amigo —le replicó Jesús—, ¿a qué vienes?ʲ

Marcos

⁴³ Todavía estaba hablando Jesús cuando de repente llegó Judas, uno de los doce. Lo acompañaba una turba armada con espadas y palos, enviada por los jefes de los sacerdotes, los *maestros de la ley y los *ancianos.

⁴⁴ El traidor les había dado esta contraseña: «Al que yo le dé un beso, ése es; arréstenlo y llévenselo bien asegurado.» ⁴⁵ Tan pronto como llegó, Judas se acercó a Jesús.

—¡Rabí! —le dijo, y lo besó.

⁴⁶ Entonces los hombres prendieron a Jesús.

Lucas

⁴⁷ Todavía estaba hablando Jesús cuando se apareció una turba, y al frente iba uno de los doce, el que se llamaba Judas. Éste se acercó a Jesús para besarlo, ⁴⁸ pero Jesús le preguntó:

—Judas, ¿con un beso traicionas al Hijo del hombre?

Juan

² También Judas, el que lo traicionaba, conocía aquel lugar, porque muchas veces Jesús se había reunido allí con sus discípulos. ³ Así que Judas llegó al huerto, a la cabeza de un destacamentoᵒ de soldados y guardias de los jefes de los sacerdotes y de los *fariseos. Llevaban antorchas, lámparas y armas.

⁴ Jesús, que sabía todo lo que le iba a suceder, les salió al encuentro.

—¿A quién buscan? —les preguntó.

⁵ A Jesús de Nazaret —contestaron.

—Yo soy.

Judas, el traidor, estaba con ellos. ⁶ Cuando Jesús les dijo: «Yo soy», dieron un paso

Mateo (Cont.)	Marcos (Cont.)	Lucas (Cont.)	Juan (Cont.)

Juan (Cont.) atrás y se desplomaron.

7 ¿A quién buscan? —volvió a preguntarles Jesús.

—A Jesús de Nazaret —repitieron.

8 Ya les dije que yo soy. Si es a mí a quien buscan, dejen que éstos se vayan.

9 Esto sucedió para que se cumpliera lo que había dicho: «De los que me diste ninguno se perdió.»[p]

10 Simón Pedro, que tenía una espada, la desenfundó e hirió al siervo del sumo sacerdote, cortándole la oreja derecha. (El siervo se llamaba Malco.)

11 ¡Vuelve esa espada a su funda! —le ordenó Jesús a Pedro—. ¿Acaso no he de beber el trago amargo que el Padre me da a beber?

12 Entonces los soldados, con su comandante, y los guardias de los judíos, arrestaron a Jesús. Lo ataron.

Mateo (Cont.)

Entonces los hombres se acercaron y prendieron a Jesús. 51 En eso, uno de los que estaban con él extendió la mano, sacó la espada e hirió al siervo del sumo sacerdote, cortándole una oreja.

52 Guarda tu espada —le dijo Jesús—, porque los que a hierro matan, a hierro mueren.[k] 53 ¿Crees que no puedo acudir a mi Padre, y al instante pondría a mi disposición más de doce batallones[l] de ángeles? 54 Pero entonces, ¿cómo se cumplirían las Escrituras que dicen que así tiene que suceder?

55 Y de inmediato dijo a la turba:

—¿Acaso soy un bandido,[m] para que vengan con espadas y palos a arrestarme? Todos los días me sentaba a enseñar en el *templo, y no me prendieron. 56 Pero todo esto ha sucedido para que se cumpla lo que escribieron los profetas.

Marcos (Cont.)

47 Pero uno de los que estaban ahí desenfundó la espada e hirió al siervo del sumo sacerdote, cortándole una oreja.

48 ¿Acaso soy un bandido[n] —dijo Jesús—, para que vengan con espadas y palos a arrestarme? 49 Día tras día estaba con ustedes, enseñando en el *templo, y no me prendieron. Pero es preciso que se cumplan las Escrituras.

50 Entonces todos lo abandonaron y huyeron. 51 Cierto joven que se cubría con sólo una sábana iba siguiendo a Jesús. Lo detuvieron, 52 pero él soltó la sábana y escapó desnudo.

Lucas (Cont.)

49 Los discípulos que lo rodeaban, al darse cuenta de lo que pasaba, dijeron:

—Señor, ¿atacamos con la espada?

50 Y uno de ellos hirió al siervo del sumo sacerdote, cortándole la oreja derecha.

51 ¡Déjenlos! —ordenó Jesús.

Entonces le tocó la oreja al hombre, y lo sanó. 52 Luego dijo a los jefes de los sacerdotes, a los capitanes del *templo y a los *ancianos, que habían venido a prenderlo:

—¿Acaso soy un bandido,[m] para que vengan contra mí con espadas y palos? 53 Todos los días estaba con ustedes en el templo, y no se atrevieron a ponerme las manos encima. Pero ya ha llegado la hora de ustedes, cuando reinan las tinieblas.

Mateo (Cont.)
Entonces todos los discípulos lo abandonaron y huyeron.

Mt ^j **26:50** *¿a qué vienes?* Alt. haz lo que viniste a hacer.   ^k **26:52** *porque ... mueren.* Lit. Porque todos los que toman espada, por espada perecerán.   ^l **26:53** *batallones.* Lit. legiones.   ^m **26:55** *bandido.* Alt. insurgente.
Mc ^n **14:48** *bandido.* Alt. insurgente.
Lc ^m **22:52** *bandido.* Alt. insurgente.
Jn ^o **18:3** *un destacamento.* Lit. una cohorte (que tenía 600 soldados).   P **18:9** Jn 6:39

B. El juicio religioso
§§ 169–173
1. Jesús examinado ante Anás
§ 169
Juan 18:12-14, 19-23

¹² Entonces los soldados, con su comandante, y los guardias de los judíos, arrestaron a Jesús. Lo ataron ¹³ y lo llevaron primeramente a Anás, que era suegro de Caifás, el sumo sacerdote de aquel año. ¹⁴ Caifás era el que había aconsejado a los judíos que era preferible que muriera un solo hombre por el pueblo.

¹⁹ Mientras tanto, el sumo sacerdote interrogaba a Jesús acerca de sus discípulos y de sus enseñanzas.

²⁰ Yo he hablado abiertamente al mundo —respondió Jesús—. Siempre he enseñado en las sinagogas o en el *templo, donde se congregan todos los judíos. En secreto no he dicho nada. ²¹ ¿Por qué me interrogas a mí? ¡Interroga a los que me han oído hablar! Ellos deben saber lo que dije.

²² Apenas dijo esto, uno de los guardias que estaba allí cerca le dio una bofetada y le dijo:

—¿Así contestas al sumo sacerdote?

²³ Si he dicho algo malo —replicó Jesús—, demuéstramelo. Pero si lo que dije es correcto, ¿por qué me pegas?

2. Examinado ante Caifás
§ 170

Mateo 26:57, 59-68; Marcos 14:53, 55-65; Lucas 22:54, 63-65; Juan 18:24

Mateo	*Marcos*	*Lucas*	*Juan*
⁵⁷ Los que habían arrestado a Jesús lo llevaron ante Caifás, el sumo sacerdote, donde se habían reunido los	⁵⁵ Los jefes de los sacerdotes y el *Consejo en pleno buscaban alguna prueba contra Jesús para poder condenarlo a muerte, pero	⁵⁴ Prendieron entonces a Jesús y lo llevaron a la casa del sumo sacerdote. Pedro los seguía de lejos.	²⁴ Entonces Anás lo envió,^q todavía atado, a Caifás, el sumo sacerdote.

Mateo (Cont.)

*maestros de la ley y los *ancianos. Marcos

59 Los jefes de los sacerdotes y el *Consejo en pleno buscaban alguna prueba falsa contra Jesús para poder condenarlo a muerte. 60 Pero no la encontraron, a pesar de que se presentaron muchos falsos testigos.

Por fin se presentaron dos, 61 que declararon:

—Este hombre dijo: "Puedo destruir el *templo de Dios y reconstruirlo en tres días."

62 Poniéndose en pie, el sumo sacerdote le dijo a Jesús:

—¿No vas a responder? ¿Qué significan estas denuncias en tu contra?

63 Pero Jesús se quedó callado. Así que el sumo sacerdote insistió:

—Te ordeno en el nombre del Dios viviente que nos digas si eres el *Cristo, el Hijo de Dios.

64 Tú lo has dicho —respondió Jesús—. Pero yo les digo a todos: De ahora en adelante verán ustedes al Hijo del hombre sentado a la *derecha del Todopoderoso, y viniendo en las nubes del cielo.

65 ¡Ha *blasfemado! —exclamó el sumo sacerdote, rasgándose

Marcos (Cont.)

no la encontraban. 56 Muchos testificaban falsamente contra él, pero sus declaraciones no coincidían. 57 Entonces unos decidieron dar este falso testimonio contra él:

58 Nosotros le oímos decir: "Destruiré este *templo hecho por hombres y en tres días construiré otro, no hecho por hombres."

59 Pero ni aun así concordaban sus declaraciones.

60 Poniéndose de pie en el medio, el sumo sacerdote interrogó a Jesús:

—¿No tienes nada que contestar? ¿Qué significan estas denuncias en tu contra?

61 Pero Jesús se quedó callado y no contestó nada.

—¿Eres el *Cristo, el Hijo del Bendito? —le preguntó de nuevo el sumo sacerdote.

62 Sí, yo soy —dijo Jesús—. Y ustedes verán al Hijo del hombre sentado a la *derecha del Todopoderoso, y viniendo en las nubes del cielo.

63 ¿Para qué necesitamos más testigos? —dijo el sumo sacerdote, rasgándose las vestiduras—. 64 ¡Ustedes han oído la *blasfemia! ¿Qué les parece?

Todos ellos lo condenaron como digno de muerte. 65 Algunos

Lucas (Cont.)

63 Los hombres que vigilaban a Jesús comenzaron a burlarse de

Mateo (Cont.)	Marcos (Cont.)	Lucas (Cont.)
las vestiduras—. ¿Para qué necesitamos más testigos? ¡Miren, ustedes mismos han oído la blasfemia! [66] ¿Qué piensan de esto?	comenzaron a escupirle; le vendaron los ojos y le daban puñetazos.	él y a golpearlo. [64] Le vendaron los ojos, y le increpaban:
—Merece la muerte —le contestaron.	—¡Profetiza! —le gritaban.	—¡Adivina quién te pegó!
[67] Entonces algunos le escupieron en el rostro y le dieron puñetazos. Otros lo abofeteaban [68] y decían:	Los guardias también le daban bofetadas.	[65] Y le lanzaban muchos otros insultos.
—A ver, Cristo, ¡adivina quién te pegó!		

Jn   q **18:24** *Entonces ... envió.* Alt. Ahora bien, Anás lo había enviado.

3. Negado por Pedro

§ 171

Mateo 26:58, 69-75; Marcos 14:54, 66-72; Lucas 22:54-62; Juan 18:15-18, 25-27

Mateo	Marcos	Lucas	Juan
[8] Pero Pedro lo siguió de lejos hasta el patio del sumo sacerdote. Entró y se sentó con los guardias para ver en qué terminaba aquello.	[54] Pedro lo siguió de lejos hasta dentro del patio del sumo sacerdote. Allí se sentó con los guardias, y se calentaba junto al fuego.	[54] Prendieron entonces a Jesús y lo llevaron a la casa del sumo sacerdote. Pedro los seguía de lejos. [55] Pero luego, cuando encendieron una fogata en medio del patio y se sentaron alrededor, Pedro se les unió.	[15] Simón Pedro y otro discípulo seguían a Jesús. Y como el otro discípulo era conocido del sumo sacerdote, entró en el patio del sumo sacerdote con Jesús; [16] Pedro, en cambio, tuvo que quedarse afuera, junto a la puerta. El discípulo conocido del sumo sacerdote volvió entonces a salir, habló con la portera de turno y consiguió que Pedro entrara.
	[66] Mientras Pedro estaba abajo en el patio, pasó una de las criadas del sumo sacerdote. [67] Cuando vio a Pedro calentándose, se fijó en él.		
[69] Mientras tanto, Pedro estaba sentado afuera, en el patio, y una criada se le acercó.		[56] Una criada lo vio allí sentado a la lumbre, lo miró detenidamente y dijo:	[17] ¿No eres tú también uno de los discípulos de ese hombre? —le preguntó la portera.

—Tú también estabas con Jesús de Galilea —le dijo.

[70] Pero él lo negó delante de todos, diciendo:

—No sé de qué estás hablando.

[71] Luego salió a la puerta, donde otra criada lo vio y dijo a los que estaban allí:

—Éste estaba con Jesús de Nazaret.

[72] Él lo volvió a negar, jurándoles:

—¡A ese hombre ni lo conozco!

[73] Poco después se acercaron a Pedro los que estaban allí y le dijeron:

—Seguro que eres uno de ellos; se te nota por tu acento.

[74] Y comenzó a echarse maldiciones, y les juró:

—¡A ese hombre ni lo conozco!

En ese instante cantó un gallo. [75] Entonces Pedro se acordó de lo que Jesús había dicho: «Antes de que cante el gallo, me negarás tres veces.» Y saliendo de allí, lloró amargamente.

—Tú también estabas con ese nazareno, con Jesús —le dijo ella.

[68] Pero él lo negó:

—No lo conozco. Ni siquiera sé de qué estás hablando.

Y salió afuera, a la entrada.[ñ]

[69] Cuando la criada lo vio allí, les dijo de nuevo a los presentes:

—Éste es uno de ellos.

[70] Él lo volvió a negar.

Poco después, los que estaban allí le dijeron a Pedro:

—Seguro que tú eres uno de ellos, pues eres galileo.

[71] Él comenzó a echarse maldiciones.

—¡No conozco a ese hombre del que hablan! —les juró.

[72] Al instante un gallo cantó por segunda vez.[o] Pedro se acordó de lo que Jesús le había dicho: «Antes de que el gallo cante por segunda vez,[p] me negarás tres veces.» Y se echó a llorar.

—Éste estaba con él.

[57] Pero él lo negó.

—Muchacha, yo no lo conozco.

[58] Poco después lo vio otro y afirmó:

—Tú también eres uno de ellos.

—¡No, hombre, no lo soy! —contestó Pedro.

[59] Como una hora más tarde, otro lo acusó:

—Seguro que éste estaba con él; miren que es galileo.

[60] ¡Hombre, no sé de qué estás hablando! —replicó Pedro.

En el mismo momento en que dijo eso, cantó el gallo. [61] El Señor se volvió y miró directamente a Pedro. Entonces Pedro se acordó de lo que el Señor le había dicho: «Hoy mismo, antes de que el gallo cante, me negarás tres veces.» [62] Y saliendo de allí, lloró amargamente.

—No lo soy —respondió Pedro.

[18] Los criados y los guardias estaban de pie alrededor de una fogata que habían hecho para calentarse, pues hacía frío. Pedro también estaba de pie con ellos, calentándose.

[25] Mientras tanto, Simón Pedro seguía de pie, calentándose.

—¿No eres tú también uno de sus discípulos? —le preguntaron.

—No lo soy —dijo Pedro, negándolo.

[26] ¿Acaso no te vi en el huerto con él? —insistió uno de los siervos del sumo sacerdote, pariente de aquel a quien Pedro le había cortado la oreja.

[27] Pedro volvió a negarlo, y en ese instante cantó el gallo.

Mc [ñ] **14:68** *entrada.* Var. entrada; y cantó el gallo.   [o] **14:72** Var. no incluye: *por segunda vez.*   [p] **14:72** Var. no incluye: *por segunda vez.*

4. Jesús condenado por el Sanedrín

§ *172*

Mateo 27:1; Marcos 15:1; Lucas 22:66-71

Mateo	*Marcos*	*Lucas*

[1] Muy de mañana, todos los jefes de los sacerdotes y los *ancianos del pueblo tomaron la decisión de condenar a muerte a Jesús.

[1] Tan pronto como amaneció, los jefes de los sacerdotes, con los *ancianos, los *maestros de la ley y el *Consejo en pleno, llegaron a una decisión. Ataron a Jesús, se lo llevaron y se lo entregaron a Pilato.

[66] Al amanecer, se reunieron los *ancianos del pueblo, tanto los jefes de los sacerdotes como los *maestros de la ley, e hicieron comparecer a Jesús ante el *Consejo.

[67] Si eres el *Cristo, dínoslo —le exigieron.

Jesús les contestó:

—Si se lo dijera a ustedes, no me lo creerían, [68] y si les hiciera preguntas, no me contestarían. [69] Pero de ahora en adelante el Hijo del hombre estará sentado a la *derecha del Dios Todopoderoso.

[70] ¿Eres tú, entonces, el Hijo de Dios? —le preguntaron a una voz.

—Ustedes mismos lo dicen.

[71] ¿Para qué necesitamos más testimonios? —resolvieron—. Acabamos de oírlo de sus propios labios.

5. Muerte de Judas

§ 173

Mateo 27:3-10

[3] Cuando Judas, el que lo había traicionado, vio que habían condenado a Jesús, sintió remordimiento y devolvió las treinta monedas de plata a los jefes de los sacerdotes y a los ancianos.

[4] He pecado —les dijo— porque he entregado sangre inocente.

—¿Y eso a nosotros qué nos importa? —respondieron—. ¡Allá tú!

[5] Entonces Judas arrojó el dinero en el *santuario y salió de allí. Luego fue y se ahorcó.

[6] Los jefes de los sacerdotes recogieron las monedas y dijeron: «La ley no permite echar esto al tesoro, porque es precio de sangre.» [7] Así que resolvieron comprar con ese dinero un terreno conocido como Campo del Alfarero, para sepultar allí a los extranjeros. [8] Por eso se le ha llamado Campo de Sangre hasta el día de hoy. [9] Así se cumplió lo dicho por el profeta Jeremías: «Tomaron las treinta

Mateo (Cont.)

monedas de plata, el precio que el pueblo de Israel le había fijado, [10] y con ellas compraron el campo del alfarero, como me ordenó el Señor.»[n]

Mt   [n] **27:10** Véanse Zac 11:12,13; Jer 19:1-13; 32:6-9.

C. El juicio civil
§§ 174-177
1. Juicio ante Pilato
§   174

Mateo 27:2, 11-14; Marcos 15:2-5; Lucas 23:1-5; Juan 18:28-38

Mateo	*Marcos*	*Lucas*	*Juan*
[2] Lo ataron, se lo llevaron y se lo entregaron a Pilato, el gobernador.	Ataron a Jesús, se lo llevaron y se lo entregaron a Pilato.	[1] Así que la asamblea en pleno se levantó, y lo llevaron a Pilato. [2] Y comenzaron la acusación con estas palabras: —Hemos descubierto a este hombre agitando a nuestra nación. Se opone al pago de impuestos al *emperador y afirma que él es el *Cristo, un rey.	[28] Luego los judíos llevaron a Jesús de la casa de Caifás al palacio del gobernador romano.[r] Como ya amanecía, los judíos no entraron en el palacio, pues de hacerlo se *contaminarían ritualmente y no podrían comer la Pascua. [29] Así que Pilato salió a interrogarlos: —¿De qué delito acusan a este hombre? [30] Si no fuera un malhechor —respondieron—, no te lo habríamos entregado. [31] Pues llévenselo ustedes y júzguenlo según su propia ley —les dijo Pilato. —Nosotros no tenemos ninguna autoridad para ejecutar a nadie —objetaron los judíos.

Mateo (Cont.)	Marcos (Cont.)	Lucas (Cont.)	Juan (Cont.)

Juan (Cont.)

[32] Esto sucedió para que se cumpliera lo que Jesús había dicho, al indicar la clase de muerte que iba a sufrir.

[33] Pilato volvió a entrar en el palacio y llamó a Jesús.

—¿Eres tú el rey de los judíos? —le preguntó.

[34] ¿Eso lo dices tú —le respondió Jesús—, o es que otros te han hablado de mí?

[35] ¿Acaso soy judío? —replicó Pilato—. Han sido tu propio pueblo y los jefes de los sacerdotes los que te entregaron a mí. ¿Qué has hecho?

[36] Mi reino no es de este mundo —contestó Jesús—. Si lo fuera, mis propios guardias pelearían para impedir que los judíos me arrestaran. Pero mi reino no es de este mundo.

[37] ¡Así que eres rey! —le dijo Pilato.

—Eres tú quien dice que soy rey. Yo para esto nací, y para esto vine al mundo: para dar testimonio de la verdad. Todo el que está de parte de la verdad escucha mi voz.

[38] ¿Y qué es la verdad? —preguntó Pilato.

Dicho esto, salió otra vez a ver a los judíos.

—Yo no encuentro que éste sea culpable de nada —declaró—.

Mateo (Cont.)

[11] Mientras tanto, Jesús compareció ante el gobernador, y éste le preguntó:

—¿Eres tú el rey de los judíos?

—Tú lo dices —respondió Jesús.

[12] Al ser acusado por los jefes de los sacerdotes y por los *ancianos, Jesús no contestó nada.

[13] ¿No oyes lo que declaran contra ti? —le dijo Pilato.

[14] Pero Jesús no respondió ni a una sola acusación, por lo que el gobernador se llenó de asombro.

Marcos (Cont.)

[2] ¿Eres tú el rey de los judíos? —le preguntó Pilato.

—Tú mismo lo dices —respondió.

[3] Los jefes de los sacerdotes se pusieron a acusarlo de muchas cosas.

[4] ¿No vas a contestar? —le preguntó de nuevo Pilato—. Mira de cuántas cosas te están acusando.

[5] Pero Jesús ni aun con eso contestó nada, de modo que Pilato se quedó asombrado.

Lucas (Cont.)

[3] Así que Pilato le preguntó a Jesús:

—¿Eres tú el rey de los judíos?

—Tú mismo lo dices —respondió.

[4] Entonces Pilato declaró a los jefes de los sacerdotes y a la multitud:

—No encuentro que este hombre sea culpable de nada.

[5] Pero ellos insistían:

—Con sus enseñanzas agita al pueblo por toda Judea.[n] Comenzó en Galilea y ha llegado hasta aquí.

Lc   [n] **23:5** *toda Judea*. Alt. toda la tierra de los judíos.
Jn   [r] **18:28** *al ... romano*. Lit. al pretorio.

2. Juicio ante Herodes

§ 175

Lucas 23:6-12

[6] Al oír esto, Pilato preguntó si el hombre era galileo. [7] Cuando se enteró de que pertenecía a la jurisdicción de Herodes, se lo mandó a él, ya que en aquellos días también Herodes estaba en Jerusalén.

[8] Al ver a Jesús, Herodes se puso muy contento; hacía tiempo que quería verlo por lo que oía acerca de él, y esperaba presenciar algún milagro que hiciera Jesús. [9] Lo acosó con muchas preguntas, pero Jesús no le contestaba nada. [10] Allí estaban también los jefes de los sacerdotes y los *maestros de la ley, acusándolo con vehemencia. [11] Entonces Herodes y sus soldados, con desprecio y burlas, le pusieron un manto lujoso y lo mandaron de vuelta a Pilato. [12] Anteriormente, Herodes y Pilato no se llevaban bien, pero ese mismo día se hicieron amigos.

3. Juicio ante Pilato

§ 176

Mateo 27:15-26; Marcos 15:6-15; Lucas 23:13-25; Juan 18:39 -19:1,4 -16

Mateo

[15] Ahora bien, durante la fiesta el gobernador acostumbraba soltar un preso que la gente escogiera. [16] Tenían un preso famoso llamado Barrabás. [17-18] Así que cuando se reunió la multitud, Pilato, que sabía que le habían entregado a Jesús por envidia, les preguntó:

—¿A quién quieren que les suelte: a Barrabás o a Jesús, al que llaman *Cristo?

[19] Mientras Pilato estaba sentado en el tribunal, su esposa le envió el siguiente recado: «No te metas con ese justo, pues por causa de él, hoy he sufrido mucho en un sueño.»

Marcos

[6] Ahora bien, durante la fiesta él acostumbraba soltarles un preso, el que la gente pidiera. [7] Y resulta que un hombre llamado Barrabás estaba encarcelado con los rebeldes condenados por haber cometido homicidio en una insurrección. [8] Subió la multitud y le pidió a Pilato que le concediera lo que acostumbraba.

[9] ¿Quieren que les suelte al rey de los judíos? —replicó Pilato, [10] porque se daba cuenta de que los jefes de los sacerdotes habían entregado a Jesús por envidia.

[11] Pero los jefes de los sacerdotes incitaron a la multitud para que

Lucas

[13] Pilato entonces reunió a los jefes de los sacerdotes, a los gobernantes y al pueblo, [14] y les dijo:

—Ustedes me trajeron a este hombre acusado de fomentar la rebelión entre el pueblo, pero resulta que lo he interrogado delante de ustedes sin encontrar que sea culpable de lo que ustedes lo acusan. [15] Y es claro que tampoco Herodes lo ha juzgado culpable, puesto que nos lo devolvió. Como pueden ver, no ha cometido ningún delito que merezca la muerte, [16] así que le daré una paliza y después lo soltaré.[ñ]

[18] Pero todos gritaron a una voz:

Juan

[39] Pero como ustedes tienen la costumbre de que les suelte a un preso durante la Pascua, ¿quieren que les suelte al "rey de los judíos"?

[40] ¡No, no sueltes a ése; suelta a Barrabás! —volvieron a gritar desaforadamente.

Y Barrabás era un bandido.[s]

Mateo (Cont.)

²⁰ Pero los jefes de los sacerdotes y los ancianos persuadieron a la multitud a que le pidiera a Pilato soltar a Barrabás y ejecutar a Jesús.

²¹ ¿A cuál de los dos quieren que les suelte? —preguntó el gobernador.

—A Barrabás.

²² ¿Y qué voy a hacer con Jesús, al que llaman Cristo?

—¡Crucifícalo! —respondieron todos.

²³ ¿Por qué? ¿Qué crimen ha cometido?

Pero ellos gritaban aún más fuerte:

—¡Crucifícalo!

²⁴ Cuando Pilato vio que no conseguía nada, sino que más bien se estaba formando un tumulto, pidió agua y se lavó las manos delante de la gente.

—Soy inocente de la sangre de este hombre —dijo—. ¡Allá ustedes!

²⁵ ¡Que su sangre caiga sobre nosotros y sobre nuestros hijos! —contestó todo el pueblo.

²⁶ Entonces les soltó a Barrabás; pero a Jesús lo mandó azotar, y lo entregó para que lo crucificaran.

Marcos (Cont.)

Pilato les soltara más bien a Barrabás.

¹² ¿Y qué voy a hacer con el que ustedes llaman el rey de los judíos? —les preguntó Pilato.

¹³ ¡Crucifícalo! —gritaron.

¹⁴ ¿Por qué? ¿Qué crimen ha cometido?

Pero ellos gritaron aún más fuerte:

—¡Crucifícalo!

¹⁵ Como quería satisfacer a la multitud, Pilato les soltó a Barrabás; a Jesús lo mandó azotar, y lo entregó para que lo crucificaran.

Lucas (Cont.)

—¡Llévate a ése! ¡Suéltanos a Barrabás!

¹⁹ A Barrabás lo habían metido en la cárcel por una insurrección en la ciudad, y por homicidio. ²⁰ Pilato, como quería soltar a Jesús, apeló al pueblo otra vez, ²¹ pero ellos se pusieron a gritar:

—¡Crucifícalo! ¡Crucifícalo!

²² Por tercera vez les habló:

—Pero, ¿qué crimen ha cometido este hombre? No encuentro que él sea culpable de nada que merezca la pena de muerte, así que le daré una paliza y después lo soltaré.

²³ Pero a voz en cuello ellos siguieron insistiendo en que lo crucificara, y con sus gritos se impusieron. ²⁴ Por fin Pilato decidió concederles su demanda: ²⁵ soltó al hombre que le pedían, el que por insurrección y homicidio había sido echado en la cárcel, y dejó que hicieran con Jesús lo que quisieran.

Juan (Cont.)

¹ Pilato tomó entonces a Jesús y mandó que lo azotaran. ⁴ Pilato volvió a salir.

—Aquí lo tienen —dijo a los judíos—. Lo he sacado para que sepan que no lo encuentro culpable de nada.

⁵ Cuando salió Jesús, llevaba puestos la corona de espinas y el manto de color púrpura.

—¡Aquí tienen al hombre! —les dijo Pilato.

⁶ Tan pronto como lo vieron, los jefes de los sacerdotes y los guardias gritaron a voz en cuello:

—¡Crucifícalo! ¡Crucifícalo!

—Pues llévenselo y crucifíquenlo ustedes —replicó Pilato—. Por mi parte, no lo encuentro culpable de nada.

⁷ Nosotros tenemos una ley, y según esa ley debe morir, porque se ha hecho pasar por Hijo de Dios —insistieron los judíos.

⁸ Al oír esto, Pilato se atemorizó aún más, ⁹ así que entró de nuevo en el palacio y le preguntó a Jesús:

—¿De dónde eres tú?

Pero Jesús no le contestó nada.

¹⁰ ¿Te niegas a hablarme? —le dijo Pilato—. ¿No te das cuenta de que tengo poder para ponerte en libertad o para mandar que te crucifiquen?

¹¹ No tendrías ningún poder sobre mí si no se te hubiera dado de arriba —le contestó Jesús—. Por eso el que me puso en tus manos es culpable de un pecado más grande.

¹² Desde entonces Pilato procuraba poner en libertad a Jesús, pero los judíos gritaban desaforadamente:

—Si dejas en libertad a este hombre, no eres amigo del *emperador. Cualquiera que pretende ser rey se hace su enemigo.

¹³ Al oír esto, Pilato llevó a Jesús hacia fuera y se sentó en el tribunal, en un lugar al que llamaban el Empedrado (que en arameo se dice Gabatá). ¹⁴ Era el día de la preparación para la Pascua, cerca del mediodía.ᵗ

—Aquí tienen a su rey —dijo Pilato a los judíos.

¹⁵ ¡Fuera! ¡Fuera! ¡Crucifícalo! —vociferaron.

—¿Acaso voy a crucificar a su rey? —replicó Pilato.

—No tenemos más rey que el emperador romano —contestaron los jefes de los sacerdotes.

¹⁶ Entonces Pilato se lo entregó para que lo crucificaran, y los soldados se lo llevaron.

Lc   ⁿ **23:16** *soltaré.* Var. soltaré. 17 Ahora bien, durante la fiesta tenía la obligación de soltarles un preso (véanse Mt 27:15 y Mr 15:6).

Jn   ˢ **18:40** *bandido.* Alt. insurgente.   ᵗ **19:14** *del mediodía.* Alt. de las seis de la mañana (si se cuentan las horas a partir de la medianoche, según la hora romana). Lit. de la hora sexta; véase nota en 1:39.

4. La burla

§ 177

Mateo 27:27-30; Marcos 15:16-19; Juan 19:2-3

Mateo

²⁷ Los soldados del gobernador llevaron a Jesús al palacioⁿ y reunieron a toda la tropa alrededor de él. ²⁸ Le quitaron la ropa y le pusieron un manto de color escarlata. ²⁹ Luego trenzaron una corona de espinas y se la colocaron en la cabeza, y en la mano derecha le pusieron una caña. Arrodillándose delante de él, se burlaban diciendo:

—¡Salve, rey de los judíos!

Marcos

¹⁶ Los soldados llevaron a Jesús al interior del palacio (es decir, al pretorio) y reunieron a toda la tropa. ¹⁷ Le pusieron un manto de color púrpura; luego trenzaron una corona de espinas, y se la colocaron. ¹⁸ ¡Salve, rey de los judíos! —lo aclamaban. ¹⁹ Lo golpeaban en la cabeza con una caña y le escupían. Doblando la rodilla, le rendían homenaje.

Juan

² Los soldados, que habían tejido una corona de espinas, se la pusieron a Jesús en la cabeza y lo vistieron con un manto de color púrpura. ³ ¡Viva el rey de los judíos! —le gritaban, mientras se le acercaban para abofetearlo.

Mateo (Cont.)
³⁰ Y le escupían, y con la caña le golpeaban la cabeza.

Mt ñ **27:27** *palacio.* Lit. pretorio.

D. Procesión al Calvario
§ 178

Mateo 27:31-34; Marcos 15:20-23; Lucas 23:26-33; Juan 19:16-17

Mateo	*Marcos*	*Lucas*	*Juan*
³¹ Después de burlarse de él, le quitaron el manto, le pusieron su propia ropa y se lo llevaron para crucificarlo. ³² Al salir encontraron a un hombre de Cirene que se llamaba Simón, y lo obligaron a llevar la cruz. ³³ Llegaron a un lugar llamado Gólgota (que significa «Lugar de la Calavera»). ³⁴ Allí le dieron a Jesús vino mezclado con hiel; pero después de probarlo, se negó a beberlo.	²⁰ Después de burlarse de él, le quitaron el manto y le pusieron su propia ropa. Por fin, lo sacaron para crucificarlo. ²¹ A uno que pasaba por allí de vuelta del campo, un tal Simón de Cirene, padre de Alejandro y de Rufo, lo obligaron a llevar la cruz. ²² Condujeron a Jesús al lugar llamado Gólgota (que significa: Lugar de la Calavera). ²³ Le ofrecieron vino mezclado con mirra, pero no lo tomó.	²⁶ Cuando se lo llevaban, echaron mano de un tal Simón de Cirene, que volvía del campo, y le cargaron la cruz para que la llevara detrás de Jesús. ²⁷ Lo seguía mucha gente del pueblo, incluso mujeres que se golpeaban el pecho, lamentándose por él. ²⁸ Jesús se volvió hacia ellas y les dijo: —Hijas de Jerusalén, no lloren por mí; lloren más bien por ustedes y por sus hijos. ²⁹ Miren, va a llegar el tiempo en que se dirá: "¡*Dichosas las estériles, que nunca dieron a luz ni amamantaron!" ³⁰ Entonces »"dirán a las montañas: '¡Caigan sobre nosotros!', y a las colinas: '¡Cúbrannos!' "ᵒ ³¹ Porque si esto se hace cuando el árbol está verde, ¿qué no sucederá cuando esté seco?	¹⁶ Entonces Pilato se lo entregó para que lo crucificaran, y los soldados se lo llevaron. ¹⁷ Jesús salió cargando su propia cruz hacia el lugar de la Calavera (que en arameo se llama Gólgota).

Lucas (Cont.)

[32] También llevaban con él a otros dos, ambos criminales, para ser ejecutados. [33] Cuando llegaron al lugar llamado la Calavera, lo crucificaron allí, junto con los criminales, uno a su derecha y otro a su izquierda.

[34] Padre —dijo Jesús—, perdónalos, porque no saben lo que hacen.[P]

Mientras tanto, echaban suertes para repartirse entre sí la ropa de Jesús.

[35] La gente, por su parte, se quedó allí observando, y aun los gobernantes estaban burlándose de él.

—Salvó a otros —decían—; que se salve a sí mismo, si es el *Cristo de Dios, el Escogido.

[36] También los soldados se acercaron para burlarse de él. Le ofrecieron vinagre.

Lc [O] **23:30** Os 10:8 [P] **23:34** Var. no incluye esta oración.

E. La Crucifixión
§§ *179-181*
1. Primeras tres horas
§ *179*
Mateo 27:35-44; Marcos 15:24-32; Lucas 23:34-43; Juan 19:18-27

Mateo	*Marcos*	*Lucas*	*Juan*
[35] Lo crucificaron y repartieron su ropa echando suertes.[o] [36] Y se sentaron a vigilarlo. [37] Encima de su cabeza pusieron por escrito la causa de su condena: «ÉSTE ES JESÚS, EL REY DE LOS JUDÍOS.» [38] Con él crucificaron a dos bandidos,[p] uno a su derecha y otro a su izquierda. [39] Los que pasaban meneaban la cabeza y *blasfemaban contra él: [40] Tú, que destruyes el *templo y en tres días lo reconstruyes, ¡sálvate a ti mismo! ¡Si eres el Hijo de Dios, baja de la cruz! [41] De la misma manera se burlaban de él	[24] Y lo crucificaron. Repartieron su ropa, echando suertes para ver qué le tocaría a cada uno. [25] Eran las nueve de la mañana[q] cuando lo crucificaron. [26] Un letrero tenía escrita la causa de su condena: «EL REY DE LOS JUDÍOS.» [27] Con él crucificaron a dos bandidos,[r] uno a su derecha y otro a su izquierda.[s] [29] Los que pasaban meneaban la cabeza y *blasfemaban contra él. —¡Eh! Tú que destruyes el *templo y en tres días lo reconstruyes —decían—, [30] ¡baja de la cruz y sálvate a ti mismo!	[33] Cuando llegaron al lugar llamado la Calavera, lo crucificaron allí, junto con los criminales, uno a su derecha y otro a su izquierda. [34] Padre —dijo Jesús—, perdónalos, porque no saben lo que hacen.[P] Mientras tanto, echaban suertes para repartirse entre sí la ropa de Jesús.	[18] Allí lo crucificaron, y con él a otros dos, uno a cada lado y Jesús en medio. [19] Pilato mandó que se pusiera sobre la cruz un letrero en el que estuviera escrito: «JESÚS DE NAZARET REY DE LOS JUDÍOS.» [20] Muchos de los judíos lo leyeron, porque el sitio en que crucificaron a Jesús estaba cerca de la ciudad. El letrero estaba escrito en arameo, latín y griego. [21] No escribas "Rey de los judíos" —protestaron ante Pilato los jefes de los sacerdotes judíos—. Era él quien decía ser rey de los judíos.

Mateo (Cont.)

los jefes de los sacerdotes, junto con los *maestros de la ley y los *ancianos.

42 Salvó a otros —decían—, ¡pero no puede salvarse a sí mismo! ¡Y es el Rey de Israel! Que baje ahora de la cruz, y así creeremos en él. 43 Él confía en Dios; pues que lo libre Dios ahora, si de veras lo quiere. ¿Acaso no dijo: "Yo soy el Hijo de Dios"?

44 Así también lo insultaban los bandidos que estaban crucificados con él.

Marcos (Cont.)

31 De la misma manera se burlaban de él los jefes de los sacerdotes junto con los maestros de la ley.

—Salvó a otros —decían—, ¡pero no puede salvarse a sí mismo! 32 Que baje ahora de la cruz ese *Cristo, el rey de Israel, para que veamos y creamos.

También lo insultaban los que estaban crucificados con él.

Lucas (Cont.)

35 La gente, por su parte, se quedó allí observando, y aun los gobernantes estaban burlándose de él.

—Salvó a otros —decían—; que se salve a sí mismo, si es el *Cristo de Dios, el Escogido.

36 También los soldados se acercaron para burlarse de él. Le ofrecieron vinagre 37 y le dijeron:

—Si eres el rey de los judíos, sálvate a ti mismo.

38 Resulta que había sobre él un letrero, que decía: «ÉSTE ES EL REY DE LOS JUDÍOS.»

39 Uno de los criminales allí colgados empezó a insultarlo:

—¿No eres tú el Cristo? ¡Sálvate a ti mismo y a nosotros!

40 Pero el otro criminal lo reprendió:

—¿Ni siquiera temor de Dios tienes, aunque sufres la misma condena? 41 En nuestro caso, el castigo es justo, pues sufrimos lo que merecen nuestros delitos; éste, en cambio, no ha hecho nada malo.

42 Luego dijo:

—Jesús, acuérdate de mí cuando vengas en tu reino.

43 Te aseguro que hoy estarás conmigo en el paraíso —le contestó Jesús.

Juan (Cont.)

22 Lo que he escrito, escrito queda —les contestó Pilato.

23 Cuando los soldados crucificaron a Jesús, tomaron su manto y lo partieron en cuatro partes, una para cada uno de ellos. Tomaron también la túnica, la cual no tenía costura, sino que era de una sola pieza, tejida de arriba abajo.

Juan (Cont.)

²⁴ No la dividamos —se dijeron unos a otros—. Echemos suertes para ver a quién le toca. Y así lo hicieron los soldados. Esto sucedió para que se cumpliera la Escritura que dice:

> «Se repartieron entre ellos mi manto,
> y sobre mi ropa echaron suertes.»ᵘ

²⁵ Junto a la cruz de Jesús estaban su madre, la hermana de su madre, María la esposa de Cleofas, y María Magdalena. ²⁶ Cuando Jesús vio a su madre, y a su lado al discípulo a quien él amaba, dijo a su madre:

—Mujer, ahí tienes a tu hijo.

²⁷ Luego dijo al discípulo:

—Ahí tienes a tu madre.

Y desde aquel momento ese discípulo la recibió en su casa.

Mt º **27:35** *suertes.* Var. suertes, para que se cumpliera lo dicho por medio del profeta: «Se repartieron entre ellos mi manto y sobre mi ropa echaron suertes» (Sal 22:18; véase Jn 19:24). ᴾ **27:38** *bandidos.* Alt. insurgentes; también en v. 44.

Mc ۹ **15:25** *Eran ... mañana.* Lit. Era la hora tercera. ʳ **15:27** *bandidos.* Alt. insurgentes. ˢ **15:27** *izquierda.* Var. izquierda. **28** Así se cumplió la Escritura que dice: «Fue contado con los malhechores.» (Is 53:12)

Lc ᴾ **23:34** Var. no incluye esta oración.

Jn ᵘ **19:24** Sal 22:18

2. Segundas tres horas

§ 180

Mateo 27:45-50; Marcos 15:33-37; Lucas 23:44-46; Juan 19:28-30

Mateo	*Marcos*	*Lucas*	*Juan*
⁴⁵ Desde el mediodía y hasta la media tardeۧ toda la tierra quedó en oscuridad. ⁴⁶ Como a las tres de la tarde,ʳ Jesús gritó con fuerza: —*Elí, Elí,*ˢ ¿*lama sabactani?* (que significa: "Dios mío, Dios mío, ¿por qué me has desamparado?").ᵗ ⁴⁷ Cuando lo oyeron, algunos de los que estaban allí dijeron: —Está llamando a Elías. ⁴⁸ Al instante uno de ellos corrió en busca de una esponja. La empapó en vinagre, la puso en una caña y se	³³ Desde el mediodía y hasta la media tarde quedó toda la tierra en oscuridad. ³⁴ A las tres de la tardeᵗ Jesús gritó a voz en cuello: —*Eloi, Eloi,* ¿*lama sabactani?* (que significa: "Dios mío, Dios mío, ¿por qué me has desamparado?").ᵘ ³⁵ Cuando lo oyeron, algunos de los que estaban cerca dijeron: —Escuchen, está llamando a Elías. ³⁶ Un hombre corrió, empapó una esponja en vinagre, la puso en una caña y se	⁴⁴ Desde el mediodía y hasta la media tardeۧ toda la tierra quedó sumida en la oscuridad, ⁴⁵ pues el sol se ocultó. Y la cortina del *santuario del templo se rasgó en dos.	²⁸ Después de esto, como Jesús sabía que ya todo había terminado, y para que se

Mateo (Cont.)

la ofreció a Jesús para que bebiera. [49] Los demás decían:

—Déjalo, a ver si viene Elías a salvarlo.

[50] Entonces Jesús volvió a gritar con fuerza, y entregó su espíritu.

Marcos (Cont.)

la ofreció a Jesús para que bebiera.

—Déjenlo, a ver si viene Elías a bajarlo —dijo.

[37] Entonces Jesús, lanzando un fuerte grito, expiró.

Lucas (Cont.)

[46] Entonces Jesús exclamó con fuerza:

—¡Padre, en tus manos encomiendo mi espíritu!

Y al decir esto, expiró.

Juan (Cont.)

cumpliera la Escritura, dijo:

—Tengo sed.

[29] Había allí una vasija llena de vinagre; así que empaparon una esponja en el vinagre, la pusieron en una caña[v] y se la acercaron a la boca. [30] Al probar Jesús el vinagre, dijo:

—Todo se ha cumplido.

Luego inclinó la cabeza y entregó el espíritu.

Mt   [q] **27:45** *Desde … tarde.* Lit. Desde la hora sexta hasta la hora novena.   [r] **27:46** *Como … tarde.* Lit. Como a la hora novena.
[s]**27:46** *Elí, Elí.* Var. Eloi, Eloi   [t] **27:46** Sal. 22:1.

Mc   [t] **15:33-34** *Desde … tarde.* Lit. Y llegando la hora sexta vino oscuridad sobre toda la tierra hasta la hora novena. 34 Y en la hora novena.   [u] **15:34** Sal 22:1

Lc   [q] **23:44** *el mediodía … la media tarde.* Lit. la hora sexta … la hora novena.

Jn   [v] **19:29** *una caña.* Lit. una rama de hisopo.

---

3. Señales que acompañaron

§ 181

Mateo 27:51-56; Marcos 15:38-41; Lucas 23:45, 47-49

Mateo

[51] En ese momento la cortina del *santuario del templo se rasgó en dos, de arriba abajo. La tierra tembló y se partieron las rocas. [52] Se abrieron los sepulcros, y muchos *santos que habían muerto resucitaron. [53] Salieron de los sepulcros y, después de la resurrección de Jesús, entraron en la ciudad santa y se aparecieron a muchos.

[54] Cuando el centurión y los que con él estaban custodiando a Jesús vieron el terremoto y todo lo que había sucedido, quedaron aterrados y exclamaron:

Marcos

[38] La cortina del *santuario del templo se rasgó en dos, de arriba abajo. [39] Y el centurión, que estaba frente a Jesús, al oír el grito y[v] ver cómo murió, dijo:

—¡Verdaderamente este hombre era el Hijo[w] de Dios!

[40] Algunas mujeres miraban desde lejos. Entre ellas estaban María Magdalena, María la madre de *Jacobo el menor y de José, y Salomé. [41] Estas mujeres lo habían seguido y atendido cuando estaba en Galilea. Además había allí muchas otras que habían subido con él a Jerusalén.

Lucas

[45] pues el sol se ocultó. Y la cortina del *santuario del templo se rasgó en dos.

[47] El centurión, al ver lo que había sucedido, alabó a Dios y dijo:

—Verdaderamente este hombre era justo.

[48] Entonces los que se habían reunido para presenciar aquel espectáculo, al ver lo ocurrido, se fueron de allí golpeándose el pecho. [49] Pero todos los conocidos de Jesús, incluso las mujeres que lo habían seguido desde Galilea, se quedaron mirando desde lejos.

Mateo (Cont.)

—¡Verdaderamente éste era el Hijo[u] de Dios!

55 Estaban allí, mirando de lejos, muchas mujeres que habían seguido a Jesús desde Galilea para servirle. 56 Entre ellas se encontraban María Magdalena, María la madre de *Jacobo y de José, y la madre de los hijos de Zebedeo.

Mt   [u] **27:54** *era el Hijo.* Alt. *era hijo.*
Mc   [v] **15:39** Var. no incluye: *oír el grito y.*   [w] **15:39** *era el Hijo.* Alt. *era hijo.*

F. Sepultura de Cristo
§ 182
Mateo 27:57-61; Marcos 15:42-47: Lucas 23:50-56; Juan 19:31-42

Mateo	Marcos	Lucas	Juan
			31 Era el día de la preparación para la Pascua. Los judíos no querían que los cuerpos permanecieran en la cruz en *sábado, por ser éste un día muy solemne. Así que le pidieron a Pilato ordenar que les quebraran las piernas a los crucificados y bajaran sus cuerpos. 32 Fueron entonces los soldados y le quebraron las piernas al primer hombre que había sido crucificado con Jesús, y luego al otro. 33 Pero cuando se acercaron a Jesús y vieron que ya estaba muerto, no le quebraron las piernas, 34 sino que uno de los soldados le abrió el costado con una lanza, y al instante le brotó

Mateo (Cont.)	Marcos (Cont.)	Lucas (Cont.)	Juan (Cont.)

Juan (Cont.) sangre y agua. [35] El que lo vio ha dado testimonio de ello, y su testimonio es verídico. Él sabe que dice la verdad, para que también ustedes crean. [36] Estas cosas sucedieron para que se cumpliera la Escritura: «No le quebrarán ningún hueso»[w] [37] y, como dice otra Escritura: «Mirarán al que han traspasado.»[x]

[38] Después de esto, José de Arimatea le pidió a Pilato el cuerpo de Jesús. José era discípulo de Jesús, aunque en secreto por miedo a los judíos. Con el permiso de Pilato, fue y retiró el cuerpo. [39] También Nicodemo, el que antes había visitado a Jesús de noche, llegó con unos treinta y cuatro kilos[y] de una mezcla de mirra y áloe. [40] Ambos tomaron el cuerpo de Jesús y, conforme a la costumbre judía de dar sepultura, lo envolvieron en vendas con las especias aromáticas. [41] En el lugar donde crucificaron a Jesús había un huerto, y en el huerto un sepulcro nuevo en el que todavía no se había sepultado a nadie. [42] Como era el día judío de la preparación, y el sepulcro estaba cerca, pusieron allí a Jesús.

Mateo (Cont.) [57] Al atardecer, llegó un hombre rico de Arimatea, llamado José, que también se había convertido en discípulo de Jesús. [58] Se presentó ante Pilato para pedirle el cuerpo de Jesús, y Pilato ordenó que se lo dieran. [59] José tomó el cuerpo, lo envolvió en una sábana limpia [60] y lo puso en un sepulcro nuevo de su propiedad que había cavado en la roca. Luego hizo rodar una piedra grande a la entrada del sepulcro, y se fue.

[61] Allí estaban, sentadas frente al sepulcro, María Magdalena y la otra María.

Marcos (Cont.) [42] Era el día de preparación (es decir, la víspera del *sábado). Así que al atardecer, [43] José de Arimatea, miembro distinguido del *Consejo, y que también esperaba el reino de Dios, se atrevió a presentarse ante Pilato para pedirle el cuerpo de Jesús. [44] Pilato, sorprendido de que ya hubiera muerto, llamó al centurión y le preguntó si hacía mucho que[x] había muerto. [45] Una vez informado por el centurión, le entregó el cuerpo a José. [46] Entonces José bajó el cuerpo, lo envolvió en una sábana que había comprado, y lo puso en un sepulcro cavado en la roca. Luego hizo rodar una piedra a la entrada del sepulcro. [47] María Magdalena y María la madre de José vieron dónde lo pusieron.

Lucas (Cont.) [50] Había un hombre bueno y justo llamado José, miembro del *Consejo, [51] que no había estado de acuerdo con la decisión ni con la conducta de ellos. Era natural de un pueblo de Judea llamado Arimatea, y esperaba el reino de Dios. [52] Éste se presentó ante Pilato y le pidió el cuerpo de Jesús. [53] Después de bajarlo, lo envolvió en una sábana de lino y lo puso en un sepulcro cavado en la roca, en el que todavía no se había sepultado a nadie. [54] Era el día de preparación para el *sábado, que estaba a punto de comenzar.

[55] Las mujeres que habían acompañado a Jesús desde Galilea siguieron a José para ver el sepulcro y cómo

Lucas (Cont.)
colocaban el cuerpo.
[56] Luego volvieron a casa y prepararon especias aromáticas y perfumes. Entonces descansaron el sábado, conforme al mandamiento.

Mc [x] **15:44** *hacía mucho que.* Var. ya.
Jn [w] **19:36** Éx 12:46; Nm 9:12; Sal 34:20 [x] **19:37** Zac 12:10 [y] **19:39** *unos … kilos.* Lit. como cien litrai.

G. Sellado de la tumba
§   183
Mateo 27:62-66

[62] Al día siguiente, después del día de la preparación, los jefes de los sacerdotes y los fariseos se presentaron ante Pilato.

[63] Señor —le dijeron—, nosotros recordamos que mientras ese engañador aún vivía, dijo: "A los tres días resucitaré." [64] Por eso, ordene usted que se selle el sepulcro hasta el tercer día, no sea que vengan sus discípulos, se roben el cuerpo y le digan al pueblo que ha *resucitado. Ese último engaño sería peor que el primero.

[65] Llévense una guardia de soldados —les ordenó Pilato—, y vayan a asegurar el sepulcro lo mejor que puedan.

[66] Así que ellos fueron, cerraron el sepulcro con una piedra, y lo sellaron; y dejaron puesta la guardia.

X. El Rey resucita §§ 184-198

A. Preparativos de las mujeres

§ 184

Mateo 28:1; Marcos 16:1

Mateo

¹ Después del *sábado, al amanecer del primer día de la semana, María Magdalena y la otra María fueron a ver el sepulcro.

Marcos

¹ Cuando pasó el *sábado, María Magdalena, María la madre de *Jacobo, y Salomé compraron especias aromáticas para ir a ungir el cuerpo de Jesús.

B. La tumba abierta

§ 185

Mateo 28:2-4

² Sucedió que hubo un terremoto violento, porque un ángel del Señor bajó del cielo y, acercándose al sepulcro, quitó la piedra y se sentó sobre ella. ³ Su aspecto era como el de un relámpago, y su ropa era blanca como la nieve. ⁴ Los guardias tuvieron tanto miedo de él que se pusieron a temblar y quedaron como muertos.

C. Visita de las mujeres

§ 186

Mateo 28:5-8; Marcos 16:2-8; Lucas 24:1-8; Juan 20:1

Mateo　　　*Marcos*　　　*Lucas*　　　*Juan*

¹ El primer día de la semana, muy de ma-

Mateo (Cont.)	Marcos (Cont.)	Lucas (Cont.)	Juan (Cont.)

Mateo (Cont.)

5 El ángel dijo a las mujeres:

—No tengan miedo; sé que ustedes buscan a Jesús, el que fue crucificado. 6 No está aquí, pues ha resucitado, tal como dijo. Vengan a ver el lugar donde lo pusieron. 7 Luego vayan pronto a decirles a sus discípulos: "Él se ha *levantado de entre los muertos y va delante de ustedes a Galilea. Allí lo verán." Ahora ya lo saben.

8 Así que las mujeres se alejaron a toda prisa del sepulcro, asustadas pero muy alegres, y corrieron a dar la noticia a los discípulos.

Marcos (Cont.)

2 Muy de mañana el primer día de la semana, apenas salido el sol, se dirigieron al sepulcro. 3 Iban diciéndose unas a otras: «¿Quién nos quitará la piedra de la entrada del sepulcro?» 4 Pues la piedra era muy grande.

Pero al fijarse bien, se dieron cuenta de que estaba corrida. 5 Al entrar en el sepulcro vieron a un joven vestido con un manto blanco, sentado a la derecha, y se asustaron.

6 No se asusten —les dijo—. Ustedes buscan a Jesús el nazareno, el que fue crucificado. ¡Ha resucitado! No está aquí. Miren el lugar donde lo pusieron. 7 Pero vayan a decirles a los discípulos y a Pedro: "Él va delante de ustedes a Galilea. Allí lo verán, tal como les dijo."

8 Temblorosas y desconcertadas, las mujeres salieron huyendo del sepulcro. No dijeron nada a nadie, porque tenían miedo.y

Lucas (Cont.)

1 El primer día de la semana, muy de mañana, las mujeres fueron al sepulcro, llevando las especias aromáticas que habían preparado. 2 Encontraron que había sido quitada la piedra que cubría el sepulcro 3 y, al entrar, no hallaron el cuerpo del Señor Jesús. 4 Mientras se preguntaban qué habría pasado, se les presentaron dos hombres con ropas resplandecientes. 5 Asustadas, se postraron sobre su rostro, pero ellos les dijeron:

—¿Por qué buscan ustedes entre los muertos al que vive? 6 No está aquí; ¡ha resucitado! Recuerden lo que les dijo cuando todavía estaba con ustedes en Galilea: 7 "El Hijo del hombre tiene que ser entregado en manos de hombres *pecadores, y ser crucificado, pero al tercer día resucitará."

8 Entonces ellas se acordaron de las palabras de Jesús.

Juan (Cont.)

ñana, cuando todavía estaba oscuro, María Magdalena fue al sepulcro y vio que habían quitado la piedra que cubría la entrada.

Mc y **16:8** Los mss. más antiguos y otros testimonios de la antigüedad no incluyen Mr 16:9-20. En lugar de este pasaje, algunos mss. incluyen una conclusión más breve.

D. Informe a los discípulos

§ 187

Lucas 24:9-12; Juan 20:2-10

Lucas

⁹ Al regresar del sepulcro, les contaron todas estas cosas a los once y a todos los demás. ¹⁰ Las mujeres eran María Magdalena, Juana, María la madre de *Jacobo; y las demás que las acompañaban. ¹¹ Pero a los discípulos el relato les pareció una tontería, así que no les creyeron. ¹² Pedro, sin embargo, salió corriendo al sepulcro. Se asomó y vio sólo las vendas de lino. Luego volvió a su casa, extrañado de lo que había sucedido.

Juan

² Así que fue corriendo a ver a Simón Pedro y al otro discípulo, a quien Jesús amaba, y les dijo:

—¡Se han llevado del sepulcro al Señor, y no sabemos dónde lo han puesto!

³ Pedro y el otro discípulo se dirigieron entonces al sepulcro. ⁴ Ambos fueron corriendo, pero como el otro discípulo corría más aprisa que Pedro, llegó primero al sepulcro. ⁵ Inclinándose, se asomó y vio allí las vendas, pero no entró. ⁶ Tras él llegó Simón Pedro, y entró en el sepulcro. Vio allí las vendas ⁷ y el sudario que había cubierto la cabeza de Jesús, aunque el sudario no estaba con las vendas sino enrollado en un lugar aparte. ⁸ En ese momento entró también el otro discípulo, el que había llegado primero al sepulcro; y vio y creyó. ⁹ Hasta entonces no habían entendido la Escritura, que dice que Jesús tenía que resucitar.

¹⁰ Los discípulos regresaron a su casa,

E. Jesús aparece ante María

§ 188

Marcos 16:9-11; Juan 20:11-18

Marcos

⁹ Cuando Jesús resucitó en la madrugada del primer día de la semana, se apareció primero a María Magdalena, de la que había expulsado siete demonios. ¹⁰ Ella fue y avisó a los que habían estado con él, que estaban lamentándose y llorando. ¹¹ Pero ellos, al oír que Jesús estaba vivo y que ella lo había visto, no lo creyeron.

Juan

¹¹ pero María se quedó afuera, llorando junto al sepulcro. Mientras lloraba, se inclinó para mirar dentro del sepulcro, ¹² y vio a dos ángeles vestidos de blanco, sentados donde había estado el cuerpo de Jesús, uno a la cabecera y otro a los pies.

¹³ ¿Por qué lloras, mujer? —le preguntaron los ángeles.

—Es que se han llevado a mi Señor, y no sé dónde lo han puesto —les respondió.

¹⁴ Apenas dijo esto, volvió la mirada y allí vio a Jesús de pie, aunque no sabía que era él. ¹⁵ Jesús le dijo:

Juan (Cont.)

—¿Por qué lloras, mujer? ¿A quién buscas?

Ella, pensando que se trataba del que cuidaba el huerto, le dijo:

—Señor, si usted se lo ha llevado, dígame dónde lo ha puesto, y yo iré por él.

[16] María —le dijo Jesús.

Ella se volvió y exclamó:

—¡Raboni! (que en arameo significa: Maestro).

[17] Suéltame,[z] porque todavía no he vuelto al Padre. Ve más bien a mis hermanos y diles: "Vuelvo a mi Padre, que es Padre de ustedes; a mi Dios, que es Dios de ustedes."

[18] María Magdalena fue a darles la noticia a los discípulos. «¡He visto al Señor!», exclamaba, y les contaba lo que él le había dicho.

Jn [z] **20:17** *Suéltame.* Lit. No me toques.

F. Aparece ante las mujeres

§ 189

Mateo 28:9-10

[9] En eso Jesús les salió al encuentro y las saludó. Ellas se le acercaron, le abrazaron los pies y lo adoraron.

[10] No tengan miedo —les dijo Jesús—. Vayan a decirles a mis hermanos que se dirijan a Galilea, y allí me verán.

G. Informe del guardia

§ 190

Mateo 28:11-15

[11] Mientras las mujeres iban de camino, algunos de los guardias entraron en la ciudad e informaron a los jefes de los sacerdotes de todo lo que había sucedido. [12] Después de reunirse estos jefes con los *ancianos y de trazar un plan, les dieron a los soldados una fuerte suma de dinero [13] y les encargaron: «Digan que los discípulos de Jesús vinieron por la noche y que, mientras ustedes dormían, se robaron el cuerpo. [14] Y si el gobernador llega a enterarse de esto, nosotros responderemos por ustedes y les evitaremos cualquier problema.»

[15] Así que los soldados tomaron el dinero e hicieron como se les había instruido. Esta es la versión de los sucesos que hasta el día de hoy ha circulado entre los judíos.

H. Jesús aparece ante los dos camino a Emaús

§ 191

Marcos 16:12-13; Lucas 24:13-32

Marcos

[12] Después se apareció Jesús en otra forma a dos de ellos que iban de camino al campo. [13] Éstos volvieron y avisaron a los demás, pero no les creyeron a ellos tampoco.

Lucas

[13] Aquel mismo día dos de ellos se dirigían a un pueblo llamado Emaús, a unos once kilómetros[r] de Jerusalén.

[14] Iban conversando sobre todo lo que había acontecido. [15] Sucedió que, mientras hablaban y discutían, Jesús mismo se acercó y comenzó a caminar con ellos; [16] pero no lo reconocieron, pues sus ojos estaban velados.

[17] ¿Qué vienen discutiendo por el camino? —les preguntó.

Se detuvieron, cabizbajos; [18] y uno de ellos, llamado Cleofas, le dijo:

—¿Eres tú el único peregrino en Jerusalén que no se ha enterado de todo lo que ha pasado recientemente?

[19] ¿Qué es lo que ha pasado? —les preguntó.

—Lo de Jesús de Nazaret. Era un profeta, poderoso en obras y en palabras delante de Dios y de todo el pueblo. [20] Los jefes de los sacerdotes y nuestros gobernantes lo entregaron para ser condenado a muerte, y lo crucificaron; [21] pero nosotros abrigábamos la esperanza de que era él quien redimiría a Israel. Es más, ya hace tres días que sucedió todo esto. [22] También algunas mujeres de nuestro grupo nos dejaron asombrados. Esta mañana, muy temprano, fueron al sepulcro [23] pero no hallaron su cuerpo. Cuando volvieron, nos contaron que se les habían aparecido unos ángeles quienes les dijeron que él está vivo. [24] Algunos de nuestros compañeros fueron después al sepulcro y lo encontraron tal como habían dicho las mujeres, pero a él no lo vieron.

[25] ¡Qué torpes son ustedes —les dijo—, y qué tardos de corazón para creer todo lo que han dicho los profetas! [26] ¿Acaso no tenía que sufrir el *Cristo estas cosas antes de entrar en su gloria?

[27] Entonces, comenzando por Moisés y por todos los profetas, les explicó lo que se refería a él en todas las Escrituras.

[28] Al acercarse al pueblo adonde se dirigían, Jesús hizo como que iba más lejos. [29] Pero ellos insistieron:

—Quédate con nosotros, que está atardeciendo; ya es casi de noche.

Así que entró para quedarse con ellos. [30] Luego, estando con ellos a la mesa, tomó el pan, lo bendijo, lo partió y se lo dio. [31] Entonces se les abrieron los ojos y lo reconocieron, pero él desapareció. [32] Se decían el uno al otro:

—¿No ardía nuestro corazón mientras conversaba con nosotros en el camino y nos explicaba las Escrituras?

Lc [r] **24:13** *once kilómetros.* Lit. sesenta **estadios.

I. Informe de los dos a los discípulos

§ 192

Lucas 24:33-35

33 Al instante se pusieron en camino y regresaron a Jerusalén. Allí encontraron a los once y a los que estaban reunidos con ellos. 34 «¡Es cierto! —decían—. El Señor ha resucitado y se le ha aparecido a Simón.»

35 Los dos, por su parte, contaron lo que les había sucedido en el camino, y cómo habían reconocido a Jesús cuando partió el pan.

J. Aparece ante los diez

§ 193

Marcos 16:14; Lucas 24:36-43; Juan 20:19-25

Marcos

14 Por último se apareció Jesús a los once mientras comían; los reprendió por su falta de fe y por su obstinación en no creerles a los que lo habían visto *resucitado.

Lucas

36 Todavía estaban ellos hablando acerca de esto, cuando Jesús mismo se puso en medio de ellos y les dijo:

—Paz a ustedes.

37 Aterrorizados, creyeron que veían a un espíritu.

38 ¿Por qué se asustan tanto? —les preguntó—. ¿Por qué les vienen dudas? 39 Miren mis manos y mis pies. ¡Soy yo mismo! Tóquenme y vean; un espíritu no tiene carne ni huesos, como ven que los tengo yo.

40 Dicho esto, les mostró las manos y los pies. 41 Como ellos no acababan de creerlo a causa de la alegría y del asombro, les preguntó:

—¿Tienen aquí algo de comer?

42 Le dieron un pedazo de pescado asado, 43 así que lo tomó y se lo comió delante de ellos.

Juan

19 Al atardecer de aquel primer día de la semana, estando reunidos los discípulos a puerta cerrada por temor a los judíos, entró Jesús y, poniéndose en medio de ellos, los saludó.

—¡La paz sea con ustedes!

20 Dicho esto, les mostró las manos y el costado. Al ver al Señor, los discípulos se alegraron.

21 ¡La paz sea con ustedes! —repitió Jesús—. Como el Padre me envió a mí, así yo los envío a ustedes.

22 Acto seguido, sopló sobre ellos y les dijo:

—Reciban el Espíritu Santo. 23 A quienes les perdonen sus pecados, les serán perdonados; a quienes no se los perdonen, no les serán perdonados.

24 Tomás, al que apodaban el Gemelo,[a] y que era uno de los doce, no estaba con los discípulos cuando llegó Jesús. 25 Así que los otros discípulos le dijeron:

—¡Hemos visto al Señor!

Juan (Cont.)
—Mientras no vea yo la marca de los clavos en sus manos, y meta mi dedo en las marcas y mi mano en su costado, no lo creeré —repuso Tomás.

Jn ª **20:24** *apodaban el Gemelo*. Lit. llamaban Dídimos.

K. Aparece ante los once

§ *194*

Juan 20:26-31

²⁶ Una semana más tarde estaban los discípulos de nuevo en la casa, y Tomás estaba con ellos. Aunque las puertas estaban cerradas, Jesús entró y, poniéndose en medio de ellos, los saludó.

—¡La paz sea con ustedes!

²⁷ Luego le dijo a Tomás:

—Pon tu dedo aquí y mira mis manos. Acerca tu mano y métela en mi costado. Y no seas incrédulo, sino hombre de fe.

²⁸ ¡Señor mío y Dios mío! —exclamó Tomás.

²⁹ Porque me has visto, has creído —le dijo Jesús—; *dichosos los que no han visto y sin embargo creen.

³⁰ Jesús hizo muchas otras señales milagrosas en presencia de sus discípulos, las cuales no están registradas en este libro. ³¹ Pero éstas se han escrito para que ustedes crean que Jesús es el *Cristo, el Hijo de Dios, y para que al creer en su nombre tengan vida.

L. Aparece ante los siete discípulos

§ *195*

Juan 21:1-25

¹ Después de esto Jesús se apareció de nuevo a sus discípulos, junto al lago de Tiberíades.ᵇ Sucedió de esta manera: ² Estaban juntos Simón Pedro, Tomás (al que apodaban el Gemeloᶜ), Natanael, el de Caná de Galilea, los hijos de Zebedeo, y otros dos discípulos.

³ Me voy a pescar —dijo Simón Pedro.

—Nos vamos contigo —contestaron ellos.

Salieron, pues, de allí y se embarcaron, pero esa noche no pescaron nada.

⁴ Al despuntar el alba Jesús se hizo presente en la orilla, pero los discípulos no se dieron cuenta de que era él.

⁵ Muchachos, ¿no tienen algo de comer? —les preguntó Jesús.

—No —respondieron ellos.

⁶ Tiren la red a la derecha de la barca, y pescarán algo.

Así lo hicieron, y era tal la cantidad de pescados que ya no podían sacar la red.

⁷ ¡Es el Señor! —dijo a Pedro el discípulo a quien Jesús amaba.

Tan pronto como Simón Pedro le oyó decir: «Es el Señor», se puso la ropa, pues estaba semidesnudo, y se tiró al agua. ⁸ Los otros discípulos lo siguieron en la barca, arrastrando la red llena de pescados, pues estaban a escasos cien metros^d de la orilla.

⁹ Al desembarcar, vieron unas brasas con un pescado encima, y un pan.

¹⁰ Traigan algunos de los pescados que acaban de sacar —les dijo Jesús.

¹¹ Simón Pedro subió a bordo y arrastró hasta la orilla la red, la cual estaba llena de pescados de buen tamaño. Eran ciento cincuenta y tres, pero a pesar de ser tantos la red no se rompió.

¹² Vengan a desayunar —les dijo Jesús.

Ninguno de los discípulos se atrevía a preguntarle: «¿Quién eres tú?», porque sabían que era el Señor. ¹³ Jesús se acercó, tomó el pan y se lo dio a ellos, e hizo lo mismo con el pescado. ¹⁴ Ésta fue la tercera vez que Jesús se apareció a sus discípulos después de haber *resucitado.

¹⁵ Cuando terminaron de desayunar, Jesús le preguntó a Simón Pedro:

—Simón, hijo de Juan, ¿me amas más que éstos?

—Sí, Señor, tú sabes que te quiero —contestó Pedro.

—Apacienta mis corderos —le dijo Jesús.

¹⁶ Y volvió a preguntarle:

—Simón, hijo de Juan, ¿me amas?

—Sí, Señor, tú sabes que te quiero.

—Cuida de mis ovejas.

¹⁷ Por tercera vez Jesús le preguntó:

—Simón, hijo de Juan, ¿me quieres?

A Pedro le dolió que por tercera vez Jesús le hubiera preguntado: «¿Me quieres?» Así que le dijo:

—Señor, tú lo sabes todo; tú sabes que te quiero.

—Apacienta mis ovejas —le dijo Jesús—. ¹⁸ De veras te aseguro que cuando eras más joven te vestías tú mismo e ibas adonde querías; pero cuando seas viejo, extenderás las manos y otro te vestirá y te llevará adonde no quieras ir.

¹⁹ Esto dijo Jesús para dar a entender la clase de muerte con que Pedro glorificaría a Dios. Después de eso añadió:

—¡Sígueme!

²⁰ Al volverse, Pedro vio que los seguía el discípulo a quien Jesús amaba, el mismo que en la cena se había reclinado sobre Jesús y le había dicho: «Señor, ¿quién es el que va a traicionarte?» ²¹ Al verlo, Pedro preguntó:

—Señor, ¿y éste, qué?

²² Si quiero que él permanezca vivo hasta que yo vuelva, ¿a ti qué? Tú sígueme no más.

²³ Por este motivo corrió entre los hermanos el rumor de que aquel discípulo no moriría. Pero Jesús no dijo que no moriría, sino solamente: «Si quiero que él permanezca vivo hasta que yo vuelva, ¿a ti qué?»

²⁴ Éste es el discípulo que da testimonio de estas cosas, y las escribió. Y estamos convencidos de que su testimonio es verídico.

²⁵ Jesús hizo también muchas otras cosas, tantas que, si se escribiera cada una de ellas, pienso que los libros escritos no cabrían en el mundo entero.

Jn   ^b 21:1 Es decir, el mar de Galilea.   ^c 21:2 *apodaban el Gemelo*. Lit. llamaban Dídimos.   ^d 21:8 *a escasos cien metros*. Lit. a unos doscientos **codos.

M. La comisión a los discípulos

§ *196*

Mateo 28: 16-20; Marcos 16:15-18

Mateo

¹⁶ Los once discípulos fueron a Galilea, a la montaña que Jesús les había indicado. ¹⁷ Cuando lo vieron, lo adoraron; pero algunos dudaban. ¹⁸ Jesús se acercó entonces a ellos y les dijo:

—Se me ha dado toda autoridad en el cielo y en la tierra. ¹⁹ Por tanto, vayan y hagan discípulos de todas las *naciones, bautizándolos en el nombre del Padre y del Hijo y del Espíritu Santo, ²⁰ enseñándoles a obedecer todo lo que les he mandado a ustedes. Y les aseguro que estaré con ustedes siempre, hasta el fin del mundo.ᵛ

Marcos

¹⁵ Les dijo: «Vayan por todo el mundo y anuncien las buenas *nuevas a toda criatura.ᶻ

¹⁶ El que crea y sea bautizado será salvo, pero el que no crea será condenado. ¹⁷ Estas señales acompañarán a los que crean: en mi nombre expulsarán demonios; hablarán en nuevas lenguas; ¹⁸ tomarán en sus manos serpientes; y cuando beban algo venenoso, no les hará daño alguno; pondrán las manos sobre los enfermos, y éstos recobrarán la salud.»

Mt ᵛ **28:20** *el fin del mundo.* Lit. la consumación del siglo.
Mc ᶻ **16:15** *criatura.* Lit. creación.

N. La comisión final

§ *197*

Lucas 24:44-49

⁴⁴ Cuando todavía estaba yo con ustedes, les decía que tenía que cumplirse todo lo que está escrito acerca de mí en la ley de Moisés, en los profetas y en los salmos.
⁴⁵ Entonces les abrió el entendimiento para que comprendieran las Escrituras.
⁴⁶ Esto es lo que está escrito —les explicó—: que el *Cristo padecerá y *resucitará al tercer día, ⁴⁷ y en su nombre se predicarán el *arrepentimiento y el perdón de pecados a todas las *naciones, comenzando por Jerusalén. ⁴⁸ Ustedes son testigos de estas cosas. ⁴⁹ Ahora voy a enviarles lo que ha prometido mi Padre; pero ustedes quédense en la ciudad hasta que sean revestidos del poder de lo alto.

O. Ascensión de Cristo

§ *198*

Marcos 16:19-20; Lucas 24:50-53

Marcos

¹⁹ Después de hablar con ellos, el Señor Jesús fue llevado al cielo y se sentó a la *derecha de Dios. ²⁰ Los discípulos salieron y predicaron por todas partes, y el Señor los ayudaba en la obra y confirmaba su palabra con las señales que la acompañaban.

Lucas

⁵⁰ Después los llevó Jesús hasta Betania; allí alzó las manos y los bendijo. ⁵¹ Sucedió que, mientras los bendecía, se alejó de ellos y fue llevado al cielo. ⁵² Ellos, entonces, lo adoraron y luego regresaron a Jerusalén con gran alegría. ⁵³ Y estaban continuamente en el *templo, alabando a Dios.

Apendices A:
Tabla de referencias bíblicas

Cuadro referencias de la Escritura

Mateo

Referencia	Sección	Pagina
1:1-17	3	3
1:18-25	9	8
2:1-12	14	10
2:13-18	15	10
2:19-23	16	11
3:1-6	21	13
3:7-10	22	13
3:11-12	23	14
3:13-17	24	15
4:1-11	25	16
4:12	34	23
4:13-16	40	26
4:17	37	25
4:18-22	41	27
4:23-25	44	29
5:1-2	54	37
5:3-12	54	38
5:13-16	54	39
5:17-20	55	39
5:21-26	55	39
5:27-30	55	40
5:31-32	55	40
5:33-37	55	40
5:38-42	55	40
5:43-48	55	41
6:1-4	55	41
6:5-15	55	42
6:16-18	55	42
6:19-24	55	42
6:25-34	55	43

Referencia	Sección	Pagina
7:1-6	55	43
7:7-11	56	44
7:12	56	44
7:13-14	56	44
7:15-23	56	44
7:24–8:1	56	45
8:2-4	45	30
8:5-13	57	45
8:14-17	43	28
8:18, 23-27	68	61
8:19-22	95	90
8:28-34	69	62
9:1-8	46	30
9:9-13	47	32
9:14-17	48	32
9:18-26	70	64
9:27-34	71	66
9:35–11:1	59	47
11:2-19	60	49
11:20-24	61	51
11:25-27	61	51
11:28-30	61	51
12:1-8	50	35
12:9-14	51	35
12:15-21	52	36
12:22-37	64	53
12:38-45	65	54
12:46-50	66	54
13:1-9	67	55
13:10-17	67	56
13:18-23	67	57
13:24-30	67	58
13:31-32	67	59
13:33-35	67	59
13:36-43	67	60
13:44-46	67	60
13:47-50	67	60
13:51-52	67	60
13:53	67	61
13:54-58	72	66
14:1-12	73	67
14:13-21	74	69
14:22-23	75	71
14:24-33	76	72
14:34-36	77	73

Marcos

Lucas

Juan

Apendices B:
Mapas

Palestina en tiempos de Jesús

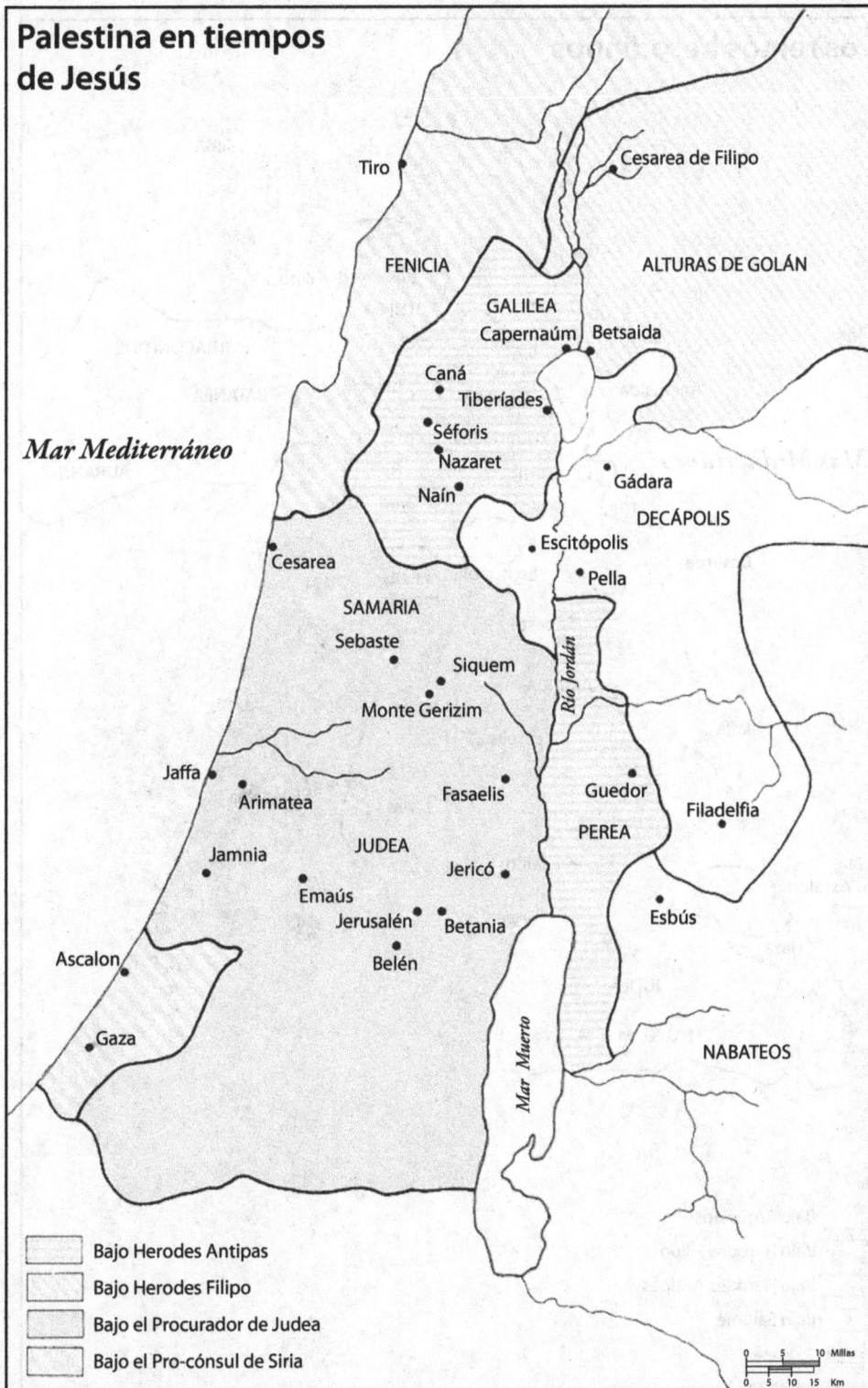

Mar Mediterráneo

Tiro

Cesarea de Filipo

FENICIA

ALTURAS DE GOLÁN

GALILEA

Capernaúm

Betsaida

Caná

Tiberíades

Séforis

Nazaret

Gádara

Naín

DECÁPOLIS

Cesarea

Escitópolis

Pella

SAMARIA

Sebaste

Siquem

Monte Gerizim

Río Jordán

Jaffa

Fasaelis

Guedor

Arimatea

Filadelfia

PEREA

Jamnia

JUDEA

Jericó

Emaús

Jerusalén

Betania

Esbús

Belén

Ascalon

Gaza

Mar Muerto

NABATEOS

Bajo Herodes Antipas

Bajo Herodes Filipo

Bajo el Procurador de Judea

Bajo el Pro-cónsul de Siria

0   5   10 Millas

0   5   10   15 Km

Los reinos herodianos

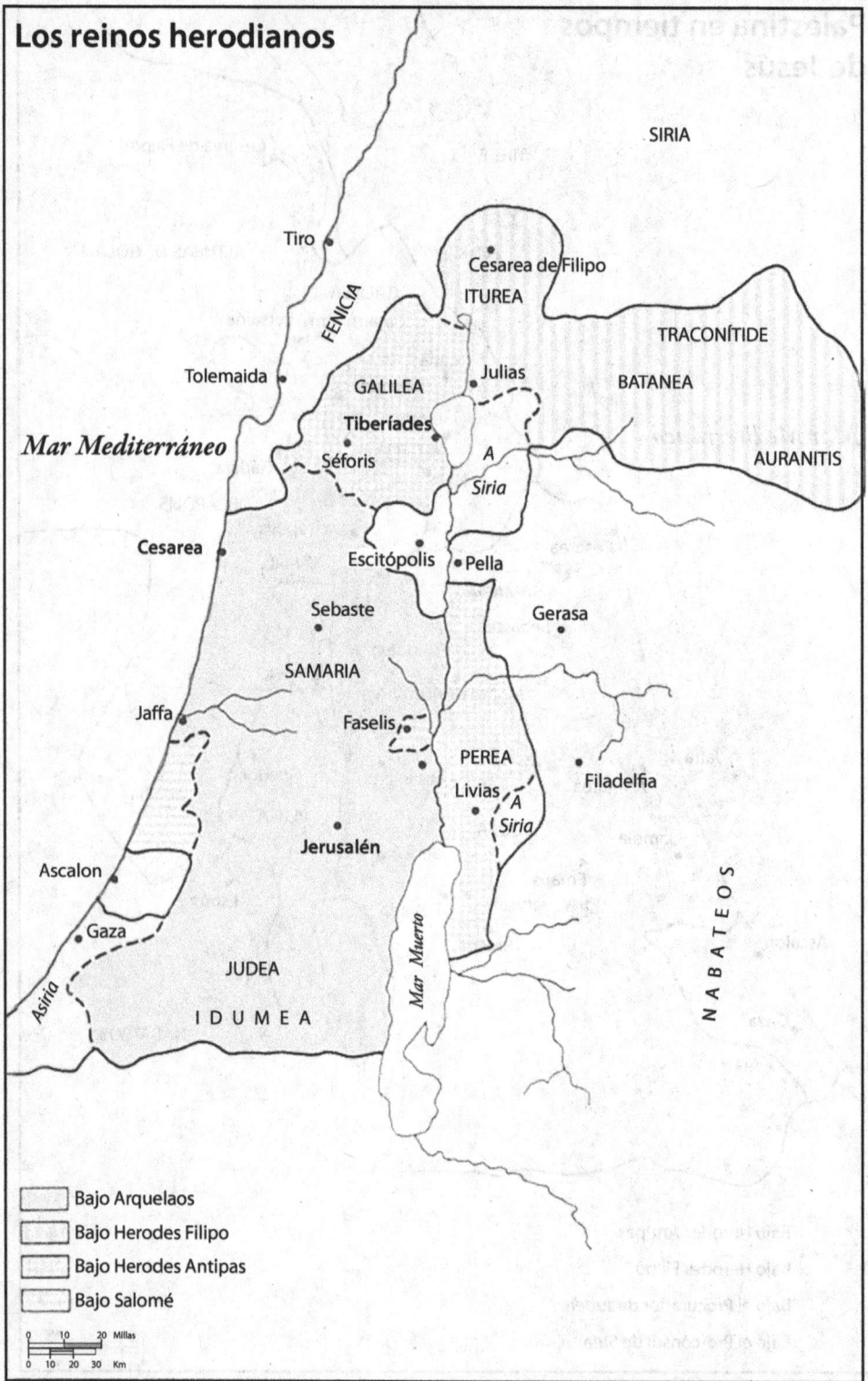

SIRIA

Tiro

FENICIA

Cesarea de Filipo

ITUREA

TRACONÍTIDE

Tolemaida

GALILEA

Julias

BATANEA

Mar Mediterráneo

Tiberíades

Séforis

A

Siria

AURANITIS

Cesarea

Escitópolis

Pella

Sebaste

Gerasa

SAMARIA

Jaffa

Faselis

PEREA

Livias

Filadelfia

A

Siria

Jerusalén

Ascalon

N
A
B
A
T
E
O
S

Gaza

Asiria

JUDEA

Mar Muerto

IDUMEA

Bajo Arquelaos

Bajo Herodes Filipo

Bajo Herodes Antipas

Bajo Salomé

| 0 | 10 | 20 | Millas |
| 0 | 10 | 20 | 30 | Km |

Sistema de rutas y caminos en la Palestina romana

Mar Mediterráneo

Tiro

Cesarea
de Filipo

Tolemaida

GALILEA

Capernaúm

Tiberíades

Gádara

Dora

Escitópolis

Pella

DECÁPOLIS

SAMARIA

Río Jordán

A Damásco

Gerasa

Cesarea

Filadelfia

Emaús

Jericó

Jerusalén

Betania

Belén

Jaffa

Ascalon

Hebrón

Mar Muerto

Beer-sheba

0   5   10 miles

0   5   10   15 km

0   5   10 Millas

0   5   10   15   Km

El Templo de Jerusalén

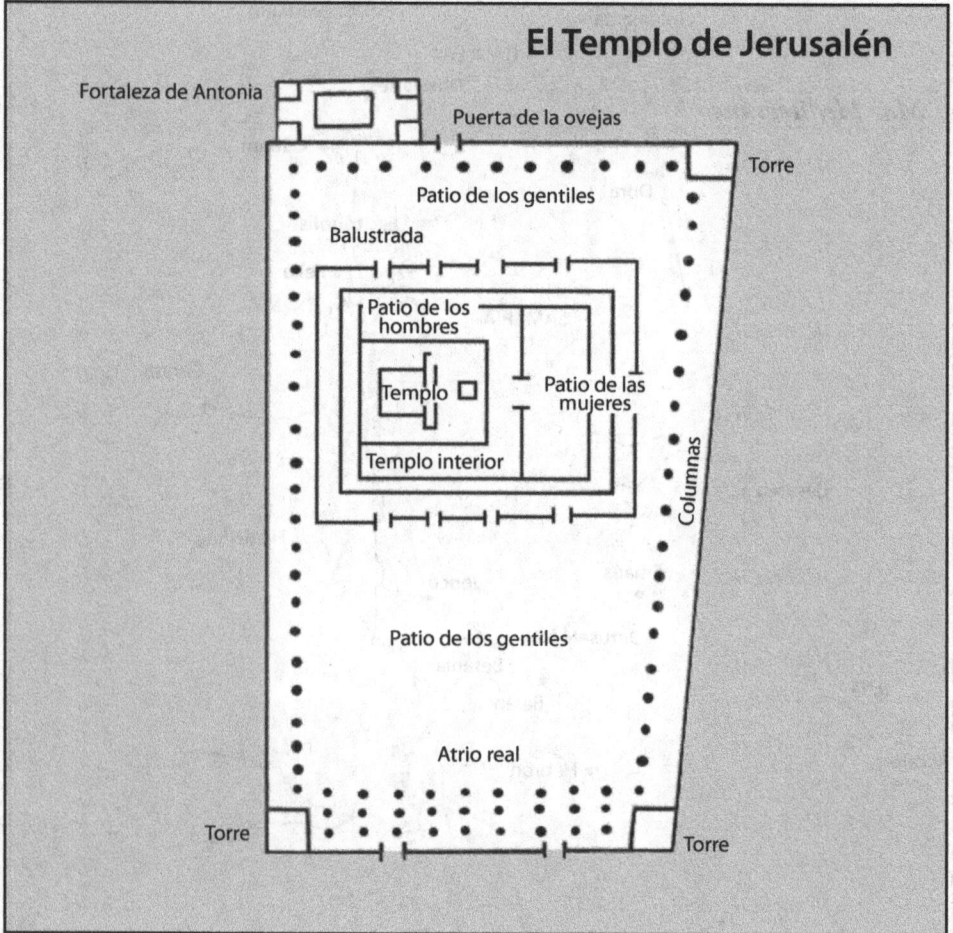

Fortaleza de Antonia

Puerta de la ovejas

Torre

Patio de los gentiles

Balustrada

Patio de los hombres

Templo

Patio de las mujeres

Templo interior

Columnas

Patio de los gentiles

Atrio real

Torre

Torre

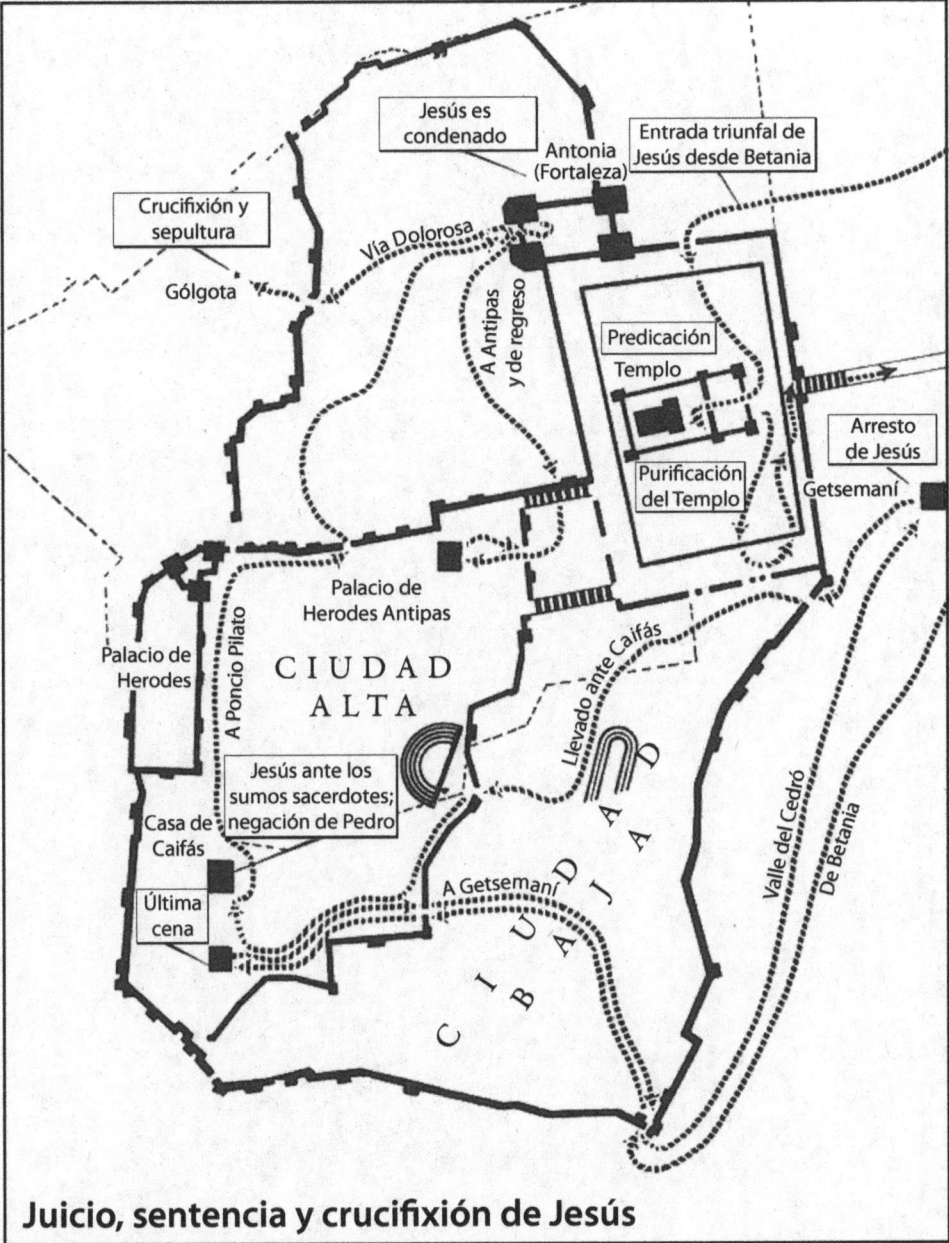

Jesús es condenado

Antonia (Fortaleza)

Entrada triunfal de Jesús desde Betania

Crucifixión y sepultura

Vía Dolorosa

Gólgota

A Antipas y de regreso

Predicación Templo

Purificación del Templo

Arresto de Jesús

Getsemaní

Palacio de Herodes Antipas

A Poncio Pilato

Palacio de Herodes

CIUDAD ALTA

Llevado ante Caifás

Jesús ante los sumos sacerdotes; negación de Pedro

Casa de Caifás

Última cena

A Getsemaní

CIUDAD BAJA

Valle del Cedró

De Betania

Juicio, sentencia y crucifixión de Jesús

DISFRUTE DE OTRAS PUBLICACIONES DE EDITORIAL VIDA

Desde 1946, Editorial Vida es fiel amiga del pueblo hispano a través de la mejor literatura evangélica. Editorial Vida publica libros prácticos y de sólidas doctrinas que enriquecen el caudal de conocimiento de sus lectores.

Nuestras Biblias de Estudio poseen características que ayudan al lector a crecer en el conocimiento de las Sagradas Escrituras y a comprenderlas mejor. Vida Nueva es el más completo y actualizado plan de estudio de Escuela Dominical y el mejor recurso educativo en español. Además, nuestra serie de grabaciones de alabanzas y adoración, Vida Music renueva su espíritu y llena su alma de gratitud a Dios.

En las siguientes páginas se describen otras excelentes publicaciones producidas especialmente para usted. Adquiera productos de Editorial Vida en su librería cristiana más cercana.

Una vida
con propósito

Rick Warren, reconocido autor de *Una Iglesia con Propósito*, plantea ahora un nuevo reto al creyente que quiere alcanzar una vida victoriosa. La obra enfoca la edificación del individuo como parte integral del proceso formador del cuerpo de Cristo. Cada ser humano tiene algo que le inspira, motiva o impulsa a actuar a través de su existencia. Y eso es lo que usted podrá descubrir cuando lea las páginas de *Una vida con propósito*.

0-8297-3786-3

BIBLIA NVI
LIBERTAD EN CRISTO

0-8297-4067-8

BIBLIA RVR60 LIBERTAD EN CRISTO
0-8297-4096-1

Lo que parecería una falsa retórica es real: se puede ser libre en Cristo. Libre de las depresiones, las adicciones, la rabia, la ansiedad, el miedo o cualquier otro problema que haya permanecido por mucho tiempo. Si la libertad es algo que ha perseguido para usted o para alguien a quien ama, este sencillo estudio de cincuenta y dos semanas de la Biblia representará una profunda y duradera experiencia.

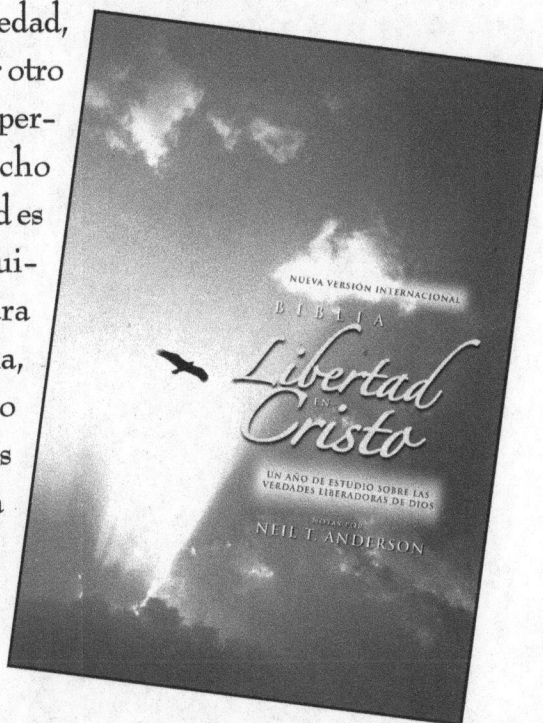

Nos agradaría recibir noticias suyas.
Por favor, envíe sus comentarios sobre este libro
a la dirección que aparece a continuación.
Muchas gracias.

Editorial Vida®
.com

Vida@zondervan.com
www.editorialvida.com

www.ingramcontent.com/pod-product-compliance
Lightning Source LLC
Chambersburg PA
CBHW010855090426
42737CB00019B/3373